北京市干部学习培训教材

中国共产党北京历史

中共北京市委组织部组织编写

北京出版集团公司
北京出版社

图书在版编目（CIP）数据

中国共产党北京历史 / 中共北京市委组织部组织编写. — 北京：北京出版社，2019.2
北京市干部学习培训教材
ISBN 978-7-200-14501-4

Ⅰ．①中… Ⅱ．①中… Ⅲ．①中国共产党—地方组织—党史—北京—干部培训—教材 Ⅳ．①D235.1

中国版本图书馆 CIP 数据核字（2018）第 262076 号

北京市干部学习培训教材

中国共产党北京历史

ZHONGGUO GONGCHANDANG BEIJING LISHI

中共北京市委组织部组织编写

*

北京出版集团公司
北京出版社 出版
（北京北三环中路6号）
邮政编码：100120

网　　址：www.bph.com.cn
北京出版集团公司总发行
新 华 书 店 经 销
北京华联印刷有限公司印刷

*

787毫米×1092毫米　16开本　21.75印张　306千字
2019年2月第1版　2021年7月第3次印刷
ISBN 978-7-200-14501-4
定价：57.00元
如有印装质量问题，由本社负责调换
质量监督电话：010-58572393

北京市干部学习培训教材编委会

主　任： 魏小东　市委常委、组织部部长
委　员： 刘振刚　市纪委副书记、市监委副主任
　　　　　王建中　市委组织部分管日常工作的副部长（正局级）
　　　　　张　革　市委组织部副部长、市委老干部局局长
　　　　　赵卫东　市委宣传部常务副部长
　　　　　周开让　市委统战部常务副部长
　　　　　鲁　为　市委政法委分管日常工作的副书记（正局级）
　　　　　郑吉春　市委教育工委常务副书记
　　　　　李世新　市委编办主任
　　　　　王民忠　市委党校（北京行政学院）常务副校（院）长
　　　　　李　良　市委党史研究室、市地方志办主任
　　　　　谈绪祥　市发展改革委党组书记、主任
　　　　　许　强　市科委党组书记、主任
　　　　　吴素芳　市财政局党组书记、局长
　　　　　徐　熙　市人力社保局党组书记、局长，市委组织部副部长（兼）
　　　　　熊九玲　市政府外办（市政府港澳办）党组书记、主任
　　　　　张贵林　市国资委党委书记、主任
　　　　　蒋力歌　市统计局党组书记、局长
　　　　　曲　仲　北京出版集团党委副书记、副董事长、总经理
　　　　　孙仕柱　市委组织部副部长、市公务员局局长
　　　　　张彤军　市委组织部副部长
　　　　　张保民　市纪委、市监委驻市委组织部纪检监察组组长
　　　　　张　强　市委组织部副部长

《中国共产党北京历史》编委会

主　　编：李　良
副 主 编：陈志楣　范登生　刘　岳
编　　委（按姓氏笔画排序）：
　　　　　杨凤城　邵维正　柳建辉　秦德占
　　　　　黄一兵

序 言

习近平总书记高度重视和深切关怀首都北京发展，党的十八大以来4次视察北京，5次对北京发表重要讲话，明确了首都城市战略定位，为我们"建设一个什么样的首都，怎样建设首都"指明了方向。进入新时代，首都的发展与党和国家的使命更加紧密地联系在一起，率先全面建成小康社会，建设好伟大社会主义祖国的首都、迈向中华民族伟大复兴的大国首都、国际一流的和谐宜居之都，是摆在我们面前的庄严历史使命。

越是重大历史关头，我们党越是重视和抓紧学习。习近平总书记强调，我们党既要政治过硬，也要本领高强，全党要来一个大学习。进入新时代，首都干部需要有新气象新作为，要更加自觉地融入党和国家工作大局，认真对照总书记提出的"八个本领""五个过硬"要求，坚持把学习作为立身之本、履职之基，努力练就一身能干事、干成事的真本领。

编写这套教材是服务首都高素质干部队伍建设的重要举措。各区各部门各单位要认真组织广大干部学习使用教材，不断深化对习近平新时代中国特色社会主义思想的学习贯彻，不断提升素质能力，以时不我待、只争朝夕的劲头，奋力开拓首都各项工作新局面。

北京市干部学习培训教材编委会

目 录

第一章　日出京华　　1

第一节　红色开端　　3
一、新文化运动的兴起　　3
二、五四运动的爆发　　6
三、李大钊系统传播马克思主义　　8

第二节　筹划建党　　11
一、马克思学说研究会与"亢慕义斋"　　11
二、北京共产党小组成立及发展　　13
三、筹组统一的中国共产党及出席党的一大　　16

第三节　北方红星　　20
一、建立第一个北京地方组织——中共北京地方委员会　　20
二、长辛店二七大罢工　　22
三、中共第一位女党员缪伯英　　24

第二章　洪流激荡　　27

第一节　加强组织建设，推动北方国共合作　　29
一、发展北方地区国民党组织　　29
二、加强中共北京党、团组织建设　　31
三、创办中共北方区委党校　　33

第二节　国民革命在北京　　37
一、工农运动的恢复与发展　　37

二、废除不平等条约运动和国民会议运动　　39
　　三、"首都革命"和三一八运动　　41
　　四、推动国民军策应北伐　　43

第三节　先驱热血　　46
　　一、李大钊英勇就义　　46
　　二、工人领袖王荷波　　48
　　三、北京（平）党组织遭受16次大破坏　　50

第三章　中流砥柱　　53

第一节　救亡先锋　　55
　　一、南下示威活动　　55
　　二、帮助组建察哈尔民众抗日同盟军　　57
　　三、一二·九运动　　59
　　四、狱中秘密党校　　62

第二节　血沃幽燕　　64
　　一、卢沟桥抗战　　64
　　二、建立、发展平郊抗日根据地　　66
　　三、血沃长城　　68
　　四、堂上村飞出经典红歌　　70
　　五、英雄母亲邓玉芬　　72

第三节　不屈的北平　　74
　　一、隐蔽战线的斗争　　74
　　二、怒火燃遍四九城　　77
　　三、欢庆抗战胜利　　80

第四章　迎接黎明　　83

第一节　第二条战线　　85

一、反"甄审"斗争　　85
　　二、抗议美军暴行运动　　87
　　三、五二〇运动　　90
第二节　地下尖兵　　93
　　一、北平五烈士　　93
　　二、"抵得上十万兵马"的情报工作　　96
　　三、争取北平和平解放　　97
第三节　和平解放　　100
　　一、护厂护校，留住人才　　100
　　二、三次和谈　　102
　　三、解放军入城式　　104
　　四、地下党组织公开　　107

第五章　宏图初绘　　111
第一节　除旧布新　　113
　　一、和平接管北平　　113
　　二、服务保障开国大典　　115
　　三、荡涤污垢　　118
第二节　人民当家作主　　121
　　一、建立各级民主政权　　121
　　二、土地改革、抗美援朝和镇压反革命　　123
　　三、"三反""五反"运动　　126
　　四、社会主义政治制度确立与整党整风运动　　128
第三节　火红年代　　133
　　一、擘画北京　　133
　　二、开展社会主义改造　　135
　　三、掀起社会主义建设热潮　　137

第六章　探索发展　　　　　　　　　　　　　　141

第一节　万象更新　　　　　　　　　　　　　143
　一、学习贯彻八大精神　　　　　　　　　　143
　二、制定北京城市建设总体规划　　　　　　146
　三、超额完成"一五"计划　　　　　　　　148

第二节　艰辛探索　　　　　　　　　　　　　150
　一、整风运动与反右派斗争　　　　　　　　150
　二、"大跃进"运动与人民公社化运动　　　 152
　三、兴建国庆十大工程　　　　　　　　　　154
　四、兴修密云水库等水利工程　　　　　　　156
　五、英模辈出　　　　　　　　　　　　　　158

第三节　全面调整　　　　　　　　　　　　　160
　一、大兴调查研究之风　　　　　　　　　　160
　二、各领域全面调整　　　　　　　　　　　162
　三、先进党支部、优秀共产党员大批涌现　　164
　四、"四清"运动与意识形态领域的错误批判　166

第七章　十年内乱　　　　　　　　　　　　　　169

第一节　京城狂潮　　　　　　　　　　　　　171
　一、批判《海瑞罢官》及市委被改组　　　　171
　二、"破四旧"造成首都混乱　　　　　　　 173
　三、全面夺权、内乱升级及"三支两军"　　 174

第二节　曲折发展　　　　　　　　　　　　　177
　一、"斗、批、改"运动　　　　　　　　　 177
　二、纠"左"努力及各条战线的整顿　　　　180
　三、"反击右倾回潮"和"批林批孔"运动　　181

第三节　抵制与抗争　　　　　　　　　　　　183

一、全面整顿及"反击右倾翻案风"　　183
　　二、反对"四人帮"的天安门事件　　184
　　三、"四人帮"覆灭　　186

第八章　历史转折　　189

第一节　拨乱反正　　191
　　一、徘徊中前进　　191
　　二、平反冤假错案　　193
　　三、贯彻党的十一届三中全会精神　　195

第二节　"京郊之路"　　197
　　一、开展致富大讨论　　197
　　二、实行多种形式生产经营责任制　　198
　　三、"白兰道路"　　200

第三节　城市改革　　202
　　一、首钢承包制　　202
　　二、前门大碗茶　　204
　　三、兴建建国饭店等合资企业　　205
　　四、共建"文明一条街"　　207

第九章　开拓新篇　　211

第一节　改革开放全面展开　　213
　　一、制定北京城市建设总体规划　　213
　　二、探索国企改革　　215
　　三、推广农村多种经营模式　　218

第二节　深化经济体制改革　　220
　　一、建立北京新技术产业开发试验区　　220
　　二、实施星火计划、火炬计划、工业技术振兴计划　　223

  三、实施治理整顿　　226

 第三节　科教文改革和党的建设　　229

  一、科学教育事业改革　　229

  二、成功举办第11届亚运会　　231

  三、《渴望》热播及文化体制改革　　233

  四、把党建设成为领导社会主义现代化事业的坚强核心　　234

第十章　世纪跨越　　237

 第一节　探索建立社会主义市场经济体制　　239

  一、初步建立现代企业制度　　239

  二、推进现代农业发展　　242

  三、开拓城乡建设新局面　　244

  四、开展"讲文明、树新风"活动　　246

 第二节　发展"首都经济"　　248

  一、"首都经济"与新"三步走"战略　　248

  二、发展现代服务业　　250

  三、实施"二四八工程"　　252

  四、构建特色农业体系　　254

 第三节　扎实推进党的建设新的伟大工程　　257

  一、扎实推进党的建设和开展"三讲"学习教育活动　　257

  二、"三个代表"重要思想学习教育活动　　259

  三、加强党风廉政建设和反腐败斗争　　260

第十一章　首善之区　　263

 第一节　统筹发展　　265

  一、取得抗击"非典"的胜利　　265

  二、推动经济又好又快发展　　267

三、率先基本实现现代化　　269

　第二节　凝心聚力　　271
　　　一、成功举办第29届夏季奥运会和第13届残奥会　　271
　　　二、圆满完成新中国成立60周年庆祝活动　　273
　　　三、建设"人文北京、科技北京、绿色北京"　　275
　　　四、构建社会主义和谐社会首善之区　　277

　第三节　以执政能力建设和先进性建设为主线推进党的建设　　279
　　　一、开展保持共产党员先进性教育活动　　279
　　　二、开展深入学习实践科学发展观活动　　280
　　　三、党风廉政建设和反腐败工作不断取得新成效　　282

第十二章　砥砺奋进　　285

　第一节　牢记嘱托　　287
　　　一、市第十一次党代会召开　　287
　　　二、习近平视察北京工作　　288
　　　三、市第十二次党代会召开　　290
　　　四、编制《北京城市总体规划（2016年—2035年）》　　291

　第二节　深入推进京津冀协同发展　　294
　　　一、京津冀协同发展战略　　294
　　　二、有序疏解非首都功能　　296
　　　三、推进供给侧结构性改革　　298
　　　四、建设北京城市副中心　　299
　　　五、打造区域协同创新共同体　　302

　第三节　加强"四个中心"功能建设　　304
　　　一、服务政治中心　　304
　　　二、文化中心建设　　306
　　　三、国际交往中心建设　　309

四、科技创新中心建设　　311

第四节　贯彻落实全面从严治党　　314

一、学习宣传贯彻习近平总书记系列重要讲话精神和
治国理政新理念新思想新战略　　314

二、深入开展党的群众路线教育实践活动、"三严三实"
专题教育和"两学一做"学习教育　　317

三、开展巡视工作，严明政治纪律和政治规矩　　319

四、反腐倡廉，党风政风实现持续好转　　321

五、学习宣传贯彻习近平新时代中国特色社会主义思想
和党的十九大精神　　323

附　录　　326

后　记　　328

第一章　日出京华

——北京党组织的创建、发展及主要活动

（1919—1923）

北京是近现代中国北方的政治中心、文化中心。新文化运动在北京兴起，五四运动在北京爆发，马克思学说研究会在北京成立，为中国共产党的创建作了思想和组织上的准备。中共北京早期组织1920年10月成立后，积极开展马克思主义理论研究与传播，不断促进马克思主义与工人运动相结合，引导、推动北方地区党团组织建立。北京和上海，一北一南，为中国共产党的创建作出了至关重要的贡献。1921年中国共产党成立，是开天辟地的大事变，中国革命的面貌从此焕然一新。

第一节　红色开端

1840年鸦片战争爆发后,中国逐渐丧失独立的地位,沦为半殖民地半封建国家。帝国主义和中华民族的矛盾、封建主义和人民大众的矛盾,逐步成为近代中国社会的主要矛盾。面对严重的民族危机和深刻的社会危机,中国的出路何在?洋务运动破产了,太平天国农民起义、义和团运动失败了,君主立宪的改良之路走不通。"无量金钱无量血,可怜购得假共和。"辛亥革命失败后,北洋军阀的统治进一步激化了社会矛盾,人们再次陷入深深的苦闷、彷徨,甚至绝望之中。为争取民族独立、人民解放和实现国家富强、人民富裕,无数有识之士和先进分子苦苦探寻、奋斗。

一、新文化运动的兴起

先进的中国知识分子反思近代以来的中国苦难历史,认为"欲图根本之救亡",必须改造中国国民性[①]。他们提出"破除迷信"的口号,号召人们"冲决过去历史之网罗,破坏陈腐学说之囹圄"[②],进一步解放思想,发起了一场新的廓清蒙昧、启发理智的启蒙运动。这个运动后来被称为新文化运动。

[①] 陈独秀:《我之爱国主义》,《新青年》1916年第2卷第2号。
[②] 李大钊:《青春》,《新青年》1916年第2卷第1号。

陈独秀（1879—1942）

李大钊（1889—1927）

　　1915年9月15日，陈独秀在上海①创办《青年杂志》（1916年9月改名《新青年》），新文化运动由此发端。1917年1月，蔡元培就任北京大学校长，邀请陈独秀担任北大文科学长，《新青年》编辑部也随之由上海迁至北京②。李大钊、鲁迅、胡适、钱玄同、刘半农、沈尹默等一批北大教师参与《新青年》的编辑和撰稿工作。北京大学和《新青年》编辑部成为新文化运动的主要阵地。

陈独秀旧居

---

① 老渔阳里2号（今南昌路100弄2号）。
② 箭杆胡同9号（今东城区箭杆胡同20号）。

新文化运动初期的基本口号是拥护"德先生"（Democracy）和"赛先生"（Science），即提倡民主和科学。新文化运动倡导者把攻击旧思想的矛头集中指向影响中国几千年的正统思想——孔学。他们以进化论观点和个性解放思想为主要武器，猛烈抨击以孔子为代表的"往圣前贤"，大力提倡新道德、反对旧道德，提倡新文学、反对旧文学，提倡民主科学、反对专制迷信。在新文化运动影响下，北京涌现出《每周评论》、《新潮》、《国民》、曙光社等一批进步刊物和社团，有力扩大了新思想、新文化、新文学的社会影响。

鲁迅将文学革命内容与白话文形式结合，先后在《新青年》及《晨报副刊》发表《狂人日记》《孔乙己》《阿Q正传》等小说。《狂人日记》是中国第一部现代白话文小说，它以"表现的深切和格式的特别"揭露、抨击封建礼教，字字渗透着血和泪。"我翻开历史一查，这历史没有年代，歪歪斜斜的每页上都写着'仁义道德'几个字。我横竖睡不着，仔细看了半夜，总从字缝里看出字来，满本还写着两个字是'吃人'！"[①]小说发表后，引起社会轰动，被誉为中国现代文学史上第一篇彻底反封建的新文学作品。

鲁迅（1881—1936）

新文化运动对中国封建文化的猛烈冲击，形成了前所未有的启蒙运动和空前深刻的思想解放运动，"自有中国历史以来，还没有过这样伟大而彻底的文化革命"[②]。由于阶级和时代所限，这些反封建斗士在思想认识和方法上还存在这样或那样的弱点，但新文化运动打开了遏制新思想涌流的闸门，掀起一股思想解放的潮流，为适合中国社会需要的新思潮，特别是马克思主义在中国的传播，创造了有利条件。

---

① 鲁迅：《狂人日记》，《新青年》1918年第4卷第5号。
② 毛泽东：《新民主主义论》，《毛泽东选集》第二卷，人民出版社1991年版，第200页。

二、五四运动的爆发

1919年上半年,第一次世界大战战胜国在法国巴黎召开"和平会议"(即巴黎和会)。作为战胜国之一的中国提出取消1915年中日协约(以日本提出的殖民化中国的"二十一条"为基础)等合理要求,但会议却决定将战败国德国在中国山东获得的一切特权转交给日本。消息传到国内,激起社会各界强烈愤慨。

5月3日晚,北京大学、北京高等师范学校等校学生代表在北大法科礼堂(今东城区北河沿大街147号院)集会。北大法科学生谢绍敏破指血书"还我青岛"4个大字,会场气氛瞬间沸腾。会议决定次日举行学界示威游行。学生们连夜撰写宣言,印制传单,制作标语和旗帜。

5月4日下午1时左右,北京大学、北京高等师范学校等13所大中专学校的3000余名学生会聚在天安门前,抗议巴黎和会针对中国问题的决议,要求惩办亲日派曹汝霖、章宗祥、陆宗舆。学生们手持各式各样的大小旗子,上面写着"取消二十一条""外争主权,内除国贼""拒绝和约签字"

1919年5月4日,北京大学游行队伍向天安门进发

等口号。尤为引人注目的是北京高师学生张润芝在巨幅白旗上书写的"挽词":"卖国求荣,早知曹瞒遗种碑无字;倾心媚外,不期章惇余孽死有头。北京学界挽卖国贼曹汝霖、章宗祥遗臭千古。"集会上,有人发表演说,有人喊口号,最后决定先到各国公使馆游行示威,再到总统府请愿。附近的市民闻讯而来,有的还加入到游行队伍中。

游行队伍从天安门出发,南出中华门,前往东南方向的外国驻华使馆区。在东交民巷西口,游行队伍受到军警阻拦,经反复交涉依然无法通过使馆区。在炎炎烈日下晒了整整两个小时的青年学生,无不情绪激昂,便决定改道直奔赵家楼胡同曹汝霖住宅①。沿途,学生们不断散发宣言和传单。

浩浩荡荡的游行队伍下午4时左右来到曹宅门前,只见大门紧闭,数十名警察在门外把守。学生们高呼:"卖国贼曹汝霖快出来!"并将标语和旗子扔进院内。北京高师学生匡互生②看到院墙上有一个镶着玻璃的小窗,便冲过去砸碎玻璃,爬进院内打开大门。学生们像潮水一样涌入曹宅。曹汝霖闻声躲进两个卧室间的暗室。正在曹宅的章宗祥被学生认出,挨了一顿痛打。

匡互生(1891—1933)

为了给曹汝霖一个教训,学生们放火烧了曹宅。大批北洋军警闻讯赶到后,许德珩等32人被捕。这就是著名的"火烧赵家楼"事件。

6月3日,北洋军警再次逮捕170多名学生,激起全国人民的愤怒。两天后,上海工人举行声援学生的罢工。随后,一些大中城市出现工人罢工、学生罢课、商人罢市的"三罢"高潮。斗争如燎原之势,扩展至全国20多个省区的100多个城市,标志着中国工人阶级开始以独立的姿态登上政治舞台。不久,曹汝霖、章宗祥、陆宗舆被罢免。由于爱国留学生阻

---

① 今东城区前赵家楼胡同1号。

② 匡互生:湖南邵阳人。五四运动中天安门大会和会后游行的主要组织者之一,之后主要从事教育工作。著名作家巴金赞誉他是"一位有理想、有干劲、为国为民的教育家"。

拦，中国代表缺席巴黎和会签字仪式。

五四运动是近代中国革命史上具有划时代意义的事件，是第一次彻底地不妥协地反对帝国主义和封建主义的爱国运动。"五四运动形成了爱国、进步、民主、科学的五四精神，拉开了中国新民主主义革命的序幕，促进了马克思主义在中国的传播，推动了中国共产党的建立。"①

三、李大钊系统传播马克思主义

马克思及其学说首次介绍到中国，是1898年在上海出版的《泰西民法志》②。此后，在来华传教士所办刊物上又陆续登载了一些有关马克思主义的内容。但是，这些一鳞半爪式的介绍并没有引起多大的社会反响。1917年俄国十月革命爆发，第一次把社会主义从书本上的学说变为活生生的现实，中国先进分子才逐步认识和接受马克思主义。在中国早期的马克思主义传播中，李大钊起着主要作用。

李大钊1913年东渡日本，就读于东京早稻田大学，开始接触社会主义思想和马克思主义学说。十月革命胜利后，李大钊连续发表《法俄革命之比较观》《庶民的胜利》《Bolshevism的胜利》《新纪元》等文章和演讲，热情讴歌十月革命。他称赞十月革命是"二十世纪中世界革命的先声"③，"是赤旗的胜利，是世界劳工阶级的胜利，是二十世纪新潮流的胜利"，并大胆预言，"试看将来的环球，必是赤旗的世界"④。李大钊是中国第一个系统传播马克思主义并主张向俄国十月革命学习的先进分子。

李大钊1919年5月主编《新青年》时，推出"马克思研究号"，刊发

---

① 习近平：《青年要自觉践行社会主义核心价值观》，《习近平谈治国理政》，外文出版社2014年版，第166页。
② 英国人克卜扑著《社会主义史》的中译本，由英国传教士李提摩太委托胡贻谷翻译。
③ 李大钊：《庶民的胜利》，《新青年》1918年第5卷第5号。
④ 李大钊：《Bolshevism的胜利》，《新青年》1918年第5卷第5号。

了8篇介绍马克思主义的文章。其中，他撰写的《我的马克思主义观》一文指出，马克思主义理论包括它的历史论、经济论和政策论3个部分，"而阶级竞争说恰如一条金线，把这三部原理从根本上联络起来"。所以，"既往的历史都是阶级竞争的历史"①。和以往一些人对马克思学说所作的片断的、不确切的表述不同，文章对马克思主义作了相当完整的介绍和比较确切的阐释，在当时的思想界产生重要影响。该文的发表，不但表明李大钊完成从民主主义者向马克思主义者的转变，而且标志着马克思主义在中国进入比较系统的传播阶段。

《新青年》第6卷第5号为"马克思研究号"

李大钊较早地认识到，马克思主义是时代的产物，是科学而不是抽象的学理和不变的教条，研究马克思主义必须研究它怎样才能运用到中国当前的经济社会中，"不要忘了他的时代环境和我们的时代环境"②。他强调，马克思主义运用于实际时，会因时间、地点、事物的变化而变化，因此必须要在运用中加以发展，从而初步表述了马克思主义的一般原理必须与本国实际相结合并在这个结合的过程中不断发展的思想。

"正是李大钊同志等一批革命家的艰辛努力，使马克思主义在中国得到广泛传播"，使邓中夏③、高君宇④等"大批先进青年接受马克思主义走

---

① 李大钊：《我的马克思主义观》（上），《新青年》1919年第6卷第5号。
② 李大钊：《我的马克思主义观》（上），《新青年》1919年第6卷第5号。
③ 邓中夏（1894—1933）：湖南宜章人。1917年入北京大学学习，1920年10月加入北京共产党早期组织，马克思主义理论家、中国工人运动的领袖。八七会议当选为政治局候补委员。1933年9月21日，在南京雨花台慷慨就义。
④ 高君宇（1896—1925）：山西静乐人，原名高尚德。党的二大当选为中央执行委员，先后任中国社会主义青年团第一、二届中央执行委员会委员，1923年参与领导京汉铁路大罢工。

上革命道路，也推动马克思主义与工人运动密切结合，使中国工人阶级发展成为用马克思主义武装起来的自为阶级。这一切，为中国新民主主义革命的发展和胜利打下了坚实的基础"①。

---

① 习近平：《在纪念李大钊同志诞辰120周年座谈会上的讲话》，《人民日报》2009年10月29日第2版。

第二节　筹划建党

五四运动后，进一步扩大马克思主义的传播，让更多的先进青年接受马克思主义走上革命道路，推动马克思主义与工人运动的结合，建立共产党早期组织，进而筹组统一的中国共产党——这些历史任务摆在了陈独秀、李大钊等一批中国早期马克思主义者面前。

一、马克思学说研究会与"亢慕义斋"

1920年3月，李大钊指导邓中夏、高君宇等人在北京大学秘密成立马克斯（马克思）学说研究会。因研究会发起者和会员大多是北大学生及旁听生，又称北京大学马克思学说研究会。1921年11月17日，马克思学说研究会在《北京大学日刊》登出启事，对外公开。

根据公开资料记载，马克思学说研究会主要开展研究和宣传工作。研究方面主要是搜集、翻译马克思主义书籍，开展专题研究，分为唯物史观、阶级斗争、剩余价值、社会主义史等10个组进行[①]；宣传方面主要是举办讲演、讲座和辩论会等。当时社会上有"中国产业不发达，谈不到社会主义"的言论，研究会就在北大红楼（今东城区五四大街29号）办

---

① 中共中央党史资料征集委员会编：《共产主义小组》，中共党史资料出版社1987年版，第296～297页。

了一场"社会主义是否适宜于中国"的辩论会,北京各大学及专门学校学生、教员分两队辩论。辩论结束后,评判员李大钊用形象的比喻说,资本主义社会转变到社会主义社会,譬如雏鸡在孵化以前,尚在卵壳内部,及其孵化成熟以后,雏鸡必破卵而出,此为必然之理。李大钊声音不大,但很沉静,表现出一种高度自信与坚定,使人听后心悦诚服。之后不久,研究会成员迅速增加①。

经校长蔡元培同意,北大在第二院西斋为研究会拨了两间房子,一间做办公室,一间做图书室,名曰"亢慕义斋",即"共产主义小室"的意思。室内墙壁正中挂着马克思像,像的两边贴着"出研究室入监狱""南方兼有北方强",以及"不破不立""不立不破"等字幅。墙的四壁贴有革命诗歌、箴言、格言等。"亢慕义斋"与校长办公室相距不远,有校警站岗,较为隐蔽。

现存的部分"亢慕义斋"藏书

"亢慕义斋"收集了《共产党宣言》《社会主义从空想到科学的发展》《哲学的贫困》《家庭、私有制和国家的起源》等中、英、德文版马克思主义书籍及报刊。这些图书资料一部分由北大图书馆购买后转给研究会,大部分则是共产国际代表捎来或寄来的。会员们还自己动手,翻译油印了德文版《共产党宣言》部分章节。到1922年4月,"亢慕义斋"已收藏英文70多种、德文七八种、中文20多种有关马克思主义的图书。在这些图书上面,均盖有"亢慕义斋图书"字样的蓝色印章②。

马克思学说研究会是中国最早系统学习、研究和传播马克思主义的团体,后来大部分会员加入中国共产党和团组织。在19名发起人中,至少有15人于1923年前加入了党组织。马克思学说研究会为北京和北方地区党组

---

① 《一大前后》(二),人民出版社1980年版,第120~121页。
② 罗章龙:《椿园载记》,东方出版社1989年版,第87~88页。

织的建立作了思想和组织上的准备。

二、北京共产党小组成立及发展

五四运动爆发后不久，陈独秀因在北京"新世界"游艺场散发《北京市民宣言》，要求取消中日密约，被北洋军阀政府逮捕入狱。经多方营救，陈独秀获准出狱，但不能擅自离京。1920年2月，陈独秀秘密前往武汉演讲。北洋军阀政府得知后，派警察在陈独秀家门口蹲守，准备重新逮捕他。为避免再入牢狱，陈独秀返京后决定经天津前往上海。

2月的一个凌晨，一辆旧式带篷骡车从北京朝阳门驶出，急急奔向天津。车上有两位乘客，坐在车篷里的一位，看上去像掌柜。坐在驾辕人旁边的一位，微胖的脸庞蓄着八字胡，戴一副金边眼镜，随身携带几本账簿，像个跟掌柜外出收账的账房先生。其实，"掌柜"是陈独秀，而"账房先生"则是李大钊。一路上，二人商谈了建党工作，从而在党史上留下了"南陈北李，相约建党"的佳话。

这次分手后，陈独秀、李大钊分头开始建党筹备工作。李大钊引导北京大学平民教育讲演团等进步社团，深入京郊农村和工厂宣传新思想新文化，指导北京大学马克思学说研究会开展工作。不久，经共产国际批准，俄国共产党（布尔什维克）远东局海参崴分局外国处派出全权代表维经斯基（在华期间化名吴廷康）、秘书马马耶夫及翻译杨明斋一行来华，了解五四运动后中国革命运动发展的情况。1920年4月，维经斯基一行先到北京会见李大钊，参加系列座谈会。在李大钊的建议下，他又到上海会见陈独秀。在维经斯基等人的帮助下，上海、北京建党的步伐加快。陈独秀就党的名称征求李大钊的意见，李大钊主张定名为"共产党"。8月，上海共产党早期组织——"中国共产党"成立。

北京共产党小组成立之地——北大红楼李大钊办公室

  1920年10月，李大钊、张申府①、张国焘②等人在北大红楼李大钊办公室秘密成立北京共产党小组③。后来，又有6个无政府主义者加入。李大钊负责联络任务，张国焘负责工运工作，黄凌霜、陈德荣负责《劳动音》周刊的编辑和发行工作，罗章龙、刘仁静④负责发起组织社会主义青年团。

---

① 张申府（1893—1986）：河北献县人。中国共产党创始人之一，周恩来、朱德入党介绍人。党的四大后退党，从事翻译和著述。1949年后任北京图书馆研究员，中国农工民主党中央顾问。

② 张国焘（1897—1979）：江西萍乡人。中共一大代表，先后在党的二大、四大、五大、六大当选为中央委员。1931年4月，任中共鄂豫皖中央分局书记兼军委主席；长征途中另立"中央"，制造分裂；1937年9月，任陕甘宁边区政府代主席；1938年叛变，被开除党籍；1979年，病死于加拿大多伦多。

③ 党的一大召开前，各地建立的党组织名称不一，有的叫"共产党支部"，有的叫"共产党小组"，有的称"共产党"，北京的早期组织称"共产党小组"。1936年以后出版的党史著作把一大前成立的党组织统称为"共产主义小组"。现在，学界一般称之为中国共产党早期组织。

④ 刘仁静（1902—1987）：湖北应城人。中共一大代表。1929年11月，因参加托派组织被开除出党。1949年后，在人民出版社工作。1987年，任国务院参事室参事；同年8月，因车祸身亡。

李大钊还从自己每月120元工资中捐出80元作为党组织的活动经费①。11月，北京共产党小组改称中国共产党北京支部，李大钊被推选为书记，张国焘负责组织工作，罗章龙负责宣传工作。北京支部创办《工人周刊》，行销北方各地，每期销量多时达2万份，启发了工人们的阶级觉悟。

北京共产党早期组织成立后，在学习和宣传马克思主义，发动和组织工人运动，建立和领导社会主义青年团，引导进步社团，帮助北方主要城市建立党团组织和加强与共产国际的联系等方面开展工作。从北京共产党小组建立，到党的一大召开前，除黄凌霜等几名无政府主义者退出外，北京支部的党员已发展到10余名。

张申府

张国焘

北京共产党早期组织部分成员名录②

（年龄、受教育情况、职业均采用1921年情况）

序号	姓名	性别	籍贯	年龄	受教育情况	职业	去向或归宿
1	李大钊	男	河北	32	留日	教授	牺牲
2	张申府	男	河北	28	北大	教授	退党
3	张国焘	男	江西	24	北大	学生	叛党
4	罗章龙	男	湖南	27	北大	学生	开除出党

① 当时1元钱可以买11公斤的上好面粉，小学教师工资不到20元，包月洋车夫每月5～8元。马祥林：《红色账簿》，北岳文艺出版社2012年版，第16页。

② 关于北京共产党早期组织的人数，长期有不同说法。本名录采用中共中央党史研究室著《中国共产党的九十年》一书中列入的北京共产党早期组织成员，加上《中国共产党北京历史》第一卷中列入的先加入北京共产党早期组织后属旅法中共早期组织的张申府。

续表

序号	姓名	性别	籍贯	年龄	受教育情况	职业	去向或归宿
5	刘仁静	男	湖北	19	北大	学生	开除出党
6	邓中夏	男	湖南	27	北大	学生	牺牲
7	高君宇	男	山西	25	北大	学生	病逝
8	范鸿劼	男	湖北	24	北大	学生	牺牲
9	何孟雄	男	湖南	23	北大	学生	牺牲
10	张太雷	男	江苏	22	北洋大学	学生	牺牲
11	缪伯英	女	湖南	22	女高师	学生	病逝
12	李梅羹	男	湖南	20	北大	学生	开除出党
13	朱务善	男	湖南	24	北大	学生	转为苏共,后恢复党籍
14	宋 介	男	山东	26	中国大学	学生	汉奸
15	吴雨铭	男	湖南	23	北大	学生	开除出党
16	江 浩	男	河北	41	留日	国会议员	病逝
17	陈德荣	男	广东	不详	北大	学生	脱党

北京共产党早期组织的成立及其工作,有力推动了马克思主义在北方的进一步传播及其与工人运动的进一步结合,引导一批工人阶级先进分子快速成长,为建立全国统一的中国共产党准备了条件。

三、筹组统一的中国共产党及出席党的一大

在上海及北京共产党早期组织的联络和推动下,武汉、长沙、济南、广州等产业工人比较集中的城市陆续建立党的早期组织。在日本、法国也有留学生和华侨中的先进分子组成共产党早期组织。随着各地共产党早期组织的成立与发展,建立全国统一的中国共产党的条件逐渐成熟。

1921年初，维经斯基离华前夕告诉李大钊，希望中国的共产主义者能够迅速联合起来，正式成立中国共产党。3月，李大钊著文公开呼吁创建工人阶级政党。他指出："中国现在既无一个真能表现民众势力的团体，C派（指共产主义派）的朋友若能成立一个强固的精密的组织，并注意促进其分子之团体的训练，那么中国彻底的大改革，或者有所附托！"①

　　6月初，共产国际代表马林、远东书记处代表尼克尔斯基来华指导建党工作。上海党组织代理书记李达与陈独秀、李大钊商议，决定在上海召开中国共产党全国代表会议。李达、李汉俊分别写信给各地党组织，要求各派两名代表到上海参会。

　　接到上海来信时，北京共产党支部的一部分成员正在西城开办暑期补习学校，为报考大学的青年学生补课。他们随即在补习学校召开推举代表的会议。李大钊是第一人选，他正代理国立专门以上八校教职工代表联席会主席，负责组织索薪斗争，无法离京参会。邓中夏是北京共产党支部的骨干，工人运动的组织领导者，也曾被推选，但他"十分谦让，以工作忙不克分身为由辞谢"②。罗章龙也曾被推荐，由于他正主持《工人周刊》的筹备和创刊工作，不便离开。经过讨论，最后确定张国焘、刘仁静代表北京共产党支部出席党的第一次全国代表大会。

刘仁静

　　1921年7月23日晚，党的第一次全国代表大会在上海③召开。出席会议的有上海的李达、李汉俊，北京的张国焘、刘仁静，长沙的毛泽东、何叔衡，武汉的董必武、陈潭秋，济南的王尽美、邓恩铭，广东的陈公博，旅日的周佛海，以及受陈独秀派遣的包惠僧共13人，代表50多名党员。马林和尼克尔斯基也出席了会议。

---

① 李大钊：《团体的训练与革新的事业》，《曙光》1921年第2卷第2号。
② 刘仁静：《一大琐忆》，《一大回忆录》，知识出版社1980年版，第47页。
③ 法租界望志路106号（今上海兴业路76号）。

党的一大会址

张国焘向大会报告会议筹备经过,作了《北京共产主义组织的报告》,并被选入大会起草委员会,参与起草纲领、决议和实际工作计划等。因受法租界巡捕的干扰,最后一天的会议①改在浙江嘉兴南湖的一艘游船上进行。大会决定设立中央局为临时领导机构,选举陈独秀、张国焘、李达组成中央局,陈独秀为中央局书记;通过党的第一个纲领和决议,确定党的名称为"中国共产党",主张"以无产阶级革命军队推翻资产阶级","采用无产阶级专政,以达到阶级斗争的目的——消灭阶级","联合第三国际",等等,这表明中国共产党从建立之初就旗帜鲜明地把社会主义和共产主义规定为自己的奋斗目标,从而同崇拜资产阶级民主制度、主张走议会道路的第二国际社会民主主义划清了原则界限。党的一大宣告了中国共产党的正式成立。

---

① 目前史学界对党的一大闭幕日期有7月30日、31日,8月1日、2日、5日等几种说法。

在中国共产党的筹建过程中,北京和上海共产党早期组织一道,起到了重要的发起作用。"中国产生了共产党,这是开天辟地的大事变。"① "自从有了中国共产党,中国革命的面目就焕然一新了。"②

---

① 《毛泽东选集》第四卷,人民出版社1991年版,第1514页。
② 《毛泽东选集》第四卷,人民出版社1991年版,第1357页。

第三节　北方红星

第一次世界大战期间，中国民族资本主义经济得到一定发展。20世纪20年代，北京近代产业工人大约有2万人[①]。党的一大确立了发展党团组织、开展工人运动、加强宣传等工作任务。北京党组织积极响应，逐步加强基层组织建设，扩大马克思主义宣传，组织发动铁路工人，掀起北方地区工人运动的第一次高潮。

一、建立第一个北京地方组织——中共北京地方委员会

根据党的一大精神，1921年下半年，北京第一个地方党组织——中共北京地方委员会成立，由李大钊（书记）、罗章龙（组织委员）、高君宇（宣传委员）、李梅羹（财务委员）4名委员组成，直属中共中央领导。地委机关设在北大红楼。

北京地委先后建立4个党支部。以北京大学党员为主组成中共东城支部，书记邓中夏；以北京女子高等师范学校和北京高等师范学校党员为主组成中共西城支部，书记缪伯英。后来，又以中法大学党员为主组成中共西山支部，书记萧明；以长辛店工人为主组成中共长辛店机车厂支部，书

[①] 中共北京市委党史研究室编：《北京早期工业史料选编》，北京出版社1994年版，第3页。

中共北京地委旧址——北大红楼

记史文彬[①]。

根据中央关于建立和发展团组织的通告精神，1921年11月，北京地委决定恢复和重建北京社会主义青年团[②]，邓中夏回京开展工作。11月26日，青年团举行恢复后的第一次全体团员大会，选举高君宇为北京团地委书记，决定实行委员制，设立调查、宣传等4个股。团机关报《先驱》创刊后，特别注意俄国革命的状况和革命后的建设，译载了列宁《关于民族与殖民地问题的提纲》《俄国的新经济政策》等文章，向广大青年宣传马克思主义。

为抗议世界基督教学生同盟意图在北京清华学校（清华大学前身）召开代表大会，1922年3月初，北京和上海等地学生成立非基督教或非宗教同盟。9日，团中央以非基督教学生同盟的名义发表宣言，号召学生和青年联合起来反抗帝国主义国家对中国进行文化侵略。中共北京地委和团地

---

① 史文彬（1887—1942）：山东青城人，早期工人运动领袖。1921年5月，被推举为长辛店铁路机车工人俱乐部委员长；1921年7月，加入中国共产党；1923年，任京汉铁路总工会副委员长，组织领导二七大罢工；党的六大当选为中央候补委员，之后任河南省委书记；1931年，因反对王明的"左"倾错误被开除党籍；1942年不幸逝世。

② 北京社会主义青年团成立于1920年11月。1921年5月，因主持学生与青年团工作的邓中夏离京去保定，加上经费紧张，团员成分混杂，北京社会主义青年团暂时解散。

委在《先驱》开辟"非基督教学生同盟专号"。8月,李大钊、邓中夏在北京发起召开非宗教大同盟筹备大会,社会主义青年团及其外围进步团体成员、知识分子及劳动阶层积极参与,盟员达1500多人。非宗教大同盟在全国造成很大的影响,并逐渐发展成为一场反对帝国主义的政治运动。上海的英文报纸惊呼:"非基督教运动只不过是一个隐蔽布尔什维克的屏幕。"共产国际执委会远东部在华工作全权代表利金在报告中写道,非基督教运动的"总指挥部从第一天起就掌握在共产党中央局手中,它通过青年团成功地控制了整个运动"①。

此外,北京地委还组织开展工人运动,指导进步社团活动,加强基层支部建设,帮助天津、唐山、太原、济南等北方城市建立党团组织。北京地委的有益探索和实践,为党中央制定"建立一个民主主义的联合战线,向封建式的军阀继续战争"②等政策提供了实践依据。

二、长辛店二七大罢工

北京共产党小组成立后,非常重视工人工作,除创办《劳动音》《工人周刊》等通俗刊物外,还派邓中夏、张太雷等前往工人比较集中的长辛店地区开办劳动补习学校,把提高工人文化水平与传播革命思想有机结合。1921年5月1日,京汉路长辛店铁路工人会成立,成为中国共产党最早建立的工会组织,被誉为"北方劳动界的一颗明星"。

党的二大③通过《关于"工会运动与共产党"的议决案》,确定开展工

---

① 中共中央党史研究室第一研究部译:《联共(布)、共产国际与中国国民革命运动(1920—1925)》,北京图书馆出版社1997年版,第91页。

② 中央档案馆编:《中共中央文件选集》第1册,中共中央党校出版社1989年版,第45~46页。

③ 1922年7月16日至23日,党的二大在上海召开,通过《中国共产党第二次全国代表大会宣言》,第一次提出了明确的反帝反封建的民主纲领;通过党成立后的第一部党章《中国共产党章程》。中央执行委员会推选陈独秀为委员长。

人运动的基本原则和方针政策。中国劳动组合书记部由上海迁至北京后,提出劳动立法四项原则和劳动法大纲,得到工人热烈拥护。党在北方地区工人中和社会上的影响日益扩大。

长辛店工会成立后,火车房工友在火车头前留影

1922年底,京汉铁路沿线16个站全部成立工人俱乐部。工人运动的发展,迫切需要一个统一的工会组织来领导。1923年2月1日,原定在河南郑州召开的京汉铁路总工会成立大会,因直系军阀吴佩孚武力干涉被迫中断。当晚,总工会召开秘密会议,决定发动全路总罢工,并成立总罢工委员会,统一指挥罢工行动。共产党员史文彬任总罢工委员会副委员长,吴雨铭等为长辛店罢工负责人。

史文彬、吴雨铭回到长辛店后,迅速开展罢工筹备工作。按照总工会的统一部署,2月4日上午10时后,3000余名长辛店铁路工人走出厂房,一起涌向娘娘宫(今丰台区长辛店大街145号)集会。史文彬报告京汉铁路总工会成立大会受阻情况,宣布总工会的罢工命令。工人们群情激愤,高呼罢工口号。长辛店工人俱乐部发出通电,揭露军阀阻止京汉铁路总工会成立的行径,指出:"民国约法上说人民有集会结社之自由权,工人亦为人民之一分子,何以我工人无之,语云'不自由,毋宁死'。"5日晨,吴佩孚密令严厉处置罢工。6日深夜,史文彬、吴雨铭、吴祯①等11位工会领导被逮捕,关押在火神庙警察署(今丰台区长辛店大街196号)。

史文彬

---

① 吴祯(1880—1923):二七大罢工中被捕,同年9月在狱中牺牲。

2月7日晨，工人纠察队副队长葛树贵[①]等率领3000多名工人，举着写有"要求释放被捕工友""还我们的工友""还我们的自由"等标语的大旗和条幅，高呼口号，来到火神庙，包围警察署，要求释放被捕工人。不久，军队前来增援，并向工人队伍开枪。葛树贵高喊："敌人向我们开枪，我们去夺枪。"手无寸铁的工人们英勇自卫，奋力搏斗。葛树贵、杨诗田等6人壮烈牺牲，另有28人负重伤，32人被捕[②]。当天，湖北汉口江岸、河南郑州等地的罢工也遭到军阀血腥镇压，京汉铁路总工会江岸分会负责人林祥谦、大律师施洋等共产党员被杀害，酿成震惊中外的二七惨案。

长辛店二七大罢工，显示了北方工人阶级坚定的革命性和坚强的战斗力，扩大了北京党组织的政治影响。然而，残酷的现实说明，在中国仅仅依靠工人阶级孤军奋战，要战胜强大的敌人是远远不够的；工人们没有革命武装，仅仅依靠罢工这一武器开展斗争，要取得胜利也是不可能的。同时，工人们用生命和鲜血进一步唤醒中国人民，必须团结起来，为自由而奋斗。

三、中共第一位女党员缪伯英

二七惨案发生后，在长辛店等地组织救护和慰问工人的队伍中，一名女子的身影格外引人注目，她就是中国共产党第一位女党员缪伯英。

缪伯英（1899—1929）

缪伯英出生于湖南长沙县一个职员家庭。她的父亲缪云可是晚清秀才，深受戊戌维新运动影响，痛恨时弊，主张新学。在父亲的教育和影响下，她从小喜欢读书。1919年7月，她以湖南长沙地区第一名的成绩考入北京女子高等师范学校。

1919年秋，缪伯英怀着"教育救国"的理想来到北京。此时的京城，青年学生思想活跃，各种团体蓬

[①] 葛树贵（1887—1923）：二七大罢工中牺牲。
[②] 罗章龙编著：《京汉铁路工人流血记》，河南人民出版社1981年版，第212~213页。

勃兴起，呈现出一片新气象。她一边在学校认真学习，一边积极参与校内外活动。在北京大学举办的一次湖南学生同乡会上，她认识了北大同乡何孟雄。在何孟雄的介绍下，她经常到北京大学读书、看报、听演讲，和同学一起探索改造社会的道路。

1919年12月，王光祈等人发起成立北京工读互助团，目的是帮助青年实行半工半读，实现教育和职业兼顾的理想①。缪伯英便暂停了女高师的课程，加入工读互助团第三组。因为第三组都是女生，又称北京女子工读互助团。十几名女生抱着"工是劳力，读是劳心，互助是进化"的理念，怀着对"没有剥削、没有压迫、人人平等自由"的理想追求，开始自食其力的学习生活。她们租下东安门北河沿17号的一间房子，开起裁缝店、洗衣店。尽管她们工作热情、不怕吃苦，但依然入不敷出。1920年9月，女子工读互助团不得不解散。

参加工读互助团期间，缪伯英经常到北大听报告。有一次李大钊作了热情激昂的演讲，缪伯英听后十分振奋。会后，她找到李大钊，激动地说："您讲得真好，我不是北大学生，您能收我做学生吗？"李大钊见她如此诚挚、炽热，便答应了下来。

受李大钊影响，缪伯英开始研读有关马克思主义的书籍、报刊，参与有关社会活动。她逐步认识到，社会积弊太深，改良的道路行不通，只有通过革命的手段，才能打破旧制度，建立新社会。她慢慢地摆脱了"工读互助"思想的影响，初步接受了马克思主义。北京社会主义青年团成立后，她成为第一位女团员。不久，经李大钊介绍，她加入中国共产党，成为中共第一位女党员。1921年10月9日，她与志同道合的何孟雄结婚，成为党史上著名的"英""雄"夫妻。

入党后，缪伯英先后任中共北京西城支部第一任书记、社会主义青年团北京地委委员、中国劳动组合书记部女工部负责人等职。1924年5月，由于叛徒告密，北洋政府密令京师警察厅逮捕缪伯英等人。为避开北洋政

---

① 《工读互助团募款启事》，《新潮》1919年第2卷第2号。

府的追捕，她按照党组织的安排回到家乡湖南，担任中共湘区区委委员和妇女运动委员会主任等职。

1927年10月初，党组织派缪伯英到上海开展地下工作，担任中共沪东区委妇女运动委员会主任。在大革命失败后的严峻斗争形势下，她过着居无定所、食无定时、不断改名换姓的生活，加上超负荷工作，她的身体越来越弱。1929年10月，缪伯英积劳成疾，被送进上海宝隆医院。病危之际，她与丈夫何孟雄诀别："既以身许党，应为党的事业牺牲……未能战死沙场，真是恨事！孟雄，你要坚持斗争，直至胜利。"不幸的是，1931年2月，何孟雄也被国民党杀害于上海龙华刑场。他们的一双可爱儿女，在上海龙华监狱监禁一年多后，被送进了孤儿院，后于1932年一二八事变日军进攻上海时，不幸在战火中失散，从此杳无音信。

缪伯英的生命只有30个春秋，但她用生命书写了中国共产党第一位女党员的壮丽春秋。

思考题

1. 李大钊在传播马克思主义方面有哪些历史贡献？
2. 中共北京早期组织在党的创建中发挥了怎样的作用？
3. 从党的创建史谈谈对中国共产党的初心和使命的理解。

延伸阅读

1. 彭明：《五四运动史》，人民出版社1998年版。
2. 邵维正：《中国共产党创建史》，解放军出版社1991年版。
3. 朱成甲：《李大钊传》（上），中国社会科学出版社2009年版。

第二章　洪流激荡

——大革命时期国共合作反帝反北洋军阀斗争、土地革命战争初期反抗国民党反动统治斗争

（1923—1931）

大革命时期，中共北京党组织积极领导北方地区国共合作，推动北方国民革命运动、工农运动迅猛发展，冲击了帝国主义在北京的侵略势力和北洋军阀的统治。李大钊等人被捕就义使北方革命运动遭受严重挫折。大革命失败后，中国革命进入土地革命战争时期，逐渐开辟了农村包围城市、武装夺取政权的道路。北京（平）党组织坚决开展反抗国民党反动统治的斗争，先后遭到10余次大破坏，王荷波、马骏等一批共产党人壮烈牺牲。北京（平）共产党人前仆后继、英勇斗争，谱写了一曲曲坚定信仰、不忘初心的慷慨壮歌。

第一节　加强组织建设，推动北方国共合作

京汉铁路大罢工的失败，使中国共产党人意识到：必须团结一切可以团结的力量，结成最广泛的统一战线，才能战胜强大的敌人。1923年6月，党的三大①决定共产党员以个人身份加入国民党，实现国共合作。1924年1月，国民党一大事实上确立了联俄、联共、扶助农工的三大革命政策，轰轰烈烈的大革命②蓬勃展开。壮大自身力量，帮助发展北方国民党组织，推动北方国共合作，成为中共北京党组织的首要任务。

一、发展北方地区国民党组织

国民党在北方的组织基础原本十分薄弱。1924年4月20日，李大钊和国民党左派人士主持成立国民党北京执行部，派共产党员于方舟③等赴北方各地发展党员，建立国民党组织。1924年7月，国民党北京市党部成立，陈毅任市党部负责人，负责领导北京地区的国民党组织。到1925年10月，国

---

① 1923年6月12日至20日，党的三大在广州召开。大会决定共产党员以个人身份加入国民党，同时保持共产党在政治上、思想上和组织上的独立性；选举陈独秀为中央执行委员会中央局委员长，毛泽东任秘书，罗章龙任会计。

② 在国共合作的基础上，1924年至1927年中国爆发了一场席卷全国的革命运动，人们称之为"大革命"，其宗旨是"打倒列强，除军阀"。

③ 于方舟（1900—1927）：直隶宁河人，天津早期党组织的重要负责人。

翠花胡同（今27号）——国民党北京执行部旧址

民党北京执行部先后在河南、绥远、热河、直隶、山东、察哈尔等建立省级党部，党员1.4万人①，结束了国民党组织基本局限于南方的局面，为北方反帝反军阀的国民革命运动奠定了广泛的组织和群众基础。

国民党内部对建立国共合作统一战线一直存在着分歧。李大钊等帮助筹建国民党北京执行部时，遭到以石瑛为首的国民党右派反对。他们公开违背国民党一大精神，排斥共产党人和国民党左派进入北方国民党领导机构，极力主张多吸收"北大教授入党"，在执行部各部设副部长，企图培植扩大右派势力。中共北京地方组织联合国民党左派，及时组织在京国民党中央执行委员和候补委员开会，以决议形式保证共产党员和国民党左派在北京执行部中占有大多数席位，保证了对北京等北方地区国民革命运动的领导权。

1925年3月12日孙中山逝世后，国民党右派在北京不断制造事端。10月25日，国民党右派林森、邹鲁等乘共产党员和国民党左派领导人在天安门举行国民大会之机，率领四五十人，手持铁棒、木棍，闯入国民党北京执行部，抢走一方印章和若干簿册。由于执行部对形势有所准备，已将重要文件和资料妥善转移、收藏，右派的阴谋未能得逞。11月23日，国民党右派代表人物邹鲁、谢持等会集西山碧云寺孙中山灵前，召开所谓国民党一届四中全会，公开反对孙中山的三大政策，否定广东国民政府。对于"西山会议派"的倒行逆施，李大钊一针见血地指出，"西山会议派"就是国民党右派，不能让他们篡夺党权的目的得逞。国民党二大期间，共产党人团结国民党左派，开除"西山会议派"的党籍，彻底击垮了"西山会议

---

① 茅家琦等：《中国国民党史》上卷，鹭江出版社2009年版，第303页。

派"的进攻。

在中国共产党的帮助下，截至1926年1月，北京组建国民党区党部9个、区分部90个，党员达2600余人①。国共合作扩大了中国共产党的影响，壮大了党组织，巩固了北方地区国共合作统一战线。

二、加强中共北京党、团组织建设

党的三大以后，李大钊任中共中央驻北京委员，中央成立中共北京区执行委员会，负责领导北方地区党的工作。中共北京地委②与中共北京区执行委员会合并，称中共北京区执行委员会兼北京地方执行委员会（简称"中共北京区委兼地委"），何孟雄、范鸿劼、李大钊等先后任委员长。1925年1月，党的四大③决定在全国范围内建立和发展党的组织。9月28日至10月2日，中共第四届中央执行委员会第二次扩大会议在北京召开，决定中共北京区委兼地委改组为中共北方区执行委员会（简称"中共北方区委"）④，负责北方地区党的工作，成立新的中共北京地委，"以使区委能够

---

① 《国民党北京特别市党部常务报告》，中共北京市委党史研究室编：《第一次国共合作在北京》，北京出版社1989年版，第275～276页。

② 中共北京地委（中共北京地方委员会，1921年8月至1923年6月）：党的三大以后与中共北京区委合并。1925年10月，中共北方区委成立后，新成立中共北京地方执行委员会，仍简称中共北京地委。1927年5月，党的五大后，取消中共北京地委，建立中共北京市委。

③ 1925年1月11日至22日，党的四大在上海召开，明确提出无产阶级在民主革命阶段的领导权问题。中央局决定：陈独秀任中共中央总书记。

④ 1927年4月，李大钊等人牺牲后，中共北方区委停止工作。5月，党的五大决定各地方成立省、市、县委。6月，中共顺直省委成立，领导包括北京在内的北方部分省市党的工作。土地革命战争时期，中共中央曾3次建立中共中央北方局，领导北方地区的工作。在北方局撤销期间，分别由中共顺直省委、中共河北省委、中央驻北方代表代行北方局职权。

注意全区的工作"①。李大钊任中共北方区委书记。

新成立的中共北京地委由3名委员组成,赵世炎任书记。1925年底,为便于指导基层党组织的工作,地委下设东、西、南3个部委员会,分别领导所属支部开展工作。

1925年底中共北京地委基层党组织列表

部委员会	管辖党支部
东部委员会	北京大学、朝阳大学、清明中学、故宫博物院、沙滩街道、汇文中学、艺文中学等30个支部
西部委员会	中法大学、国立北京工业大学、北京女子师范大学、北京美术专门学校、蒙藏学校、中国大学、西直门火车站、农业大学等10多个支部
南部委员会	北京师范大学、广东会馆、宝庆五邑会馆、电话总局等10多个支部

农业大学党支部在农民中开展革命活动,在西郊农村先后发展10多个农民入党,建立公主坟、大瓦窑、罗道庄3个农村党支部。这是北京郊区最早建立的一批农村党支部。1926年夏,地委成立西郊部委员会,辖清华大学、燕京大学、香山慈幼院等支部。北京市党员由1926年3月的300多人发展到1927年2月的1000多人。

由于有些社会主义青年团干部只注意组织的发展,忽视"主义的教育",造成团组织建设不健全。1924年7月初,团中央决定解散北京青年团组织,中共北京区委兼地委帮助秘密重新登记团员,建立支部,成立新的团地委,同时加强对青年团员的思想政治教育。北京团的工作逐渐步入正轨,促进了国民革命运动的开展。

为适应革命形势发展的要求,强化反帝反封建宣传工作,加强对党员和群众的思想教育,中共北京区委兼地委1924年4月创办《政治生活》

---

① 中央档案馆编:《中共中央文件选集》第1册,中共中央党校出版社1989年版,第497页。

周刊,刘仁静、高君宇、赵世炎、范鸿劼等人先后主持。《发刊辞》开宗明义指出:"本刊的使命,便是要领导全国国民向奋斗反抗的政治生活走!"①《政治生活》旗帜鲜明的政治主张受到广大民众的热烈欢迎,第1期在京销售1000余份,因供不应求,又重印2000份。截至停刊,《政治生活》共出版80余期,发行量不断扩大。作为党的机关刊物,《政治生活》及时地把党的声音传达到党员和群众中去,对于统一党员思想认识、指导群众革命斗争起了重要作用。北洋军阀多次搜查刊物,百般压制。1926年7月,《政治生活》被迫停刊。

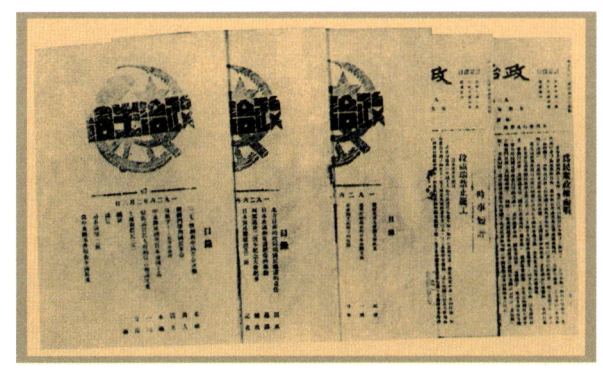

《政治生活》

北京党组织不断加强自身建设,发展壮大组织,推动北京地区革命运动的发展,促进了北方地区乃至全国国民革命运动的开展。

三、创办中共北方区委党校

革命形势迅速发展,党内干部教育培训日益紧迫。1924年5月,中央执委会扩大会议首次提出"设立党校养成指导人才"②。不久,党的四大再

---

① 《发刊辞》,《政治生活》1924年4月27日第1期。
② 《党内组织及宣传教育问题议决案》,中央档案馆编:《中共中央文件选集》第1册,中共中央党校出版社1989年版,第245页。

罗亦农（1902—1928）

次强调"设立党校有系统地教育党员"①。1925年，中共北京区委兼地委向中央提出成立一所党校，并派一位马列主义水平较高的领导同志任校长。

1925年10月，中央批准中共北方区委创办党校，派罗亦农任教务主任，实际上行使校长职能。党校设在一所坐南朝北的四合院中，南屋正厅敞开的三间为教室，东耳房一间为罗亦农的办公室兼宿舍，西耳房为文书室和图书室，东、西厢房各三间为学员宿舍②。为避免军警发现，大门口挂出"北京职业补习学校"的牌子。

党校第一期学员主要是来自北京等北方各省市的党、团员，选拔对象是具有一定工作能力、学习心切、有培养前途的党、团员。学员自带行李和日用品向区委报到。

李大钊、罗亦农与赵世炎3人共同商量拟定了党校课程和教学计划，以马克思主义基本理论和中国革命主要问题为重点。教员有罗亦农、赵世

中共北方区委党校所在地——蒋养房胡同（今西城区新街口东街）西口

---

① 《对于宣传工作之议决案》，中央档案馆编：《中共中央文件选集》第1册，中共中央党校出版社1989年版，第377页。

② 彭健华：《我所了解的北京和北方区党组织的一些情况（节录）》，中共北京市委党史研究室编：《北京革命史回忆录》第一辑，北京出版社1991年版，第199页。

炎、陈乔年，团的北方区委书记萧子璋、北京地委书记刘伯庄等都作过专题报告，学习内容十分丰富。

中共北方区委党校授课表①

讲授人	讲课题目
罗亦农	政治经济学常识
	历史唯物主义
	世界革命史
赵世炎	列宁主义
	殖民地半殖民地民族解放斗争
	共产党在民主革命阶段的任务
	职工运动
	农民运动
陈乔年	党的建设
	马克思主义阶级斗争理论
	世界革命形势和国际共产主义运动概况
萧子璋	关于共青团的任务和学生运动
刘伯庄	关于党的国共合作统一战线问题

开学典礼上，李大钊详细介绍当前革命形势和党校的任务，勉励学员们抓紧时间努力学习革命的本领。罗亦农讲述教学计划和课程安排：上午和下午上课或听报告，空余时间和夜晚自修，整理笔记。教学计划安排得非常紧张。每10人一组，推选一位组长，召开小组会，讨论学习体会和心得。每周将学习笔记和讨论记录汇齐交教务处审阅。学校订有几种报刊，搜集了一些参考书，供学员阅读。为避开当局的注意，上课地点也经常变

---

① 彭健华：《我所了解的北京和北方区党组织的一些情况（节录）》，中共北京市委党史研究室编：《北京革命史回忆录》第一辑，北京出版社1991年版，第200～201页。

更,在石老娘胡同(今西四北四条)、北大三院也上过课[①]。

1925年12月,第一期60多名学员正式结业,陆续返回原地或被派往其他地方工作,不少人担任了党或团的基层领导干部,如王鹤寿(党校入党)任共青团京汉铁路石家庄车站特别支部书记,尹才一任共青团北方区委委员,唐从周任共青团北京地委书记,等等。

第一期培训结束后,罗亦农被中央调到上海,加上党校也有暴露的危险,就没有继续办下去。虽然只有短短的一期,但是作为中国共产党创办较早的党校[②]之一,中共北方区委党校为北方地区培养了一批急需的干部,对北方各地党组织的发展和革命活动的开展起到了重要作用。

[①] 周进、丁伟:《关于中共北方区委党校的一则海外资料》,《中共党史研究》2011年第6期。

[②] 中共安源地委党校于1924年12月创办,是中国共产党创办的第一所党校。1933年3月创办于瑞金的马克思共产主义学校是中共中央党校的前身。

第二节　国民革命在北京

南方大革命蓬勃展开,北方军阀混战不断[①]。利用各派军阀之间的矛盾,恢复和发展工农运动,开展反对帝国主义和北洋军阀的斗争,争取进步力量配合南方革命军北伐……这些都是国共合作后中共北京党组织面临的新问题。

一、工农运动的恢复与发展

国共合作为工农运动的恢复和发展创造了有利条件。中共北京党组织积极领导和组织工农运动,1923年二七大罢工失败后工人运动的消沉状态得以改变,农民运动也开始兴起。

1925年5月30日,上海发生五卅惨案,北京各阶层群众积极声援上海工人的五卅反帝斗争。6月10日,在中国共产党领导下,北京数万民众在天安门前召开国民大会,四郊农民也赶来参加。天安门前搭起5座台子,同时进行讲演,上海的工人代表在会上报告英日帝国主义者残杀同胞的经过。台下民众高呼:"为工界同胞报仇!""愿同胞猛醒,勿存五分钟热

[①] 1923年10月,直系军阀曹锟靠贿选成为中华民国总统,遭到全国人民的反对。1924年9月,第二次直奉战争爆发,10月,冯玉祥发动北京政变,直系军阀的统治宣告瓦解。11月,冯玉祥、张作霖请段祺瑞出任中华民国临时执政府"临时总执政",北京出现冯、张、段三方又联合又猜忌的局面。

心","救国"的呼喊声响彻广场,使大会气氛达到高潮。大会通过了收回英租界,废除中国与英日间一切不平等条约等21项提案。经过声援五卅运动,北京各厂、各行业工会之间的联系和团结日益加强。在中共北京党组织指导下,1926年1月1日北京总工会正式成立,会员达五六千人。

声援五卅运动的游行示威

李大钊一向重视农民问题。早在1919年2月,他就指出:"我们中国是一个农国,大多数的劳工阶级就是那些农民。他们若是不解放,就是我们国民全体不解放。"[①]国共合作开始后,中共北京区委兼地委成立农工部,领导农民革命运动。

京东各县不少农户贩鸡蛋,赚钱贴补家用,而蛋厂洋商为剥削农民,把蛋价压得很低。1925年,顺义县公署成立蛋捐局,专门收取鸡蛋捐。曹福田等3人先以每月200块银圆承包鸡蛋捐,后强令每副鸡蛋挑子每月交1块银圆,这样一个月就可榨取600多块银圆,激起广大农民的强烈不满。

中共北方区委和李大钊得知消息后,派党员马荣堃、李怀才、陈为人

---

① 《李大钊文集》第2卷,人民出版社1999年版,第287页。

等到顺义县组织发动农民开展抗捐斗争。陈为人等召集村民宣传演讲，号召农民不要把鸡蛋卖给洋商，不交鸡蛋捐，并组织蛋贩运蛋到北京卖，掐断了洋商的蛋源。洋商不甘心失败，勾结县衙，指示蛋捐局在路上增设税卡，加重税收，禁止向北京贩运鸡蛋。农民怒不可遏，陈为人等联系组织顺义周边农民起来斗争。11月17日，京东各县蛋贩肩扛扁担到顺义县城游行示威，队伍很快扩大到800余人[①]。农民们高呼口号，砸毁蛋捐局，痛打头目曹福田。陈为人代表农民，要求县知事撤销蛋捐局，取消鸡蛋捐，惩办包商。县知事在农民压力下被迫同意撤销蛋捐局，张贴告示取消鸡蛋捐，扣押曹福田。顺义县的反蛋捐斗争推动了京郊农民反压迫斗争的发展，怀柔、顺义、昌平等地相继爆发农民反压迫斗争。

工农运动的发展，密切了党同工农群众的联系，提高了他们的阶级觉悟，巩固了国共合作的基础，推动国民革命运动深入发展。

二、废除不平等条约运动和国民会议运动

中苏1924年5月正式签订《中俄解决悬案大纲协定》，这是1840年鸦片战争以来中国与外国签订的第一个尊重中国主权和利益的条约。中苏复交后，北京发生"公使团拒绝交还俄使馆"的怪事，引起人民极大愤怒。1924年7月，中共北京区委兼地委推动北京各界人士成立"反帝国主义运动大联盟"，提出废除帝国主义强迫中国所签订的一切不平等条约等4项主张，形成全国反帝废约的强大声势。

北京政变[②]后，冯玉祥电请孙中山北上。1924年11月10日，孙中山发表《时局宣言》（《北上宣言》），提出"召集国民会议，以谋中国之统一

[①] 王斐然：《顺义一次农民运动的片断》，中共北京市委党史研究室编：《北京革命史回忆录》第一辑，北京出版社1991年版，第360页。

[②] 1924年10月，原直系军阀将领冯玉祥发动政变，宣布成立中华民国国民军，控制北京政府。政变后，冯玉祥电请孙中山北上共商国是。

与建设",扶病到京。中共中央决定声援孙中山北上,推动国民会议的召开。1925年1月4日,中共北京区委兼地委领导召开国民会议促成会成立大会,波澜壮阔的国民会议运动在全国展开。3月1日,中国共产党联合国民党左派召开历时1个月的国民会议促成会全国代表大会。

随孙中山北上的高君宇(受党的委托担任孙中山秘书)是国民会议促成会全国代表大会的重要组织者。他本来就有肺病,经常咯血,一路劳顿,病势更加沉重。德国医院的医生让他休息半年,但病情刚一好转他就出院,投入大会工作。

高君宇

会议期间,高君宇异常忙碌,开完大会开小会,还要操心大会安全。3月2日,他腹痛难耐,并伴有发烧、恶心、呕吐等症状,仍然坚持开会。4日,他实在支撑不住,被送到协和医院,医生初步诊断是急性阑尾炎,需马上开刀。因延误治疗时间,高君宇并发腹腔脓肿和败血症,3月6日病逝,年仅29岁。他生前曾在自己的照片上写下这样一首诗:"我是宝剑,

北京各界群众在天安门前召开国民大会

我是火花。我愿生如闪电之耀亮，我愿死如彗星之迅忽。"①这成了他短暂而光辉一生的真实写照。

废除不平等条约运动和国民会议运动因帝国主义、反动军阀的破坏，未能取得实质性成果，但团结了各阶层群众，巩固了统一战线，揭露了帝国主义和军阀的阴谋，推动国民革命运动深入发展。

陶然亭公园高君宇、石评梅塑像

三、"首都革命"和三一八运动

北方革命运动迅速发展，人民对把持北京政权的北洋军阀十分不满。此时冯玉祥国民军倾向革命，中共北方区委决定趁势发动推翻军阀统治、建立国民政府的革命运动。

1925年11月28日，数万群众高呼"打倒军阀政府"的口号，拥至执政府门前，要求段祺瑞②下台。第二天，5万多群众齐集天安门，继续召开国民革命示威运动大会。但由于承诺支持群众革命行动的国民军将领改变态度等原因，运动没有成功。这次运动史称"首都革命"，是北伐战争前夕一场夺取政权、建立国民政府的尝试。

正当广州国民政府积极准备北伐之际，1926年3月天津发生大沽口事件③。日本联合《辛丑条约》签字国向北洋政府提出抗议，这激起中国人民

---

① 高君宇病逝后葬于陶然亭，他的女友石评梅把这首诗刻在墓碑上。1928年9月30日石评梅病逝后，人们将她葬于高君宇墓旁，这就是著名的"高石之墓"。
② 段祺瑞（1865—1936）：安徽合肥人，皖系军阀首领。1924年北京政变后，任中华民国"临时总执政"，1926年4月下台。
③ 1926年3月，两艘日舰强行进入天津大沽口，与国民军发生冲突。日军竟颠倒黑白，狡称国民军先开炮。

铁狮子胡同（今东城区张自忠路3号）——三一八惨案发生地

极大愤慨。国共两党联合各团体代表，立即召开紧急会议，决定18日在天安门前召开国民大会。会后中法大学学生代表陈毅等到执政府门前要求见段祺瑞，却只有一名科长出来应付了事。执政府卫队用刺刀驱赶门外等候的代表，致使多人受伤，更激起广大群众反帝反军阀的怒火。

3月18日，各界群众一万多人在天安门广场集会，愤怒声讨英美日等八国对中国实行武力威胁的野蛮行径。主席台挂着被执政府卫队打成重伤的杨伯伦的血衣，写有"段祺瑞铁蹄下之血"的字样。会后，2000多人的队伍由天安门出发，经东长安街、东单、米市大街、东四向铁狮子胡同段祺瑞执政府请愿。执政府门前卫队荷枪实弹，如临大敌。担任女师大队伍指挥的

刘和珍（1904—1926）

刘和珍，走在队伍前列。当请愿队伍在门前等候代表时，突然枪声大作，子弹从刘和珍背部射入，斜穿心肺，造成致命伤，她挣扎着要站起来。同行的张静淑、杨德群想扶她，她说："你们快走吧，我不行了，不要管我了。"一个卫兵又对刘和珍头部、胸部猛击两棍。此后，她再也没能站起来。大屠杀造成47人死亡、199人负伤、60余人失踪，鲁迅把这一天称作"民国以来

最黑暗的一天"①。

惨案发生后，各校纷纷罢课，为死难烈士举行追悼会，抨击段祺瑞执政府的暴行，段祺瑞被迫下台。4月，直系、奉系军阀占领京、津，国民军被迫退守南口一线。北京陷入了更加严峻的白色恐怖中。

圆明园九州清晏三一八烈士公墓

四、推动国民军策应北伐

中共中央于1926年2月在北京召开特别会议，指出当前主要任务是策应广州国民政府北伐，加强北方军事工作，帮助国民军成为民众抵抗帝国主义与反动军阀的有力武装。

早在国民军成立初期，中共北京区委兼地委和李大钊就派遣共产党员到部队工作。1925年2月底，冯玉祥接李大钊到国民军驻地张家口。长谈一整天后，冯玉祥进一步向革命靠拢。他在驻地张贴两条醒目的标语："劳动救国""劳工神圣"。双十节时，冯玉祥还给张家口工会的每个工人发10元钱，以表示对工人的关心②。

三一八惨案后，面对直奉联军50万强敌，国民军处境十分危急。李大钊分析双方军事态势，建议国民军退出北京，撤到南口。国民军退守南口，派重兵扼守东、南、西各处要隘。4月下旬，直奉联军持续进攻国民军，国民军的顽强抵抗有力牵制各路军阀，减轻了南方革命军的压力，为

---

① 鲁迅：《无花的蔷薇之二》，《鲁迅全集》第3卷，人民文学出版社2005年版，第280页。

② 陈天秩：《一战时期共产党对冯玉祥的影响》，中共北京市委党史研究室编：《北京革命史回忆录》第一辑，北京出版社1991年版，第266页。

北伐创造了有利条件。

7月中旬,直奉联军加紧进攻国民军,形势危急。冯玉祥正在苏联考察,急需他回国整顿军队,扭转局势。李大钊请好友、国民党左派元老于右任赴苏,动员倾向革命的冯玉祥回国。7月、8月两个月内,李大钊先后3次电告于右任,要他敦促冯玉祥早日回国主持军务。

冯玉祥回国后,9月17日在绥远五原举行誓师典礼,改西北国民军为国民军联军(仍简称国民军),响应北伐,冯玉祥任总司令,共产党员刘伯坚任总政治部副主任。中共中央派邓小平等400多名共产党员和进步青年,到国民军负责政治工作。李大钊从"组织共产党军"考虑,派共产党员直接掌握领导部分部队。他们在国民军中发展党员,培养军事干部。国民军一些军官如杨虎城、吉鸿昌、何基沣等人逐渐倾向革命,有的与共产党保持长期友好关系,有的后来成为共产党员。

冯玉祥根据李大钊(时任中共北方区委书记,国民党中央执行委员)进军西北、解围西安、出兵潼关、策应北伐的策略,制定了"固甘援陕、联晋图豫"的战略方针①。9月下旬,冯玉祥援陕军出发,11月28日解除长达8

冯玉祥(左一,1882—1948)与刘伯坚(右一,1895—1935)在誓师典礼上

---

① 《冯玉祥回忆录》,东方出版社2011年版,第325页。

个月的西安之围①，策应了南方国民革命军北伐。

1927年4月12日，蒋介石发动反革命政变，形成南京与武汉国民政府对立的局面。武汉国民政府坚持继续北伐，冯玉祥部攻入河南，与北伐军会师。之后，冯玉祥政治态度发生变化，公开倒向蒋介石一边，将国民军内的共产党员和政治工作人员"礼送出境"。

---

① 1926年4月至11月，杨虎城、李虎臣等部，在西安抗击刘镇华镇嵩军围攻的作战。

第三节　先驱热血

蒋介石叛变革命，疯狂屠杀共产党人和革命群众。党的五大①没有回答人们最焦虑的问题——如何从危机中挽救革命。1927年7月15日，汪精卫同共产党决裂。宁汉两个"国民政府"实现合流，标志着国民党已经蜕变成了一个代表地主阶级、买办性的大资产阶级利益的反动政党，大革命宣告失败，中国革命进入土地革命战争时期。中共北京（平）党组织坚决贯彻中央八七会议精神，开展反抗国民党反动统治的斗争。党组织虽屡遭破坏，但共产党人前仆后继、不畏牺牲、英勇斗争。

一、李大钊英勇就义

直奉军阀联合控制北京政府后，北方政治形势日益恶化，李大钊等国共北方领导人遭到北洋政府通缉。1926年3月底，国共两党北方领导机关秘密迁入东交民巷苏联大使馆西院旧兵营，继续领导北方革命斗争。

北洋军阀密探和帝国主义间谍严密监视着旧兵营，情况万分危急。同

---

① 1927年4月27日至5月9日，党的五大在武汉召开。大会对如何争取领导权，如何建立党的革命武装等迫在眉睫的重大问题，没有作出切实可行的回答，并仍然选举陈独秀为总书记。大会正式提出党内实行民主集中制组织原则，并选举产生了党的历史上第一个中央纪律检查监督机构——中央监察委员会，这在党的建设史上具有重要意义。

志们劝李大钊离开,但他坚持留下来。他曾对夫人赵纫兰说:"要知道现在是什么时候,这里的工作是这样的重要,哪里能离开呢?"1927年4月6日,奉系军阀控制的北京政府京师警察厅的大批军警,不顾外交惯例和国际公法,强行闯入大使馆界内,袭击了苏联大使馆,并将李大钊、范鸿劼和国民党左派邓文辉等数十人逮捕。

李大钊被捕后,面对敌人的威逼利诱,始终严守党的机密,坚贞不屈,"自称为马克思学说崇信者,对于其他之一切行为,则谓极不知晓"。他利用狱方让他"交代"的机会,写出《狱中自

就义时的李大钊

述》,回顾自己革命的一生,表达了坚定的革命信念和伟大抱负。"钊自束发受书,即矢志努力于民族解放之事业,实践其所信,励行其所知,为功为罪,所不暇计。"①

28日下午,在西交民巷京师看守所,李大钊"首登绞刑台","神色未变,从容就死"。同时遇害的还有中共北方区委宣传部部长、《政治生活》主编范鸿劼等19人。

慷慨赴死易,从容就义难。面对死亡,李大钊没有恐惧,因为他如此看待死亡、看待人生:"人生的目的,在发

西交民巷京师看守所

---

① 《李大钊文集》第5卷,人民出版社1999年版,第239页。

展自己的生命,可是也有为发展生命必须牺牲生命的时候。因为平凡的发展,有时不如壮烈的牺牲足以延长生命的音响和光华。绝美的风景,多在奇险的山川。绝壮的音乐,多是悲凉的韵调。高尚的生活,常在壮烈的牺牲中。"①

二、工人领袖王荷波

李大钊等人牺牲后,中共北方党组织失去了有力的领导,革命形势转入低潮。党的五大决定撤销区委、地委建制,各地成立省、市、县委。1927年5月,中共北京市委建立,隶属中共顺直省委②。由于顺直省委主要领导散布右倾机会主义观点,引起党内思想混乱,出现工作困难局面。1927年8月7日,中共中央在汉口召开紧急会议,即八七会议③。会后,为加强和改善北方地区党的工作,中央决定成立中共中央北方局,下辖顺直、山东、满洲(今东北地区)、山西及内蒙古等省党部,党的五大上刚刚当选为中央监察委员会主席的王荷波出任书记,蔡和森任秘书长。

来到北方后,王荷波与蔡和森传达党的八七会议精神,主持领导中共顺直省委改组,确定开展土地革命、建立工农兵苏维埃政权为工作方针。9月底10月初,华北地区发生晋奉战争,北方局决定乘奉军败退卢沟桥时,举行城市起义,建立北京苏维埃政权,阻止晋军入京。10月10日晚,市委组织全市党团员上街散发传单,张贴标语,开展"双十节广告暴动"。由于当时处于革命低潮时期,盲动主义暴露了党的力量。市总工会系统遭到严重破坏,10余人被杀害。市委委员李渤海叛变出卖党的组织,致使北方局、北

---

① 《李大钊文集》第3卷,人民出版社1999年版,第84页。
② 清代曾设立直隶省和顺天府,后将今河北和天津、北京等地称为顺直地区。党的五大后,中央决定成立中共顺直省委,代替中共北方区委领导北方党的工作。1930年12月,中央决定撤销中共顺直省委,成立中共河北省委。
③ 八七会议批评了大革命后期以陈独秀为首的中央所犯的右倾机会主义错误,确定了实行土地革命和武装起义的方针,但会议在反对右倾错误时没有注意防止"左"的错误。

京市委、共青团北京市委全部遭到沉重打击。北方局书记王荷波、军委书记段百川，北京市委书记王尽臣等18名领导同志相继被捕。

面对敌人的严刑拷打，王荷波不承认自己是共产党员，只说自己叫汪一喜，江西人，在上海开西服店，这次是来京索债。直到被叛徒指认后，他也只承认自己的姓名、籍贯和部分职务，始终没有暴露北方局和北京党组织的秘密。临难前，他给子女留下"绝不能走与我相反的道路"的遗言。11月11日深夜，王荷波等18人被杀害于安定门外箭楼西侧①。党的机关刊物《布尔塞维克》对王荷波的一生给

王荷波（中，1882—1927）等在莫斯科合影

八宝山革命公墓王荷波等烈士墓

予了高度评价："王荷波同志是中国工人中觉悟最早奋斗最力的一人……，是中国革命的工人领袖之模范。""王同志之死使中国工人阶级失去了一有力而忠实的领袖，使中国共产党失去一勇敢而努力的战士。"②

惨痛的教训使北方局认识到目前任务不是立即大暴动，而是继续酝酿准备，复兴工人运动，发展农民运动。1927年11月，中共中央决定撤销北方局，由中共顺直省委代行其职权，中共北京市委隶属顺直省委管辖。

---

① 北平刚解放，周恩来就指示寻找王荷波等烈士遗体。据当年目击者回忆，人们从安定门外芦苇深处挖出烈士遗留下的一只残缺不全的鱼鳞底皮鞋，从而收殓了他的忠骨。1949年12月11日，王荷波等烈士遗体移葬八宝山革命公墓，周恩来总理亲临主祭。

② 《布尔塞维克》1927年12月26日第11期。

三、北京（平）党组织遭受16次大破坏

王荷波等人牺牲后，1927年11月上旬，中共中央派谭哨云、马骏到北京恢复党组织，成立中共北京临时市委，机关设在东城盔甲厂15号。11月下旬，因叛徒出卖，临时市委遭破坏，马骏等多数市委成员被捕。张作霖派教育总长前去劝降，对马骏说："只要你不宣传马列主义，不搞革命，大帅叫你当教育次长，不然，写一纸声明脱离共产党也行！"马骏当场顶了回去："只要我还有一口气，叫我不宣传马列主义，不搞革命，这比太阳从西边出来还难！"他受尽酷刑，英勇就义。

国民党势力进入北京（1928年6月20日，国民政府改北京为北平）后，开始更加残暴的统治，中共北京（平）党组织开始反抗国民党新军阀的斗争，先后组织洋车工人罢工、国立大学反对大学区制、援助被捕留日同胞等斗争。

马骏（1895—1928）

由于受共产国际及党内"左"倾思想的影响，加上大革命失败后党员中强烈的复仇情绪，党内出现"左"倾盲动错误。1928年6月，党的六大①在莫斯科召开，其基本路线是正确的，初步克服了党内的"左"倾情绪，但没有认识到中国革命的复杂性和长期性，党内又接连出现"左"倾冒险和"左"倾教条主义错误。

1927年至1935年，中共北京（平）党组织先后遭受16次大破坏。1931年9月，北平仅剩76名共产党员。但北京（平）共产党人始终坚持共产主义崇高理想，表现出革命的乐观主义精神和不屈不挠的顽强斗志，紧紧依靠工农群众，开展反对北洋军阀和国民党反动统治的斗争，异常艰难地度

---

① 1928年6月18日至7月11日，党的六大在莫斯科近郊五一村召开。大会明确中国革命现在阶段的性质是资产阶级民主革命，当前中国的政治形势是处于两个革命高潮之间。大会对克服党内仍然存在的浓厚的"左"的情绪，对中国革命的恢复和发展起了积极的作用。六届一中全会选举产生的中央政治局，选举向忠发（1880—1931，后叛变）为中央政治局主席兼中央政治局常委会主席。

过最困难的时期，为抗日斗争保存下了组织基础和骨干力量。

中共北京（平）党组织
1927—1935年遭受16次大破坏情况简表

次序	时间	被捕的主要领导人
1	1927年4月	李大钊等（牺牲）
2	1927年10月	王荷波（中共北方局书记，牺牲） 王尽臣（中共北京市委书记，牺牲）
3	1927年11月	谭哨云（中共北京临时市委书记，1929年出狱） 马骏（中共北京临时市委负责人，牺牲） 张友渔（中共北京临时市委秘书长，1928年被营救出狱）
4	1928年4月	张晁尼（中共北京市委书记，牺牲）
5	1929年6月	张友清（中共北平市委书记，1930年出狱，后又被捕，1936年被营救出狱）
6	1930年7月	曹策（中共北平市委书记，同年10月被营救出狱） 魏文伯（中共北平市委秘书长，1931年出狱）
7	1931年6月	薄一波（中共河北省委军委常委，1936年被营救出狱） 刘锡五（中共北平市委书记，1936年被营救出狱）
8	1931年11月	平杰三（中共河北省委驻北平党代表，1933年出狱） 马辉之（中共河北省委书记，1936年被营救出狱） 王德（共青团河北省委书记，1937年被营救出狱）
9	1933年5月	贺俊昌（河北省、北平市革命互济会负责人，叛变）
10	1933年7月	陈曾固（中共北平市委书记，1937年被营救出狱）
11	1933年8月	刘德明（中共北平市委宣传部部长，不详） 刘有志（中共北平市委组织部部长，1937年被营救出狱） 孙业夫（王鹤寿，共青团河北省委书记，1937年被营救出狱）
12	1933年10月	高洁明（中共北平市委书记，被捕，后下落不明）
13	1934年3月	季苏（中共北平市委书记，叛变）
14	1934年7月	刘靖（中共北平市委书记，1937年被营救出狱）
15	1934年12月	马冀良（中共北平市工委书记，后出狱）
16	1935年5月	许子云（中共北平市工委书记，1936年出狱）

思考题

1. 中共北方区委党校历史对今天的党校学习有什么启示？
2. 中共北京党组织推动北方国民革命主要有哪些贡献？
3. 从中共北京（平）党组织先后遭到16次大破坏、共产党人前仆后继的历史，谈谈对信仰与忠诚的理解。

延伸阅读

1. 本书编写组：《中共北方区委历史》，中共党史出版社2013年版。
2. 金冲及：《二十世纪中国史纲》，社会科学文献出版社2009年版。
3. 姚金果、苏若群：《国共合作史 第一次国共合作》，济南出版社2016年版。

第三章　中流砥柱

——党领导的北平地区抗日斗争

（1931—1945）

九一八事变是中国人民抗日战争的起点，中国从此进入14年抗战时期。中共北平党组织在反抗国民党反动统治的同时，高举起抗日救亡旗帜。卢沟桥抗战是中国全民族抗战开端，中国共产党积极倡导并推动建立以国共合作为基础的抗日民族统一战线。中共北平党组织发挥中流砥柱作用，领导建立平郊抗日根据地，成为晋察冀抗日根据地的重要组成部分和前哨；开展城内地下斗争，支援华北敌后抗日根据地斗争。北平人民为抗战胜利付出了巨大牺牲，作出了重大贡献。

第一节　救亡先锋

大革命失败后，中国共产党独立高举革命旗帜，领导中国人民的反帝反封建斗争进入土地革命战争时期，党创建和发展了红军和农村革命根据地。九一八事变后，南京政府对日本帝国主义侵略抱不抵抗主义，短短4个月零10天，白山黑水沦丧。中日之间民族矛盾逐渐上升为主要矛盾，中国国内阶级关系也发生重大变化。民族危机严重关头，中国共产党率先举起武装抗日旗帜，北平党组织团结带领北平人民在开展反抗国民党反动统治的同时，积极进行抗日救亡斗争。

一、南下示威活动

九一八事变第二天，北平各大学纷纷发表通电、宣言，要求"一致对外""救亡图存"，抗议日本帝国主义的野蛮侵略行径。1931年9月20日，中共中央发表《中国共产党为日本帝国主义强暴占领东三省事件宣言》，"反对日本帝国主义强占东三省！"[1]中共北平市委随即印发《反对日本帝国主义吞并满洲宣传大纲》，"反对殖民化中国"[2]。9月24日，80余所大中

---

[1] 中共北京市委党史研究室编：《北京地区抗日运动史料汇编》第一辑，中国文史出版社1990年版，第32页。

[2] 中共北京市委党史研究室编：《北京地区抗日运动史料汇编》第一辑，中国文史出版社1990年版，第34页。

学校代表集会,成立北平学生抗日救国联合会。

北平各校学生纷纷组织请愿团和示威团,11月下旬起,先后有1000余名学生到南京请愿,要求国民政府出兵抗日。12月4日下午,9所大中学校2100多名学生,再次会集到前门东站,准备南下示威。北平市委成立由5人组成的秘密党团,下设4个临时党团支部领导南下学生。5日晨,车站以"奉上级命令"为由,拒绝发车。学生们成立北平学生南下总指挥部,在车站召开各校代表紧急会议,决定卧轨。下午4时,北平师范大学、北平大学高中部1000余名学生加入南下队伍;5时,中国学院、中国学院附中、艺文中学等校的1000余名学生也来到车站,云集车站的学生逾4000人。12月的北平,寒风呼啸,滴水成冰,许多市民和商会送来饼干、开水,瑞蚨祥等商号送来成捆的毛毯,供卧轨学生御寒。斗争坚持了三天三夜,北平与外界的交通受到严重影响,当局备受各界舆论谴责。强大压力下,7日,南京政府复电坐镇北平的陆海空军副司令张学良"就近妥为办理",他趁势下令发车。上午11时,学生们高唱抗日救亡歌曲乘车南下。

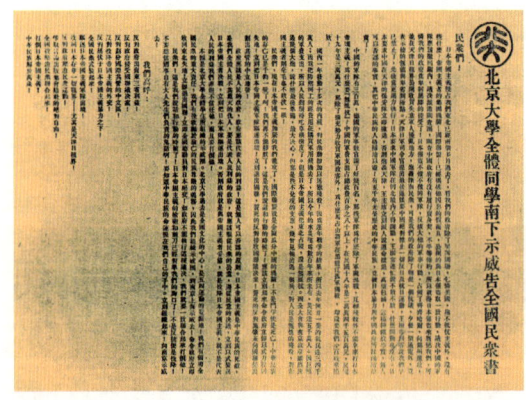

《北京大学全体同学南下示威告全国民众书》

南下示威的学生在前门东站开展卧轨斗争

14日,到达南京的学生分成8路纵队,在大幅横标引导下,抵达中山东路国民政府门前,要求向蒋介石面陈抗日要求未果。15日,学生们手持红旗,右臂缠着红布,高喊"对日宣战!""保护民众抗日运动"等口号,来到丁家桥16号（今南湖南路10号）国民党中央党部示威，不断冲击由卫兵守卫的大厦礼堂。压力之下，蒋介石被迫中断会议，并派考试院院长蔡元培和京沪卫戍司令长官、代理行政院院长陈铭枢代见。学生们对蒋介石避而不见的行为异常愤怒，再次向礼堂发起冲击。顿时，中央党部铃声大作，预先埋伏好的四五百名国民党特务、警卫冲了出来，将桌椅板凳砸向学生。冲突中数十名学生被打伤，其中两人重伤，13人被捕。17日中午，北平、天津、上海、南京、济南等地3万余名学生，再次聚集到国民党中央党部，抗议当局镇压学生，之后又到珍珠桥畔，捣毁中央日报社。下午4时许，国民党南京卫戍司令部出动万名军警，镇压青年学生，致30多名学生死亡，100多人受伤，100多人被捕。18日，军警将北平示威团学生武装押回北平。

南下请愿示威虽然在国民党当局的镇压下失败了，但揭露了南京政府"不抵抗主义"的卖国政策，宣传了中国共产党的抗日主张，唤起了各界人民的爱国激情。在全国抗日反蒋斗争的强大冲击和国民党内部各派反蒋势力的压力下，12月15日，蒋介石被迫"辞去国民政府主席等本兼各职"，宣布下野[①]。

二、帮助组建察哈尔民众抗日同盟军

日本关东军1933年3月占领热河省会承德后，分兵数路，向长城东部古北口、喜峰口等主要关口发起攻击，中国军队奋起抵抗。长城抗战失败后，南京政府签订《塘沽协定》，实际承认了日本占领中国东三省和热河省的"合法性"，并把察北、冀东等地划为"日军自由出入区"，华北门户洞开。

爱国将领冯玉祥反对不抵抗主义，要求全民共赴国难。中共北方组织通过王梓木等人，劝冯玉祥不能将抗日停留在嘴上，要发动民众开展实际行动。1932年10月，冯玉祥到达北方重镇张家口，进行抗战准备。中共北

---

① 1932年3月6日，蒋介石重新上台，出任国民政府军事委员会委员长兼总参谋长。

方特科派出地下党员萧明等人赴张家口与他联系，商量建立抗日力量。他决心重新与共产党合作，要求中共派党员来张家口工作。中共河北省委、北方特科派共产党员宣侠父、许权中、张存实等人先后赴张家口，并调动所能影响的武装力量，暗中向张家口集结。

察哈尔抗日同盟军开往前线打击日军

吉鸿昌（1895—1934）

在中国共产党的帮助下，1933年5月24日，察哈尔省民众御侮救亡大会召开，成立察哈尔民众抗日同盟军，冯玉祥任总司令，吉鸿昌为北路前敌总指挥，方振武为北路前敌总司令。中共河北省委成立前线工作委员会，具体负责领导张家口地区及同盟军中党的工作。经冯玉祥同意，中共在同盟军内建立党组织及抗日救国会、政治工作委员会和宣传队等党的外围组织。300余名共产党员成为同盟军中的骨干。

正当同盟军北进抗日取得节节胜利之时，蒋介石、汪精卫等人却加紧与日方勾结，准备武力镇压同盟军。8月5日，冯玉祥被迫宣布交出察哈尔省军政大权，随后撤销同盟军总部。吉鸿昌、方振武仍坚持抗日，率部一万余人改名为"抗日讨贼军"，进入平北山区，一边抗日反蒋，一边寻找中共地下党组织。9月12日，受到日军及国民党军队围攻，在昌平小汤山及顺义东、西杜兰庄一带被缴械遣散。

在被押送北平途中，吉、方二人乘机脱险。吉鸿昌到天津后继续从事抗日活动，1934年11月9日遭天津法租界工部局逮捕，被遣送至北平炮局

吉鸿昌用过的烧有"作官即不许发财"字样的瓷碗

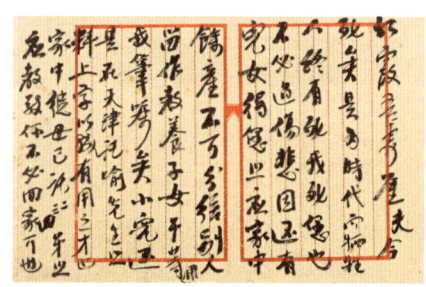

吉鸿昌烈士遗书

胡同21号的北平陆军监狱。

吉鸿昌在狱中继续坚持宣传抗日，讲他为什么参加共产党，讲共产党的政策，直至嗓音嘶哑。他还叫典狱长将自己的金表卖了给狱友们改善伙食。11月24日，蒋介石密电国民党北平军分会，对吉鸿昌"就地枪决"。就义前，吉鸿昌要来笔墨，给夫人和亲属留下一封遗书，说他"是为时代而牺牲"。

最后时刻到了，吉鸿昌披上斗篷，从容走向刑场。走着走着，他忽然停了下来，捡起一根树枝，在刑场土地上挥手写下"恨不抗日死，留作今日羞。国破尚如此，我何惜此头！"的就义诗。

写完后，他对特务们说："我为抗日而死，不能跪下挨枪，我死了也不能倒下！给我拿个椅子来，我得坐着死！"

椅子搬来，吉鸿昌面对枪口坐下，对拿枪的特务说："我为抗日而死，死得光明正大，不能在背后挨枪。"枪声响起，吉鸿昌英勇就义，时年39岁。

三、一二·九运动

日本帝国主义继炮制"满洲国"后，又阴谋策划华北独立。1935年夏，先后迫使南京政府签订"秦土协定""何梅协定"，获得河北、察哈尔两省大部分主权，国民党"中央军"撤出北平、天津和河北。接着，日本帝国主义策动"华北自治运动"。11月下旬，扶植汉奸殷汝耕在通县成立"冀东防共自治委员会"（12月25日改为"冀东防共自治政府"）。作为适应日本要求的妥协办法，国民党当局计划12月在北平成立以宋哲元为委员长的"冀察政务委员会",开始实行华北特殊化。

平津上空乌云密布,整个华北危在旦夕。北平学生悲愤地喊出:"华北之大,已经安放不得一张平静的书桌了!"①在李常青和彭涛、周小舟等组成的中共北平临时工作委员会领导下,在黄敬、姚依林、郭明秋等人指挥下,12月9日,东北大学、清华大学、燕京大学、北平师范大学、中国大学、北京大学等高等院校和部分中学学生,高喊"反对日本帝国主义""停止内战,一致对外"等口号,到新华门向北平当局请愿。

请愿没有结果,学生们改为示威游行。队伍由新华门起,沿西长安街经西单、西四、护国寺、地安门、沙滩至王府井大街,游行人数也增加到3000人。在王府井大街南口,军警突然用"水龙"向学生喷射,并用皮鞭、枪托、棍棒等从两侧袭击学生。当天,30多名学生被捕,数百人受伤。12月11日,北平各校学生举行全市总罢课。12月16日,在天桥举行3万余人的市民大会,反对"华北自治"。会后举行更大规模示威游行,再次遭到军警袭击,22名学生被捕,300余人受伤。

游行学生在王府井街头与国民党军警搏斗

在"一二·一六"天桥集会上,黄敬(1911—1958)扶着电车向与会民众演讲

---

① 《清华大学救国会告全国民众书》(1935年12月9日),中共北京市委党史资料征集委员会编:《一二·九运动》,中共党史资料出版社1987年版,第142页。

受一二·九北平学生斗争影响，天津、上海、武汉等大中城市先后爆发爱国学生行动，许多地方的工人也进行罢工，抗日救亡斗争发展成为全国规模的群众运动。

12月下旬，中共北平市委领导北平学生联合会成立平津南下扩大宣传团。1936年1月，宣传团步行700余里，历时20余天，到河北农村宣传抗日。在宣传团的基础上，1936年2月初，中华民族解放先锋队（简称"民先队"）成立。

民先队和北平学联利用1936年暑假先后举办3次夏令营。参加第一期夏令营的清华大学学生赵德尊和北京大学学生陆平，在西山樱桃沟一块山石上，刻下"保卫华北"4个大字，表达抗日救亡的坚定决心。

"保卫华北"石刻

一二·九运动揭露了日本吞并华北进而独占中国的阴谋，打击了国民党的妥协退让政策，极大地促进了中华民族的觉醒，标志着中国人民抗日救亡民主运动新高潮的到来。一二·九运动中先进的知识青年，走上与工农相结合的道路，为抗日战争和中国革命事业准备了一批骨干力量。正如毛泽东指出的，一二·九运动是"动员全民族抗战的运动，它准备了抗战的思想，准备了抗战的人心，准备了抗战的干部"，"将成为中国历史上的一个非常重要的纪念"①。

四、狱中秘密党校

在日本帝国主义不断蚕食中国领土、民族存亡日趋危急的紧要关头，蒋介石却加紧对白区共产党员和进步群众疯狂搜捕。这一时期，党内受"左"倾错误指导，主张冒险蛮干，致使大批共产党员和进步青年被捕。

1928年至1935年间，中共中央北方局、顺直省委（河北省委）、北平市委遭到多次破坏，中共河北省委书记殷鉴、省委负责人安子文等许多人被捕入狱，关押在东北军控制下的北平军人反省分院（因地处西城草岚子胡同，又称草岚子监狱）。所谓的"反省"，就是要政治犯"悔过自新"，改变信仰和立场，自省变节。这些党员在狱中秘密串联，建立了狱中党支部，将争取无条件释放全体政治犯、坚决反对敌人的"反省"政策和搞好学习作为狱中斗争纲领。

为获得教材，狱中党支部的同志们想尽办法与同情革命的狱中看守交朋友，高价买进报纸，将重要新闻撕下来当作教材；通过探监的人秘密带进少量马列主义的书籍。狱外的党组织也不断地通过各种渠道把进步的中外文书刊设法秘密送给狱中党支部。

在国民党的监狱中办"中共地下党校"，时时处处要防备敌人的破坏。共产党员们就利用两间相邻牢房山墙上共挂一盏电灯的小洞口，传递材料；或者利用放风的机会，从早已秘密拆松的后窗铁丝网边角传递学习材料。

狱中党支部成立了学习委员会，殷鉴讲党的建设和职工运动史，刘锡五讲中共党史。学习委员会还组织有条件的党、团员学习外语，李楚离教法语，刘尊棋教英语，张良云教世界语。刘澜涛和唐方雷学习世界语后，便相互拿石笔在石板上用世界语讨论问题，敌人看不明白也奈何不得。

---

① 《毛泽东文集》第二卷，人民出版社1996年版，第253页。

狱中党校办了5年多时间，参加学习的党、团员不仅提高了马列主义理论水平，坚定了革命信心和意志，同时也增长了文化知识。在狱中党支部的领导下，大家团结一致，粉碎了敌人一个又一个阴谋，取得了一个又一个斗争的胜利。

武光（1911—2015）

除草岚子监狱外，关押在北平其他监狱的政治犯也在狱中利用一切方法开展对敌斗争。其中，被关押在北平河北第一监狱的武光就想出了利用暖气管"打电话"的联络方法：监狱的囚室内装有暖气管，但是狱方只给参观者看，却从来不通暖气。武光就利用暖气管当"电线"，用喝水的搪瓷缸当"话筒"。通话时，发话者将缸子底部紧压在暖气管上，用嘴深入缸子口内讲话，而收话方则将缸子倒过来，把缸子口紧压在暖气管上，再把耳朵紧贴缸底。大伙儿用这个土办法交流、讨论狱中斗争，打破了狱方不准政治犯互相联系的限制[①]。

华北事变后，华北抗日救亡运动再度高涨，急需大批领导干部。同时，日军又逼近北平，这批干部如不能尽快获释，极有可能被害。被关押在草岚子监狱中的53名党员根据北方局书记刘少奇指示，在得到党中央批准后，履行反省分院指定的手续，分批出狱，投身抗日救亡斗争的滚滚洪流。

---

① 申春：《栖风沐浪——武光传》，中国社会科学出版社2007年版，第102页。

第二节　血沃幽燕

卢沟桥抗战是中国全民族抗战的起点。北平沦陷后，在极其艰难的斗争环境中，高举抗日民族统一战线旗帜，领导军民开展对日武装斗争，开辟、发展和巩固平郊抗日根据地，坚持敌后抗战，成为中共北平党组织的主要任务。

一、卢沟桥抗战

为发动灭亡全中国的侵略战争，日本帝国主义实行扩军备战，大举向华北增兵。从1936年底开始，北平的东、北、西三面都处于日军控制之中，西南面的丰台镇也被强行侵占。作为北平连接外界的主要通道，日本华北驻屯军对卢沟桥和宛平城觊觎已久。占领此地，便可截断平汉铁路，对北平形成四面包围之势，有助于日军发动更大规模军事侵略。

1937年7月7日晚上7时30分，日军驻丰台河边旅团第1联队第3大队第8中队在中队长清水节郎带领下，进至卢沟桥西北龙王庙附近举行夜间演习。深夜10时40分，宛平城东北方向发出一声枪响。一会儿，几名日军来到城下，声称士兵志村菊次郎失踪，要求进城搜查，被守城官兵拒绝。事实上，该士兵并未丢失，20分钟后即归队。7月8日零时，日本使馆武官松井致电北平冀察当局，要求进入宛平城搜索失踪士兵，声称如不允许，将以武力保卫前进。29军军部命令前线官兵："宛平城与卢沟桥为

守卫卢沟桥的29军士兵

吾军坟墓,一尺一寸国土,不可轻易让人。"

由于日方蛮横无理,双方谈判未果。8日凌晨4时许,宛平城外再次响起枪声,日军第1联队第3大队主力在大队长一木清直指挥下,扑向龙王庙铁路桥,要求在29军守军阵地搜寻"失踪士兵"。29军排长、共产党员沈忠明①严词拒绝。日军突然开枪射击,猝不及防之下,沈忠明中弹倒地。日军这一行为激怒了守桥士兵,双方在铁路桥头展开激战,中国守军终因寡不敌众,几乎全部战死桥头。

同日,中共中央通电全国:"平津危急!华北危急!中华民族危急!只有全民族实行抗战,才是我们的出路!"②"国共两党亲密合作抵抗日寇的新进攻!"③中共北平地下组织根据中央指示,组织北平各界抗敌后援

---

① 沈忠明(1910—1937):安徽省濉溪县人。1936年加入中国共产党。沈忠明是卢沟桥抗战中第一名牺牲的共产党员。新中国成立后,安徽省人民政府追认他为革命烈士。

② 《中国共产党为日军进攻卢沟桥通电》(1937年7月8日),中共北京市委党史研究室编:《北京地区抗日运动史料汇编》第三辑,中国文史出版社1996年版,第205页。

③ 中央档案馆编:《中共中央文件选集》第11册,中共中央党校出版社1986年版,第275页。

会，发动群众团体开展前线慰问、战地服务及捐款等救亡工作，甚至连黄包车夫也被组织起来到前线抢拉伤员进城救治。

其间，日方一边假意与中方谈判，一边等待援军。援军集齐后，21日，日军炮击宛平城及长辛店一带的29军。28日拂晓，继续向驻守南苑的29军发起攻击，切断南苑至北平公路。激战中，副军长佟麟阁、132师师长赵登禹壮烈牺牲。当日夜，军长宋哲元率29军移驻保定，古都北平沦陷。

在中国共产党的敦促下和全国抗日斗争的推动下，国民党中央通讯社9月22日发表《中共中央为公布国共合作宣言》，蒋介石23日发表实际上承认中国共产党合法地位的谈话，宣告第二次国共合作和中国抗日民族统一战线形成。卢沟桥抗战"成为中国全民族抗战的开端，由此开辟了世界反法西斯战争的东方主战场"[1]。

二、建立、发展平郊抗日根据地

八路军挺进门头沟西斋堂里

中共中央1937年8月召开洛川会议，提出在晋察冀边境开展抗日游击战争，创建抗日根据地。毛泽东明确指出："红军可以一部于敌后的冀东，以雾灵山为根据地进行游击战争。"[2]中共中央北方局、中共北平市委迅速将工作重心由城市转向乡村，组织大批党员和进步群众撤离北平城，疏散到各地开展抗日游击战争。与此同时，北平党组织通过团结地方抗日武装和改造国民抗日

---

[1] 习近平：《在纪念中国人民抗日战争暨世界反法西斯战争胜利69周年座谈会上的讲话》，《人民日报》2014年9月4日第2版。

[2] 《聂荣臻回忆录》（中），解放军出版社1984年版，第398页。

军（即"红蓝箍"）等方式，充实抗日武装力量。

八路军邓华支队1938年2月开赴平西后，摧毁日伪政权，收编地方武装，建立抗日政权。5月，与宋时轮支队在斋堂川会合，组成八路军挺进纵队（后改称第四纵队），宋时轮任司令员，邓华任政治委员。八路军挺进平西后不久，建立平西第一个抗日民主县政府——宛平县政府。经过几个月的工作，在平西又成立房（山）涞（水）涿（县）、宣（化）涿（鹿）怀（来）、房（山）良（乡）等民主联合县政府。

抗日战争进入相持阶段后，1939年1月至2月，冀热察区党委（马辉之任书记）和八路军冀热察挺进军（萧克任司令兼政委）先后成立。针对冀热察地区抗日斗争的实际，萧克提出"巩固平西、坚持冀东、开辟平北"的"三位一体"方针。

密云地处平北地区，战略地位重要。日军将此处作为战略后方，在平绥路南段和平古路（北平至古北口）沿线派重兵驻守。开辟平北是实现"三位一体"方针的重要一环。

1938年夏，挺进军一进平北，在日伪军连续两个月的"围剿""扫荡"后失败。1939年夏，挺进军34大队二进平北，在日伪军多次包围、伏击下，不到两个月，被迫撤回平西。1939年10月，八路军决定第三次挺进平北。白乙化带领的10团与平北其他部队配合，开辟了丰（宁）滦（平）密（云）抗日根据地。同年底，中共平北工作委员会（简称"平北工委"）在平西成立，1940年1月，开赴平北地区。平北工委所到之处坚决执行抗日民族统一战线政策，积极宣传、发动和武装群众，发展党员，建立基层党组织。1940年7月，中共平北地委和专员公署分别成立。党在群众中扎下根来，群众组织也建立起来。至1941年上半年，平西、平北、冀东根据地连成一片，人口达300万，"形成了对敌统制华北的中心北平，成四面大包围的形势"①。

---

① 萧克：《目前冀热察形势与我们几个工作任务》，中共北京市委党史研究室编：《北京地区抗日运动史料汇编》第六辑，北京燕山出版社2001年版，第135页。

平北抗日根据地部分领导人在海坨山上

1941年3月至1942年底，日伪军在华北发动5次"治安强化"运动，运用军事、政治、经济、文化等手段对根据地进行蚕食、"扫荡"和反复"清剿"，甚至实行灭绝人性的"三光"政策，给抗日根据地造成极大的摧残和破坏，平郊抗日根据地进入极端困难时期。在中国共产党的领导下，抗日军民一面针锋相对地开展反"扫荡"、反封锁、反蚕食斗争，打击日伪军的嚣张气焰，一面开展建立政权、减租减息、大生产和整风运动，使根据地不断巩固和发展。

平郊抗日根据地是晋察冀边区的屏障和前哨阵地，直接威胁日军在华北的统治中心北平、天津，战略地位十分重要。到1944年战略反攻阶段，北平已处在周边抗日根据地的战略包围之中。

三、血沃长城

在开辟平郊抗日根据地的斗争中，涌现出许多英雄人物和群体。八路军冀热察挺进军10团，在平北可谓无人不知无人不晓。10团是八路军中仅有的知识分子团，营以上干部均为大学生。团长白乙化，人称"小白龙"，是个颇具传奇色彩的抗日英雄。

挺进军两进平北失败后，开辟平北这项艰巨的任务交到了10团手里。接到任务后，白乙化表示："生不回平西，死不离平北！"他采取"梯次进兵，隐蔽发展"的策略，1940年入夏后，连续在丰滦密地区打出一套"组合拳"，出击平谷路、攻克小营火车站、奇袭九松山据点、火烧程各庄大桥……像一把锋利的尖刀，给日军和伪军沉重的打击，甚至一次全歼伪满军一个营。

入秋后，4000余名日伪军对丰滦密根据地发动了为期78天的报复性大"扫荡"，妄图一举消灭10团。白乙化又采取以外线作战掩护内线与开辟根据地相结合的战术，避强击弱，经过大小37次战斗，夺取了这次反"扫荡"的最后胜利，稳定了阵地。不幸的是，1941年2月4日，白乙化在指挥密云马营西山战斗时，被敌人的冷枪击中，以身殉国。

白乙化（1911—1941）

八路军冀东军分区副司令员兼第13团团长、政委包森，率领13团多次创造了以少胜多、以弱胜强的战例，开创冀东部队整建制歼灭关东军武岛骑兵队的先例，甚至活捉了日本天皇"表弟"赤本三尼①。1942年2月，在遵化野瓠山与日伪军的遭遇战中，包森被冷枪击中牺牲。后人赞誉他"千里击强虏，剑吼长城东。壮岁国难死，悲歌燕赵风"。

包森（1911—1942）

1942年4月中旬，日伪军300多人向房涞涿联合县政府所在地十渡村进犯，企图袭击县政府和八路军冀中10分区指挥机关。为掩护县政府机

---

① 据中共河北省遵化市委党史研究室考证，赤本三尼是日本天皇裕仁表弟一说，是当时被活捉的翻译官对参与行动的马兰田等人讲的，后来汇报给上级。1946年，叶剑英曾提过此事，但一直未见文字记载。近年有旅日华人学者查阅日方档案，未见赤本三尼的有关记载。另一说赤本三尼本名赤本信次郎。关于赤本三尼是日本天皇裕仁表弟之说有待进一步考证。

关和群众转移，9团某排在老帽山一带设伏阻击。经过激烈战斗，该排仅剩的6名战士在弹药打尽后跳崖就义，被誉为"老帽山六壮士"。

四、堂上村飞出经典红歌

"没有共产党就没有新中国，共产党辛劳为民族，共产党他一心救中国……"这首耳熟能详、经久传唱的革命歌曲诞生在平西抗日根据地的堂上村[①]，作者是当时年仅19岁的曹火星。

曹火星原名曹峙，1938年在平山县参加铁血剧社后，为表达抗战到底、不怕牺牲的决心，他取"星星之火，可以燎原"之意，把名字改为"火星"。

为开展文艺活动、宣传抗日主张，曹火星和晋察冀边区抗日救国联合会群众剧社的战友组成一支4人小分队，1943年从晋察冀边区总部阜平出发，一路跋山涉水来到堂上村。当时"霸王鞭"在平西一带很流行，小分

《没有共产党就没有新中国》歌曲诞生地——房山区霞云岭乡堂上村

---

① 今房山区霞云岭乡堂上村。

队就用民歌曲调填新词的办法,填写了几首宣传党的抗日主张的歌曲,再采用打"霸王鞭"的表演形式进行宣传。几天时间,队员们填写了4首歌,其中两首宣传党的抗日主张,两首批判蒋介石消极抗日,考虑再创作一首能概括前4首内容的歌。大家一商议,认为曹火星脑子活、点子多,一致同意把这个艰巨的任务交给他。

曹火星(1924—1999)

山中深秋的夜晚凉意很浓,队友们都睡了,曹火星还披衣坐在土炕上,在马蹄灯下专心致志地进行词曲创作。凝视着跳动的灯花,他的思绪飞远了,好像回到之前在剧社和战友在一起的日子,感到生活在革命队伍中的温暖。再联系自己亲眼所见的抗日根据地广大群众在共产党领导下,克服困难坚持抗战,在边区搞民主选举、搞土改生产等鲜活事实,曹火星脑海中忽然闪现前几天延安《解放日报》上的一篇社论——《没有共产党就没有中国》。

想到这些,曹火星心潮澎湃。他凝眸思考了一会儿,挥笔写下"没有共产党就没有中国"!新歌的题目和主题都有了!创作的激情鼓舞着他,刚才思绪中的一幅幅画面化作歌词在笔端倾泻而出:"没有共产党就没有中国,共产党辛劳为民族,共产党他一心救中国。……他坚持抗战六年多,他改善了人民生活。他建设了敌后根据地,他实行民主好处多……"

曹火星又用几天时间修改谱曲,《没有共产党就没有中国》诞生了。小分队先教儿童团、村剧团唱,由于歌曲节奏简单、歌词朗朗上口,这首歌很快就在堂上村附近流传开,并唱遍了整个解放区,传遍了全中国。

新中国成立后的一天,毛泽东听到女儿唱《没有共产党就没有中国》,提出中国已经有几千年的历史了,是先有中国,后来才有的共产党,就在"中国"前面加了一个"新"字,从此就有了流传至今的经典红歌《没有共产党就没有新中国》。

五、英雄母亲邓玉芬

习近平总书记在纪念全民族抗战爆发77周年讲话时说道:"北京密云县一位名叫邓玉芬的母亲,把丈夫和5个孩子送上前线,他们全部战死沙场。"

邓玉芬家住平北密云县张家坟村,1933年长城抗战失败后,该村被划入伪满洲国。为了糊口,她只能把家搬到村东南的猪头岭山上,靠开荒种地度日。

八路军10团开辟平北根据地后,来到猪头岭向老百姓宣讲抗日道理,字字句句说到了邓玉芬的心坎上,她越听心里越敞亮,懂得了穷苦人只有拿起刀枪打鬼子,才能救自己救国家。

10团要组织游击队,邓玉芬和丈夫商量:"咱没钱没枪,可是咱家有人。在打鬼子这件事情上,绝对不能含糊。就叫儿子打鬼子去吧!"就这样,邓玉芬把大儿子永全、二儿子永水、三儿子永兴送到了白河游击队。

日伪军为"剿灭"抗日队伍,发动"治安强化"运动,大规模制造"无人区"。为扭转斗争局面,保卫根据地,平北地分委号召根据地居民开展反"无人区"斗争。邓玉芬响应党的号召,在斗争最残酷的时候,将在外扛活儿的四儿子永合、五儿子永安送去参加抗日自卫军模范队。1942年3月,抗日政府发出"回山搞春耕"的号召。她决定重返"无人区"。谁知丈夫任宗武和永合、永安在种地时遭遇日军偷袭,丈夫和永安同时遇害,永合也被抓走了。一夜之间,父子三人死的死,抓的抓,作为妻子和母亲的邓玉芬,怎能不悲痛欲绝!然而,坚强的邓玉芬没有被吓倒,更不会屈服。在丈夫和两个儿子先后牺牲后,倔强的邓玉芬依然带着六儿子和七儿子,坚定地返回猪头岭,夜以继日地开荒种地。

国难当头,人命如蚁,苦难的事情接二连三地发生在这位母亲身上。1942年秋,永全在保卫盘山抗日根据地的一次战斗中英勇牺牲。1943年夏,被抓走的永合惨死在鞍山监狱。同年秋,永水在战斗中负伤回家休养,因伤情恶化无药医治死在家里。

面对"白发人送黑发人"的沉重打击,邓玉芬咬牙挺了过来。她把八路军战士当成自己的亲儿子，将伤员接到家里照顾、喂汤喂药、烧水做饭、缝补衣服。她和家人以粗糠、树叶、野菜充饥，把省下来的粮食送给八路军。

1944年春，日伪军为了肃清"无人区"的抗日力量，围住猪头岭一带，一连折腾了七天七夜。邓玉芬背着最小的七儿子躲进了山洞里，7天里无食无药，连个大名都没取的七儿子最后连病带饿地死在了妈妈怀里。

英雄母亲邓玉芬纪念广场塑像

"战争的伟力之最深厚的根源，存在于民众之中。"① 像邓玉芬这样毁家纾难的抗日英雄和支前模范在平郊根据地不胜枚举。"不赶走鬼子不结婚"的赵起、"舍命护文件"的杨金花、曹进祥"抗日一家人"……抗战期间，1760名房山儿女参加八路军，480人牺牲②；3000多名密云儿女参加八路军③；延庆抗日烈士达508人④。"母亲送儿打日寇，妻子送郎上战场，男女老少齐动员"⑤，平郊人民奏响了一曲曲荡气回肠的抗日壮歌，书写了一首首气壮山河的抗战史诗。

---

① 毛泽东：《论持久战》，《毛泽东选集》第二卷，人民出版社1991年版，第511页。
② 中共北京市委党史研究室、中共房山区委党史办公室：《房山革命史》，北京出版社1994年版，第105页。
③ 中共北京市委党史研究室、中共密云县委党史办公室：《密云革命史》，北京出版社1991年版，第96页。
④ 中共北京市委党史研究室、中共延庆县委党史办公室：《延庆革命史》，北京出版社1991年版，第101页。
⑤ 习近平：《在纪念全民族抗战爆发77周年仪式上的讲话》，《人民日报》2014年7月8日第2版。

第三节　不屈的北平

北平是日本殖民统治华北的中心城市，千年古都变得"人鬼杂居"。仇恨燃遍四九城，古都从未停止战斗。如何异地领导城内的地下抗日斗争，如何实现城内斗争与根据地斗争的相互配合，如何开展卓有成效的地下情报工作，等等，这些都是摆在中共北平党组织面前的艰巨任务。经过艰苦卓绝的斗争，北平人民终于迎来了抗日战争的最后胜利。

一、隐蔽战线的斗争

北平沦陷后，成为日本殖民统治华北的军事、政治、经济、文化中心，也是重要的情报集散地。为及时搜集日伪统治情报，以利领导抗战，中共中央将平津、平西地区列为全国14处重要情报收集地区，"责成当地的党与军队负责分头进行"①。全民族抗战期间，中共在北平各系统情报组织遵循"荫蔽精干，长期埋伏，积蓄力量，以待时机"的工作方针，开展了卓有成效的情报工作。

德胜门内簸箩仓胡同有一家"宠锡家庭挑补绣花工厂"，由黄浩、王

---

① 《中共中央关于开展敌后大城市工作的通知（第一号）》（一九四〇年九月十八日），中央档案馆编：《中共中央文件选集》第11册，中共中央党校出版社1986年版，第490页。

佩芝夫妇经营。因为黄浩还是新街口基督教长老会福音堂长老，人们也叫他"黄长老"。其实，黄浩的真实身份是中共中央北方分局社会部①黄浩情报组负责人。为了给八路军买药品，他除了自掏腰包外，还远赴香港、澳门和南洋地区筹集经费。情报组成员刘仁术、费璐璐夫妇，利用发国难财的汉奸，从王府井大街"陆军御用达"药店购买药品；李庆丰利用在协和医院担任宗教交际部主任的便利做急救包。药品、器材买来后，黄浩夫妻俩分类包装。为避免受潮，先用蜡纸把粉剂和片剂（奎宁粉、磺胺消炎粉等）包好，再用黄色土油布包严，打包装

20世纪40年代初期，黄浩（右一，1895—1969）、王佩芝（右二，1897—1981）夫妇与部分情报组人员合影

西山贝家花园旧址

---

① 1940年，中共中央北方分局社会部（1941年1月改称晋察冀分局社会部，1945年8月改称晋察冀中央局社会部）成立，许建国（原名杜理卿）任部长，负责领导华北敌后城市情报工作。

入柳条箱。

　　将药品运出戒备森严的北平城,也要费番功夫。黄浩动员法国医生贝熙业,利用去西山贝家花园的机会,用自用雪铁龙轿车巧妙运出,有时贝熙业也用自行车驮运。2014年,习近平主席赞扬他"冒着生命危险开辟一条自行车'驼峰航线'"[①]。白求恩大夫在冀中根据地见到这些药品后,称赞道:"真了不起!"

　　电视剧《潜伏》的原型王文(原名吴启满)、王凤岐(原名刘桂芬)夫妇,是平西情报站的情报员。1942年初冬,他们与陈老太太假扮一家人,先后潜伏在北平什刹海附近的小石碑胡同11号和大石桥胡同6号,建立秘密电台。日伪统治下的北平,无线电行业都有特务监视,稍

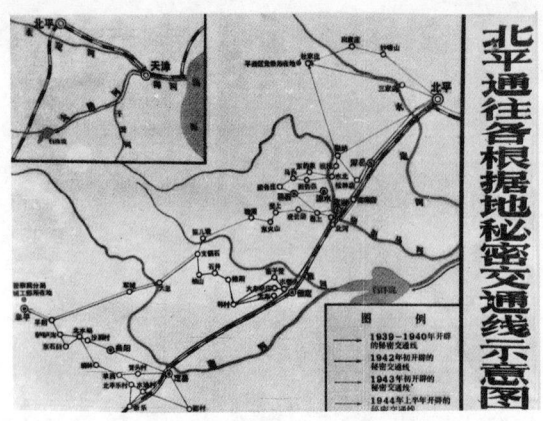

抗战初期,北平通往各根据地秘密交通线示意图

1943年初,王文(1917—1992)、王凤岐(1916—2016)夫妇与陈老太太在北平潜伏时的合影

---

① 习近平:《在中法建交50周年纪念大会上的讲话》,《人民日报》2014年3月29日第2版。

有不慎就有掉脑袋的危险。经过周密计划，王文采用化整为零、分头购买的方法，用了两个月的时间，才购齐所需器材。经过计算、设计、画图、组装，他终于组装成功了一台有3个6L6真空管、输出功率30瓦的发报机。由于在敌人眼皮子底下，不可能光明正大地架设天线，于是王文就弄了一根粗铁丝，白天晾衣服，晚上搭上电台的线，半夜秘密发报。就这样，经常在夜深人静的时候，红色电波飞越古城传到平西。

八路军前总情报处[①]的宁至远打入伪北京市政府，利用到山东、河南两省与当地日伪军头目接洽、交流"建军"经验的机会，把胶东和中原一带日伪军配置图默记于心，回到北平绘制成军事地图，提供给"前总"。

晋察冀分局1941年1月设立城市工作委员会（简称"城工委"，1944年改称城市工作部），按照"异地领导、分头派遣、单线联系"的领导方式和组织形式开展工作。1942年初，城工部部长刘仁把党员王若君派回北平，秘密发展地下组织。到1944年5月，王若君通过家庭关系，先后把29名进步青年送往根据地，并发展党员11人。

除上述系统外，中共中央北方局、冀热察区党委、冀中区党委社会部、冀热察区党委社会部及平北地委等，也在北平开展情报工作。抗战时期北平情报工作是党的情报工作的一个杰出范例，书写了党的情报历史辉煌一页。北平隐蔽战线的同志深入虎穴，克服重重困难，用信仰铸就对党的绝对忠诚。

二、怒火燃遍四九城

"千里刀光影，仇恨燃九城……为雪国耻身先去，重整河山待后生！"一曲凄凉悲壮的京韵大鼓，唱出了古都沦陷后百姓的愤懑心声。

北平沦陷后，日伪政府将各重要机构集聚北平。侵略者采用突袭戒

[①] 全称八路军前方总司令部情报处，简称"前总"，1941年底成立后，在北平宫门口5条20号设立情报站。

严、搜查行人等手段，制造恐怖气氛，血腥屠杀无辜群众；通过"献金""献机""献木"等五花八门的"献纳"运动，疯狂实行经济掠夺；利用一切宣传组织和宣传工具，进行思想渗透，强制推行奴化教育。但古都北平遇强虏而不退、靠同心度浩劫，从未停止战斗。

罗德俊手书

1937年，罗德俊参加重修妙应寺白塔工程。在工程竣工之际，他以愤懑的心情记录了日军在北平枪杀奸掠的暴行，并将此墨迹藏在近50米高的白塔顶部的华盖缝隙中[①]。

"今年重修此塔，适值中日战争。六月廿九日，日军即占领北京，从此战争风云弥满全国，飞机大炮到处轰炸，生灵涂炭，莫此为甚。枪杀奸掠，无所不至，兵民死难者不可胜计。数月之中，而日本竟占领华北数省，现战事仍在激烈之中，战事何时终了尚不能预料，国家兴亡，难以断定。登古塔追古忆今，而生感焉，略述数语，以告后人，作为永久纪念。民国廿六年十月初三日，罗德俊。"

留在北平城里的中共地下党员和进步青年，自发成立寻求真理和光明的"海燕社"。成员通过秘密

抗战时期，"海燕社"部分成员合影

---

① 1976年唐山大地震波及北京，白塔受损。1978年文物部门着手维修时，工作人员发现了这张长34厘米、宽24厘米，用毛边纸书写的墨书。

阅读进步书刊、讨论时事的方式，鼓励和团结抗日民众。

北平民众抗日斗争始终不断。辅仁大学校长、著名史学家陈垣，多次严词拒绝日伪高官厚禄收买，向学生宣传爱国思想。北平沦陷期间，辅仁大学始终坚持不挂日本旗，不用日伪编的教材，日语不作为必修课。京剧四大名旦之一的程砚秋，拒绝为日本人唱义务戏、捐款买飞机，遭到伪警察殴打，一怒之下避居平西青龙桥农村荷锄务农直到抗战胜利。齐白石作画《螃蟹图》，题诗讽刺日伪"看汝横行到几时"。京剧演员杨宝森演出杨家将和岳飞戏，激发民众的民族感情和爱国精神。

陈垣（1880—1971）

程砚秋（1904—1958）荷锄务农

习近平总书记在纪念全民族抗战爆发77周年的讲话中指出："在中国人民抗日战争的壮阔进程中，形成了伟大的抗战精神，中国人民向世界展示了天下兴亡、匹夫有责的爱国情怀，视死如归、宁死不屈的民族气节，不畏强暴、血战到底的英雄气概，百折不挠、坚忍不拔的必胜信念。"①北平人民不屈不挠的抗日斗争正是伟大抗战精神的生动体现。

---

① 习近平：《在纪念全民族抗战爆发77周年仪式上的讲话》，《人民日报》2014年7月8日第2版。

三、欢庆抗战胜利

经过战略防御、战略相持后，1944年，中国共产党抓住世界反法西斯战争形势发生根本性好转的有利时机，领导敌后军民对日伪军发起反攻。

中共中央晋察冀分局1944年5月12日发出《关于目前边区形势与工作方针的指示》，要求平郊各根据地相互配合，向北平近郊逼近，造成紧围北平的态势。到1944年9月，日伪军只能龟缩在北平及其周边一个狭小的范围之内。当时的记者描绘了这样一幅图景："游击部队就在大红门一带活动，大红门离北平城的永定门不过30里；北面十三陵、昌平、怀柔一带是平北抗日根据地；东面是冀东军分区，它的前哨部队一直到通县附近，控制了整个这一条华北和东北之间的走廊；在平西，出西直门不到60里地，便有我们的抗日政权。所以北平就在八路军的包围之中，这其实也不是什么奇迹，有人民的地方，就有八路军。"①

1945年4月，党的七大②提出"放手发动群众，壮大人民力量，在我党的领导下，打败日本侵略者，解放全国人民，建立一个新民主主义的中国"③。8月，中共中央先后发出指示，要求占领一切可能占领的大中小城市和交通要道，在上海、北平、天津等城市组织武装起义，不失时机地配合八路军夺取这些城市。

晋察冀分局城工部派遣共产党员、党的干部和青年赶往北平，通过城内地下党组织发动群众，准备迎接北平解放。与此同时，城内地下党员一面派

---

① 谢荫明：《日军的暴行和不屈的北平人——谈北平抗战的不朽贡献》，《北京日报》2015年7月6日。

② 1945年4月23日至6月11日，党的七大在延安召开。七大通过的党章将毛泽东思想确定为党的指导思想。七届一中全会选举毛泽东、朱德、刘少奇、周恩来、任弼时为中央书记处书记，毛泽东为中央委员会主席、中央政治局主席、中央书记处主席。七大以"团结的大会、胜利的大会"载入党的史册。

③ 中共中央党史研究室：《中国共产党的九十年》（新民主主义革命时期），中共党史出版社、党建读物出版社2016年版，第254页。

人出城联络,一面大量张贴、散发《告北平青年书》,把抗战即将胜利的消息传达给北平人民。晋察冀分局、军区任命刘仁为中共北平市委书记、宋劭文为北平市市长、郭天民为北平警备司令,机关设在海淀大觉寺。

1945年8月15日,日本天皇裕仁以广播的形式发布《终战诏书》,宣布无条件投降。然而,蒋介石却下令不允许人民军队接受日伪军投降。加上国民党军队很快接收了大城市,中共中央认为发动城市武装起义已无胜利把握,指示城市工作仍要作长期打算,里应外合夺取北平的计划终止。9月2日,在东京湾的美国军舰"密苏里号"上,日本代表在投降书上签字。至此,中国人民抗日战争胜利结束。

北平人民历经8年沦陷之苦,终于重获新生。市内家家张灯结彩,许多商店门前贴出"欢庆胜利"的标语,天安门前竖起"还我河山"大型标语木牌,整个北平沉浸在胜利的喜悦之中。10月10日,受降大典在故宫太和殿举行。20多万市民从四面八方涌向太和殿,古都沸腾了。在郊区,许多地方召开欢庆大会,方圆几十里的人们排着队,高举有镰刀斧头图案的大红旗来到会场。会场周围的山上支起机枪,河套里架起大炮。庆祝会开始时,枪炮齐鸣,震撼山河。群众高兴地扭秧歌,踩高跷,唱大戏。

抗日战争中,在中共北平地下党组织的领导下,北平人民历尽艰辛,坚持抗战,为抗战胜利付出了巨大牺牲,作出了重大贡献。据不完全统计,日伪军制造的一次性伤亡

1945年10月26日,北平各界民众在故宫太和殿前举行庆祝抗战胜利大会

5人以上的惨案达130起，伤亡17045人，6万多人被捕作劳工①。正如毛泽东所指出的"兵民是胜利之本"②，仅宛平县（今门头沟、房山一部分）就有829名子弟兵和干部牺牲、850名子弟兵负伤。北平人民抗日斗争的历史有力证明，中国共产党是全民族抗战的中流砥柱。

胜利的喜悦还未从北平人民的脸上消失，战争的阴云又笼罩在北平上空。为了争取光明的前途，中共北平党组织又领导北平人民投入了新的解放斗争之中。

思考题

1. 一二·九运动的伟大历史意义是什么？
2. 中国共产党在北平抗战中是如何发挥中流砥柱作用的？
3. 北平人民抗日斗争历史是如何体现抗战精神的？

延伸阅读

1.《中国抗日战争史简明读本》编写组：《中国抗日战争史简明读本》，人民出版社2015年版。

2. 张大中、安捷主编：《没有硝烟的战场》，京华出版社1997年版。

3. 中共北京市委党史研究室编：《烽火中的青春——抗日战争时期北平女学生口述》，中共党史出版社2015年版。

---

① 北京市委党史研究室编：《北京市抗日战争时期人口伤亡和财产损失》，中共党史出版社2014年版，第10页。

② 毛泽东：《论持久战》，《毛泽东选集》第二卷，人民出版社1991年版，第509页。

第四章　迎接黎明

——开辟第二条战线及北平和平解放

（1945—1949）

抗日战争胜利后，国民党坚持独裁、发动内战，中国共产党领导人民进行自卫战争，为建立一个无产阶级领导的人民大众的新民主主义国家而斗争。中共北平地下党组织，贯彻"荫蔽精干，长期埋伏，积蓄力量，以待时机"方针，领导北平人民开展反美抗暴运动、"反饥饿、反内战、反迫害"的五二〇运动等爱国民主运动，开辟反对国民党反动统治的第二条战线，同时开展情报、统战等各项工作，在斗争中发展和壮大力量，有力配合了人民解放战争的胜利。1949年1月31日，北平和平解放，古都获得新生。

第一节 第二条战线

抗战胜利后,国民党在美国帮助下抢占胜利果实,重新确立在北平的统治。1946年6月,国民党发动全面内战,将全国各阶层人民推向苦难深渊。根据中共中央加强国民党统治区群众运动的指示,中共北平地下党组织团结带领北平各阶层人民,掀起声势浩大的爱国民主运动,开辟反对国民党反动统治、配合人民解放战争的第二条战线,成为解放战争时期中共北平地下党组织的主要任务。

一、反"甄审"斗争

抗战刚刚胜利,1945年9月,国民政府教育部就颁布对收复区学生、毕业生甄别审查办法,诬称原沦陷区学生为"伪学生",一律进行"甄审"考试,及格后方承认以往学历。所谓"甄审",表面针对敌伪,实际用意是打击在原沦陷区活动的共产党及其影响下的进步青年。

"甄审"办法令北平学生感受到莫大侮辱,愤慨不已。北平各大专院校几千名毕业生(校友)是直接受害者,面临失业威胁。北平地下党学委秘密成立党团(即领导小组),利用校友会这个公开合法的组织形式,出面发动群众,开展斗争。校友们毕业后分散各处,组织起来并不容易,党团成员发动一批积极分子,采用个别串联方式联络校友、组织活动。

经过周密细致的工作，他们从北京大学①开始，扩及北平师范大学。1946年3月，北平专科以上学校校友联合会成立。队伍像滚雪球一样越来越壮大，北平专科以上学校5000余名毕业生全部组织起来。校友联合会先后召开4次反"甄审"大会，把运动一次次推向高潮，反"甄审"斗争蔓延到天津、上海、南京、青岛等城市，参加者10余万人。

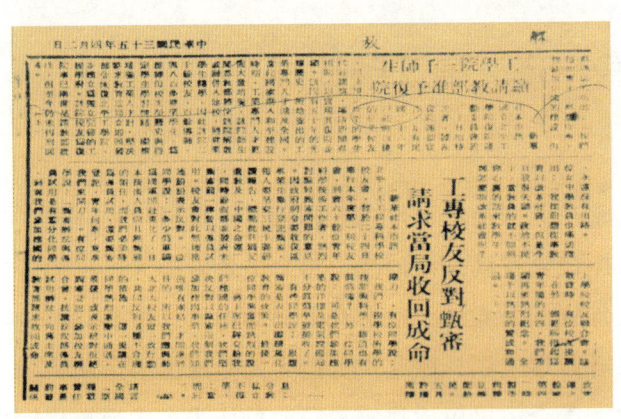

1946年4月2日，《解放》报关于反"甄审"运动的报道

代表们多次与当局交涉。有一次到国民党教育部部长朱家骅家，把他堵在屋里，质问："称我们是伪学生，这是根据惩奸条例的哪一条？""我们所学的技能与科学难道也有真伪吗？可是我们参加建筑的洋楼及电气设备都不分真伪地被你们接收了。"朱家骅无言以对，满头冒汗，最后只得说："伪组织办的学校是伪的，但学生不伪。"②

代表们去国民党军事委员会委员长北平行营请愿，行营主任李宗仁派一个参谋出来接见。学生历数"甄审"的不合理，但这个参谋竟然说：敌占区的学生就得接受甄审，谁让你们不去内地。学生们气愤驳斥：你们不放一枪逃到内地，把我们扔下，谁的责任？连续两天学生们都没有见到李宗仁。第三天，代表们与要外出的李宗仁不期而遇。大家拦住他，要求取

---

① 北平沦陷后，北大、清华等高校南迁，伪临时政府利用原北京大学和北平大学等校部分校舍和设备，成立"国立北京大学"，一般称"伪北大"，设6个学院。抗战胜利后，编为北平临时大学补习班。

② 宋汝棼、沈勃、徐伟：《第一次打击——回忆北平地下党学委领导的反甄审运动》，中国人民政治协商会议北京市委员会文史资料研究委员会编：《北平地下党斗争史料》，北京出版社1988年版，第42页。

消"甄审"。李宗仁答应向教育部转达意见。

校友的斗争得到在校生的积极响应,得到社会各界的广泛同情和支持。斗争历时8个月,迫使国民党步步退让,最后"甄审"不了了之。反"甄审"斗争作为解放战争时期北平地下党领导北平人民尤其是青年学生争取民主斗争的第一个回合,打破了一部分人对国民党的"正统"观念和幻想,锻炼了党员,鼓舞了群众,积累了经验,扩大了党的组织力量和政治影响。

二、抗议美军暴行运动

1946年6月,国民党撕毁与共产党在重庆谈判达成的停战协定,大举进攻中原解放区,全面内战爆发。国民党不惜出卖国家权益,同美国签订《中美友好通商航海条约》等丧权辱国的条约以换取支持。驻华美军以占领者姿态在中国土地上横行霸道,激起极大的民族义愤。

12月24日晚,圣诞前夜,驻华美国海军陆战队士兵皮尔逊在东单强奸北大先修班女学生沈崇(即"沈崇事件"[①])。这个突如其来的事件,让北平城内早已积聚的反美情绪迅速爆发。消息传出后,国民党当局设法"捂盖子"封锁消息,为美军开脱,甚至造谣沈崇事件是共产党的"苦肉计"[②]。

时任《益世报》采访部主任的中共地下党员刘时平设法到北大教务处查到沈崇的注册卡片,在报上披露沈崇确实是北大先修班学生,而不是国民党造谣所说"延安派来的女工作人员"。中共地下党员、北大女同学会主席刘俊英打听到沈崇住处,与同学前往慰问。沈崇表姐向她们说明沈崇出身名门、正派朴实,与美军素无往来。刘俊英回校后以大字报公布慰问

[①] 1947年1月,皮尔逊由美国军事法庭判定强奸罪,判处降职及有期徒刑15年。但当年6月美国海军陆战队司令单方面宣判其无罪并恢复军职。

[②] 佘涤清、杨伯箴:《第二条战线上的先锋——回忆北平地下党学委领导的学生运动》,中国人民政治协商会议北京市委员会文史资料研究委员会编:《北平地下党斗争史料》,北京出版社1988年版,第22页。

情形，各校纷纷转抄，澄清事实真相[①]。学生们识破了国民党的伎俩，更加群情激愤。

北平地下党学委根据形势，决定举起维护民族尊严的旗帜，发动学生掀起抗议运动。北大女同学会率先组织集会，抗议美军暴行。29日晚，北大召开各系代表大会，讨论下一步抗暴行动时，因遭国民党暴徒打砸破坏，遂决定第二天组织游行示威。消息传开，各校纷纷响应。

北平学委经充分分析研究，毅然决定支持和领导学生游行示威。30日清晨起，清华千余名学生冒着凛冽寒风向城内进发，到达燕京大学后，两校游行队伍会师。燕京大学同学找来几条白被单，拼成一个横幅，贴上"抗议美军暴行大游行"9个大字，支起两根大竹竿，举在队伍最前面作为主队旗。燕京大学是美国教会创办，国民党政府不敢冒犯，游行队伍浩浩荡荡地从西直门顺利进城。午后，中法、清华、燕京、朝阳等大学学生陆续到北大沙滩操场上集结，会集起5000余人的队伍。

1946年12月30日，北平各大中学校近万人举行抗议美军暴行的示威游行

[①] 佘涤清：《中国革命史册上的光辉一页——回忆北平地下党领导的抗暴运动》，中国人民政治协商会议北京市委员会文史资料研究委员会编：《北平地下党斗争史料》，北京出版社1988年版，第277～278页。

下午1时半,北平抗议美军暴行大游行开始。队伍沿东黄城根、东安门大街、王府井大街、东单行进,同学们一路高呼"反对美军暴行!""反对政府媚外!""美帝立即退出中国!"等口号。整个北平沸腾了,不断有人加入到队伍中来,人数增加到万人之多。口号喊出人们心中的苦难、愤怒。一个警察噙着眼泪说:"好极了,好极了。"一个国民党士兵愤慨地说:"打退了东洋鬼子,却换来了西洋鬼子。"下午5时,在《团结就是力量》的歌声中,游行学生分头返校。

中共中央非常重视这一运动,北平抗暴游行第二天,就指示国民党统治区地下党组织发动群众响应北平学生运动,努力"造成最广泛的阵容","使此运动向孤立美蒋及反对美国殖民地化中国之途展开"[1],后来又连续发出多次指示,直接指导斗争开展。抗暴运动遍及国民党统治区几十个大城市,参加学生超过50万人,并得到广大教授、社会各界的同情和支持。

《新民报》(北平版)有关北平教授声援抗暴运动的报道

抗暴运动后,国民党统治区形成反美反蒋的广泛的人民革命运动。毛泽东指出,由反美抗暴斗争引起的北平学生运动"标志着蒋管区人民斗争的新高涨"[2]。以学生群众为先锋的爱国民主运动,逐步形成配合人民解放战争的第二条战线。

---

[1] 《中共中央关于在各大城市组织群众响应北平学生运动的指示》(1946年12月31日),中共北京市委党史研究室编:《解放战争时期第二条战线》学生运动卷(上册),中共党史出版社1997年版,第26页。

[2] 毛泽东:《迎接中国革命的新高潮》(1947年2月1日),《毛泽东选集》第四卷,人民出版社1991年版,第1212页。

三、五二〇运动

随着人民解放战争节节胜利，国民党政府陷入军事、政治、经济全面危机，加紧掠夺和压迫国民党统治区人民，导致物价飞涨、民不聊生。北平物价10年间上涨1.6万倍。100法币在1937年可以买两头牛，1947年2月只能买到1/3盒火柴。

在校学生伙食标准极低，生活极度困难。1947年四五月间，北平各高校及部分中学陆续出现教职工、学生要求提高待遇、增加补贴、改善伙食的斗争。北平地下党根据中央指示和上级部署，因势利导，把群众性经济斗争和政治斗争结合起来。清华大学讨论得出"饥饿的原因在于内战"，打出"反饥饿、反内战"口号，成为引领斗争的一面旗帜。清华、燕京、中法、北大、北洋工学院等校相继出动大规模宣传队，分赴前门、天桥、东西长安街、西单等人口稠密地区开展宣传。5月18日，宣传队在西单广场演讲时，遭到国民党青年军包围和殴打，50多人受伤，11人重伤。

"五一八"血案后，北平学委分析形势：5月20日国民党"国民参政会"开幕，南京、上海学生准备行动，我们也举行全市"反饥饿、反内战"游行；针对国民党当局镇压暴行，再加上"反迫害"口号。中共晋察冀中央分局和上海分局直接领导学生斗争，周密开展游行示威组织动员，不事先宣布游行路线，免遭敌人破坏；队伍设两个主席团、一支总纠察队，若发生意外，依次递补负责指挥。

5月20日，北平各大中学校学生7000多人从北大沙滩操场集合出发，"反饥饿、反内战、反迫害""要民主"的口号响彻北平上空。宣传队员们把标语贴遍牌楼、

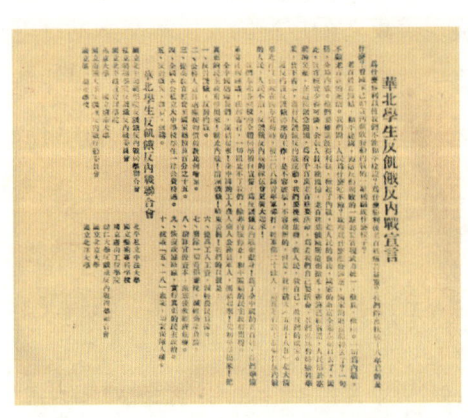

《华北学生反饥饿反内战宣言》

1947年5月20日，北平爆发大规模"反饥饿、反内战"游行示威

高墙、电车，有的店铺摆出了"茶桌"表示慰问，卖汽水、酸梅汤的店家热情招呼学生去喝。队伍行进十几公里，胜利回到沙滩广场举行群众大会。同日，集结南京的5000多名学生举行联合示威大请愿。运动迅速扩及全国60多个大中城市，国民党统治区各阶层人民反对国民党统治的斗争出现新高潮。

斗争形势高涨的时刻，北平地下党组织坚持"有理、有利、有节"的原则，实施正确领导，及时纠正群众大会匆忙通过的"六二"总罢决议，改为其他活动，减少了不必要的损失，保护了进步学生的革命热情。华北学联6月6日宣布北平各校复课，运动胜利结束。五二〇运动标志着以抗暴运动为起点的第二条战线正式形成。正如5月30日毛泽东在《蒋介石政府已处在全民的包围中》中指出的，"中国境内已有了两条战线。蒋介石进犯军和人民解放军的战争，这是第一条战线。现在又出现了第二条战线，这就是伟大的正义的学生运动和蒋介石反动政府之间的尖锐斗争"[①]。

人民解放战争转入战略反攻后，蒋介石集团实行"戡乱总动员"，实行更加残酷的镇压政策，国民党统治区城市以"反迫害"为中心的斗争深入发展。北平地下党先后领导四月风暴、反美扶日运动、反对八一九大逮捕等斗争，与各阶层人民斗争汇合到一起，有力配合了军事战线斗争，极大动摇了国民党的统治。

---

① 毛泽东：《蒋介石政府已处在全民的包围中》，《毛泽东选集》第四卷，人民出版社1991年版，第1224～1225页。

第二节　地下尖兵

"知己知彼，百战不殆。"为了贯彻中央"荫蔽精干，长期埋伏，积蓄力量，以待时机"的地下斗争方针，配合解放战场军事斗争需要，锻造一支信仰坚定、能打善赢的地下尖兵队伍，中央社会部、解放军敌工部及晋察冀中央分局社会部、城工部等系统的地下同志，开展了卓有成效的斗争，书写了党的隐蔽战线斗争史上一张优异的答卷。

一、北平五烈士

为帮助国民党政府"尽可能使其统治权力扩展于全中国"[①]，美国政府参与"调处"国共争端。1946年1月，在北平成立由国民党、共产党和美国三方代表所组成的军事调处执行部（简称"军调部"）。谈判过程中，军调部中共代表叶剑英察觉国民党对停战的虚伪态度，决定加强华北地区情报工作。他和军调部中共代表团秘书长李克农，先后秘密发展了国民党第十一战区长官司令部少将作战处处长谢士炎、军法处少将副处长丁行、二处少将参谋石淳（又名孔繁蕤）、代理作战科科长朱建国及北平第二空军司令部参谋赵良璋等人。

[①] 美国国务院编：《美国与中国之关系：特别着重1944年至1949年之一时期》，文海出版社1982年版，第5页。

谢士炎出身国民党陆军将官世家，国民党陆军大学毕业。1942年浙江衢州之战，他率一团之众，与十倍于己的日军激战数昼夜，歼敌两千多人。日本投降后，谢士炎参与接收时目睹国民党当局的腐败和反动，心生失望。在中共地下党员、第十一战区外事处副处长陈融生影响下，他阅读了《新民主主义论》等著作，钦佩赞同中国共产党的思想理论和政治主张，决心站在人民一边，为民族独立和解放作贡献。国民党军队进攻张家口之前，他向中共代表团提供了作战计划，有力戳穿了国民党当局假谈判、真备战的阴谋。他还提供了国民党军队华北战场兵力部署、战斗序列、作战计划等情报，受到党中央嘉奖。1947年2月，谢士炎由叶剑英介绍秘密加入中国共产党。"余誓以至诚，拥护共产主义，在毛泽东同志领导之下，加入中国共产党，为无产阶级革命，尽终生之努力。"

谢士炎入党半年多后，9月24日，北平交道口京兆东公街（今北京东城区东公街）24号院中共中央社会部的一部秘密电台，被国民党保密局北平站侦破，谢士炎等5人受牵连被捕。国民党保密局北平站侦防组组长谷正文亲自审讯，第一次见面就被谢士炎"那从容凛然的仪表震慑住了"①，谷正文竟心情慌乱地找借口从讯问室后门溜走了。

第二天，谷正文为谢士炎冲了一杯咖啡后问道："你是一名国军中将（应为少将——编者注），为什么甘愿参加共产党？"谢士炎回答说："我在国民党部队很多年，经历过许多阶层，所以我有资格批评它没有前途。至于共产党，我至少欣赏它的活力、热情、组织与建设新国家的理想，因此，我选择我所欣赏的党。而且，我认为国民党是妨碍共产党早日建设新国家的

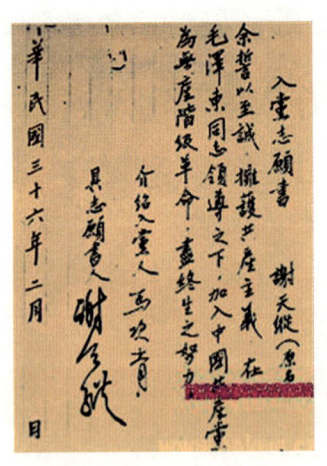

谢士炎（1912—1948）烈士的入党志愿书

---

① 谷正文口述，许俊荣、黄志明、公小颖整理：《白色恐怖秘密档案》，台湾独家出版社1995年版，第19页。

丁行（1908—1948）

谢士炎

朱建国（1916—1948）

石淳（1918—1948）

赵良璋（1922—1948）

最大阻力，所以，我用国军中将（少将）作战处长的身份，帮助共产党消灭国民党。"[1]

面对严刑拷打和威逼利诱，谢士炎和战友们不肯供出共产党的任何情报和其他人员。1948年10月19日，国民党国防部军法局以"泄露军机"为名，将他们枪杀在南京雨花台。谢士炎临刑前赋诗一首：

  人生自古谁无死，况复男儿失意时。
  多少头颅多少血，续成民主自由诗。

那一年，丁行40岁，谢士炎36岁，朱建国32岁，石淳30岁，赵良璋26岁。大音希声，大象无形。北平五烈士为信仰牺牲，为人民牺牲，死得其所，重于泰山。

---

[1] 谷正文口述，许俊荣、黄志明、公小颖整理：《白色恐怖秘密档案》，台湾独家出版社1995年版，第20、21页。

二、"抵得上十万兵马"的情报工作

解放战争时期是中共情报工作发展的高峰时期。北平潜伏着一批地下党员，他们以记者或国民党军政部门工作人员等公开身份为掩护，搜集军事和政治情报、了解国民党军政动态，通过地下交通和地下电台，源源不断地传向党中央。

1948年10月，冀东、察绥等地人民解放军连战连捷，据守张家口、平津一带的傅作义集团战略态势愈加孤立。为挽回败局，蒋介石飞到北平，与傅作义密谋偷袭石家庄和中共中央驻地西柏坡，妄图打掉中共中央，打乱解放军各个指挥系统。没想到部队还没行动，偷袭计划就被北平地下党通过几条情报渠道获悉，并很快传到了西柏坡。

原来，蒋介石到北平后，中共中央华北局城工部部长刘仁奉华北军区司令员聂荣臻指示，要求北平地下党了解蒋介石动向。由于刘时平与国民党骑兵12旅旅长鄂友三、华北"剿总"爆破大队队长杜长城、国民党宪兵3团营长刘建龙都是绥远人，与鄂友三还是绥远一中的同学，这个任务最终交给了刘时平。华北"剿总"部署偷袭石家庄会议结束当晚，刘时平约3个绥远老乡饮酒欢聚。酒宴上，鄂友三借着酒劲说："委座有令，要老傅明天去端共产党的老窝。这次兄弟要大显身手了。"推杯换盏之间，刘时平从几个人口中大体了解了偷袭计划。为防有诈，他利用记者身份到西直门火车站察看动静，看到杜长城所属的爆破队确实装车待命，又探清了部队番号及开车时间，随后向上级党组织汇报。这份关系重大的紧急军事情报，迅速通过华北局城工部传向华北军区，又传向中央军委。

华北局社会部派入北平的甘陵情报组成员刘光国，潜伏在华北"剿总"参谋处担任司书。10月22日，作战参谋何祖修亲手把关于偷袭石家庄、阜平、平山等地的作战命令、计划交给刘光国抄

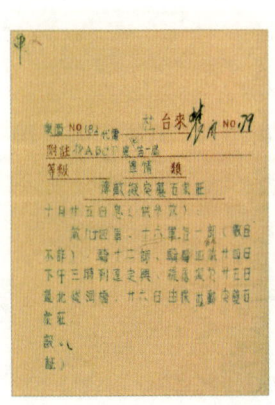

蒋军拟突袭石家庄的情报

写。他暗中背下来,一字不差地上报甘陵。甘陵情报组因电台不能发报,随即于23日中午派平西情报站交通员刘之骥熟记情报要点,携带密写的详细材料紧急赶往边区。在定县一个地下交通联络站,刘之骥向华北军区司令员聂荣臻作了电话汇报。党在石家庄的地下组织也获得该情报并报告中央。这份绝密情报传到中央后,毛泽东在附近无兵可调的情况下,高度艺术化地使用情报,利用报纸和电台发表《动员一切力

甘陵情报小组重要成员刘光国(右,1924—2015)成功打入国民党第十一战区参谋处

量歼灭可能向石家庄进扰之敌》等新闻稿,揭露敌人的偷袭计划,唱了一出现代版"空城计",粉碎了偷袭计划,保卫了党中央安全。

北平地下党组织还设法与国民党联勤总部第五补给区副司令赵龙韬建立关系,获取华北"剿总"系统后勤供应、军事调动等情报,调查形成北平城防工事图、国民党军队驻扎情况、北平市情等一批有价值的情报。一系列卓有成效的情报工作,配合激烈进行的军事、政治斗争,发挥重要作用,正如聂荣臻在依靠情报取得清风店大捷、活捉国民党中将军长后盛赞:"我们的情报组织抵得上十万兵马!"

三、争取北平和平解放

1948年11月,东北野战军提前入关,人民解放军发起平津战役。12月,兵围北平。执掌国民党华北军政大权的傅作义,此时是战、是走还是和,成了世人关注的焦点。他自己也矛盾重重,百般犹豫。为保护北平免

遭战火破坏，中共中央和中央军委针对傅作义的矛盾心态，在不放弃军事斗争的同时，积极争取和平解放北平。

早在1948年初，刘仁就指示北平地下党，通过各种社会关系接近傅作义身边的人，做他的工作。为争取傅作义，北平地下党利用各种关系，动员他的亲信和亲属直接做工作。傅作义的女儿傅冬菊是中共地下党员。北平地下党学委将她从天津调来北平，以父女之情对傅作义进行争取工作，劝他派代表同地下党直接联系，商量和谈问题。傅冬菊及时、详细地向组织汇报其父的思想动向、矛盾心理，甚至包括"傅作义有时思想斗争激烈，唉声叹气，发脾气，咬火柴头，甚至想自杀"[①]等细微的情绪变化。傅作义问傅冬菊是否认识共产党员，提醒她当心保密局特务冒充共产党员同她来往。傅冬菊提出要傅作义起义，他顾虑重重，同意先派代表同地下党联系。

傅作义（1895—1974）　　傅冬菊（1924—2007）　　阎又文（1914—1962）

傅作义的秘书阎又文1938年秘密加入共产党，1939年因国民党的第一次反共高潮与党组织断了联系，成了隐蔽战线上的一枚"闲棋冷子"。失联多年后，1946年重新接上组织关系时，他初心不变，及时提供傅作义部的军事部署和作战计划等情报，汇报傅作义的思想动向。解放军兵临城下，傅作义对自己的前途和命运考虑极多，设计了南撤、西逃、固守等几

[①] 崔月犁：《忆争取傅作义将军起义的经过》，中国人民政治协商会议北京市委员会文史资料研究委员会编：《北平地下党斗争史料》，北京出版社1988年版，第540页。

条路，一时拿不定主意，深陷纠结与焦虑之中。阎又文为他一一分析，摆明利害：南撤投蒋并非上策，傅部不是蒋的嫡系，华北失守，蒋介石定不轻饶；对于西逃，如今华北被中共百万大军包围，此路不通；如果固守，北平文化古城将遭到毁灭性破坏，傅将成千古罪人[①]。他建议应尽早与中共谈判，和平解决北平问题。

  北平地下党还先后接触与傅作义关系密切的上层统战对象，如傅作义曾经的老师、"少将参议"刘后同，傅的老部下和把兄弟、华北"剿总"副总司令邓宝珊，华北"剿总"总部联络处处长李腾九，并通过他们促成傅作义接受和谈、决心起义。北平城内还有3000多名地下党员紧张细致地进行着地下斗争，策反国民党军队、开展统战工作、搜集情报等。在人民解放军强大的军事压力和多方面政治攻势下，傅作义终于从迟疑不决走向同共产党和平谈判解决北平问题的道路。

---

① 罗青长：《丹心一片照后人——怀念战友阎又文同志》，《北京日报》1997年7月10日第3版。

第三节　和平解放

解放军兵临城下，战与和，成为摆在北平人民、中共北平党组织和傅作义面前的一道难题。根据中央争取和平解放北平的指示精神，中共北平地下党组织宣传党的政策，组织群众护厂护校、挽留人才，推动北平和谈。地下斗争与人民解放军的军事斗争互为补充、相互配合，实现北平和平解放，创造了著名的"北平方式"[①]。

一、护厂护校，留住人才

人民解放战争胜利进军，势如破竹。国民党当局打算把北平一些大专院校和工厂紧急迁往南方国民党统治区，还抛出"抢救平津学术界教育界知识人士"计划。在中共中央华北局城工部部长刘仁的领导下，北平地下党学委通过各大学党组织，开展调查研究，针对不同情况分别进行反对南迁、护厂护校和挽留人才工作。

[①] 平津战役创造了解放战争后期解决国民党军队的三种方式，即天津方式、北平方式和绥远方式。毛泽东在七届二中全会上对三种方式作了阐释：天津方式，即用战斗去解决敌人；北平方式，即迫使国民党军队用和平方法，迅速彻底地按照人民解放军的制度改编为人民解放军；绥远方式，即有意保存一部分国民党军队，让它原封不动，或大体上不动，在一个相当的时间之后，再去按照人民解放军制度将其改编为人民解放军。

北大校长胡适等扬言南迁，北大地下党组织发动全校师生反对南迁。地下党员在《北大清华联合报》上发表文章，介绍解放区新大学里同学们的新生活、新气象，描绘东北学生迁校流亡的悲苦遭遇，坚定师生留在北平的决心。进步学生访问教授、争取员工，请进步教授发表反南迁演讲。经过艰苦争取，北大教授会作出不迁校的决议："北京大学从来没有考虑迁移，现在也不考虑迁移。"经过各校地下党组织广泛、细致的争取工作，北平各校纷纷反对南迁。

北平电业工人组织纠察队保卫工厂

1948年12月上旬，解放军开始围城。地下党成立由城内各工委负责人组成的迎接北平解放指挥部，领导全市展开大规模的群众性护厂护校斗争。汇文中学地下党组织通过校长家的保姆，把传单和劝告信放到校长床头。校长看后马上召开全体师生大会，宣布："本人身负重任，有保护学校之责，不容任何人破坏。"随后，他与学生共同配合，采取护校措施。华北最大的火力发电厂石景山发电厂地下党争取厂领导，成立护厂委员会，提出"大烟囱不能倒，工人饭碗不能丢，谁也不准破坏机器"的口号，得到电厂工人积极拥护。解放石景山战斗打响后，电厂工人协助解放军一支8人小分队占领电厂制高点煤粉炉5楼，为小分队送去干粮、水和擦枪布等。国民党军队溃逃，石景山发电厂保住了。

北平地下党组织团结争取教授、学者、专家留在北平。北平艺专地下党支部对校长、著名画家徐悲鸿十分尊重，与其联系密切，徐悲鸿明确表示留下来。国民党当局给徐悲鸿送来两张飞机票，让他南下。地下党支部派一些同学在他家周围保卫，并常去探望、关照。徐悲鸿不但自己坚持留下，还影响、带动了一批知名漫画家、版画家、油画家共同留下迎接北平解放。

中国大学地下党员王祖鉴家与辅仁大学校长陈垣家是世交,当他知道陈垣已购好机票的情况后,报告党支部。地下党派人拜访陈垣,他最终决心留下。当胡适来邀陈垣同机南下时,他坚决拒绝了。经过北平地下党积极耐心争取,清华、北大、燕京、师大、中法等北平11所大专院校,除胡适、梅贻琦等几个人外,全部教授和教职员都留下共同迎接北平解放。此外,北平地下党还争取让一些重要经济管理部门和工厂企业的管理与技术人员留了下来。

在1949年春末举办的一次教授、民主人士招待会前,周恩来听取刘仁汇报工作,笑称:"你把教授们都留下来了,一个也不肯给蒋介石,难怪有人说你名叫'留人'呀!"

二、三次和谈

1948年11月,根据中共中央部署,东北野战军迅速挥师入关,和华北军区第二、第三兵团一道,用"围而不打"或"隔而不围"的办法,完成对北平、天津、张家口之敌的战略包围和战役分割,截断了傅作义部南逃

苏静(中,1910—1997)、李炳泉(1919—1969)与崔载之(左,1909—1961)会谈

西窜的通路。形势所迫，傅作义开始与中共接触，寻求和谈。

和谈共进行了三次。第一次是1948年12月中旬。傅作义派其亲信、平明日报社社长崔载之，由该社原采访部主任李炳泉（中共地下党员，非傅作义的代表）带路，到解放军平津前线司令部驻地附近的八里庄，先后与平津前线司令部参谋处处长苏静、参谋长刘亚楼接触、谈判。由于傅作义这次和谈只是一种试探，双方交换意见后因条件差距很大，未获任何结果。

第二次是1949年1月8日至9日。新保安、张家口之战，傅作义主力被全歼，平津战役胜负大局已定。傅作义派少将民事处处长周北峰和燕京大学教授、民主同盟副主席张东荪为代表，同平津前线司令部领导人林彪、聂荣臻、罗荣桓和刘亚楼谈判。中共提出改编国民党军的方案，对傅作义等起义人员一律既往不咎。谈判取得很大进展，双方草签会谈纪要，约定1月14日为傅方答复的最后期限。傅作义此时还没有最后下定决心，谈判期间又修建天坛、东单两处临时机场。城内地下同志及时提供情报，解放军用炮火封锁了机场。

第三次是1949年1月14日至17日。到了答复期限，傅作义派出全权代表、华北"剿总"副总司令邓宝珊等出城，在通县城西的五里桥与林彪、聂荣臻、罗荣桓谈判。解放军14日开始强攻天津，只用29个小时就解放了天津。北平成了名副其实的孤城，傅作义已经没有讨价还价的筹码了。谈判最后关键阶段，北平地下党与刘后同、邓宝珊、傅冬菊、李炳泉、刘时平、李腾九等频繁接触，反复做傅作义的工作。1月17日，傅作义

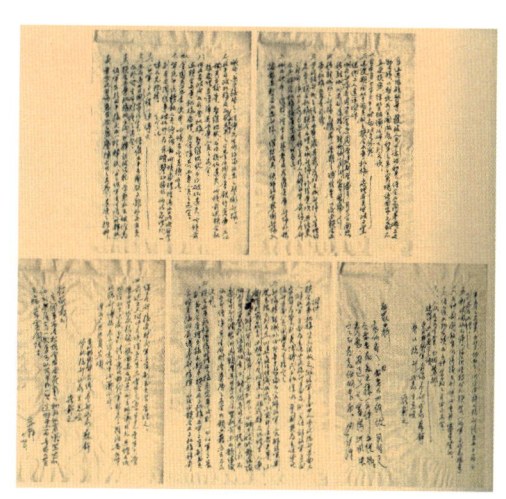

1949年1月19日，解放军平津前线司令部代表苏静与傅作义代表崔载之签署的《关于北平和平解决问题的协议书》文本

在东交民巷总部联谊处会见解放军代表苏静,同意北平和平解放,双方代表随后开始拟定《关于北平和平解决问题的协议书》。22日,傅作义在中央军委、毛泽东修改后的正式协议上签字。即日起,城内25万国民党军队陆续开到城外指定地点听候改编。31日,傅部移动完毕,解放军接管北平防务。北平宣告和平解放。

解放军与傅作义部队官兵交接防务

北平和平解放,是毛泽东和中共中央军委审时度势,运用军事打击和政治争取相结合的正确战略,通过和平谈判取得的伟大胜利,"不战而屈人之兵",完整保存了北平这座历史文化名城。

三、解放军入城式

1948年12月,解放新保安、张家口的战事结束不久,解放军第41军接平津前线司令部命令,回师平郊,准备解放北平。不久,平津前线司令部指示:北平可以和平解放。北平解放后,由第41军担负警备任务,成立北平警备司令部。

第41军入城前进行了为期一周的政策纪律教育。战士们自创各种纪律教育方法。121师采用"政策点名"的办法,点一个名字,念一条政策纪律,被点到的战士要对答如流。战士们把政策和纪律写在小纸片上、贴在枪托上随时背诵。123师开展入城资格评选并制定六条标准,从师长、政委到战士、炊事员,一个一个评,谁不够条件就不得入城。全师还抓紧时间进行礼节教育。战士演习走方队,操正步;干部练习骑马入城。他们说:"我们进城要走出军威来,让人们看看我们是一支什么样的队伍!"①

解放军原本计划1949年1月29日进入北平接防,但考虑到这天是农历正月初一,为了不打扰北平市民过年,决定推迟两天。31日,第41军

1949年2月3日,解放军举行盛大的北平入城式

---

① 莫文骅:《二十年打个来回》,广西人民出版社1988年版,第320～322页。

121师入城接管防务。2月3日上午10时起,人民解放军举行盛大的北平入城式。部队分两路进城:一路进永定门,经过前门箭楼检阅台,浩浩荡荡、威武雄壮地向前行进。部队穿过前门向东进入东交民巷,全副武装阔步通过这个使中国人民蒙受数十年屈辱的地方,随后经崇文门内大街、东单、东四、北新桥、太平仓,与另一路从西直门入城的部队会合后,向南由广安门出城。虽然北风凛冽,天寒地冻,但人们挤满了大街小巷,手执旗帜,高呼口号,热烈欢迎人民解放军进城。青年学生们有的干脆爬上行进的坦克、炮车,和解放军战士亲热拥抱。人们沉浸在从未有过的欢乐激情中,欢庆古都北平完整无损地回到人民手中。

入城后,第41军干部战士严守"三大纪律""八项注意",真正做到了"秋毫无犯"。一二月间的北平正值隆冬时节。四面透风的城楼上,屋里没有生火,铺上没有干草,北风吹得"透心凉"。附近百姓多次请战士们到家里烤火取暖,但战士们坚持不进民房,不打扰群众。121师"长岭连"刚到驻地当晚,热心的老乡请战士们进屋住,他们谢绝了。半夜,北风呼啸,群众"合屋并床"腾出几间屋子请战士们住,战士们婉言谢绝。大娘、大婶们第三次来请,连队干部只好实说:"上级规定不得进民房,您们的心意我们领了,但房是不能进的。"①"三请三不进"的故事在部队和百姓中传开了。

人民解放军进驻北平,引起国内外强烈反响。入城式当天,一家外国通讯社由北平发出电文称:"中国人民解放军入城,规模空前未有,士气十分高涨,装备异常精良,实为一支强大的有战斗力的部队。"毛泽东在党的七届二中全会上说:"北平入城式是两年半战争的总结,北平是全国打出来的,入城式是全部解放军的入城式。"②

---

① 莫文骅:《二十年打个来回》,广西人民出版社1988年版,第338~339页。
② 中共中央党史研究室编:《中共党史大事年表》,人民出版社1987年版,第218页。

四、地下党组织公开

北平和平解放,北平市委从秘密状态转变为公开领导全市各项工作的核心。市委十分重视党组织和党员如何公开的问题,决定先党内后党外,逐步公开党组织和党员。

北平地下党员会师地——国会街礼堂(今新华社礼堂)

北平和平解放后第四天,1949年2月4日,北平市委在宣武门外国会街北京大学四院礼堂召开地下党员大会。受会场容纳人数限制,全市3000多名地下党员中有2000多人参加。平津战役总前委林彪、罗荣桓、聂荣臻,北平市委书记彭真、市长叶剑英及华北局有关领导等出席大会。因为长期做地下工作,地下党员严守保密规定,很多同志之间互不相识。刚开会时,许多人戴着大口罩或帽子,看不清面孔。大会宣布:"今天,北平地下党终于从地下转到地上了!"全场顿时沸腾,很多人把帽子、口罩抛上了天,同志间彼此相认,握手拥抱,互相指着对方说"原来是你呀!",激动兴奋之情溢于言表。

大会高度评价北平地下党多年来的革命斗争和成绩，宣布党组织公开的问题，提出：党组织公开的基本目的，就是要把党放在群众的监督下，领导群众进行革命和建设事业。如果党组织不公开，坏分子会混进党内，坏作风会滋长起来，党员会脱离群众，甚至贪污腐化堕落。

同月13日，市委在南新华街北平师范大学礼堂召集没有参加2月4日大会的党员开会。这两个大会是北平地下党的胜利大会师，是党组织和党员在党内公开，尚未向群众和社会公开。会后，市委领导各级党组织积极做好向党外公开的各项准备工作。

党组织向社会公开，对于广大党员来说需要一个思想认识的过程和心理准备。燕京大学党支部设计问卷，围绕党公开的好处和坏处、群众可能的反应和问题、党员对个人身份及组织公开的顾虑、党组织公开应采取的步骤和形式等13个问题，向党员进行调查。结果显示，大家拥护党组织公开，但有不少个人顾虑。有的认为自己理论水平低、学习成绩不够好，公开身份后怕起不到模范带头作用；有的认为自己长期从事地下工作，习惯独立处理问题、秘密工作，作风上有些脱离群众，担心公开后得不到群众信任，等等。针对这种情况，市委一方面加强党员教育，另一方面提出党员在组织公开前可以先从事公开活动，在生产、工作、学习中不公开宣扬也不故意隐瞒身份，在活动中逐步公开。市委举办多种干训班，组织工厂、学校、机关部分党员和党外积极分子，一起学习党的基本知识和中央方针政策，学习党的群众路线。部分工厂的党员和群众被抽调在一起学习，党员身份随即向群众公开。各单位也纷纷举办有党员和群众参加的学习班。这为接下来的党组织全部公开取得初步经验。

6月18日，北平市委正式宣布七一前公开所有党组织的决定。为消除党员思想顾虑，6月22日、26日市委组织部分别召集各工厂、大学及各区中学党支部书记会议，专门讨论和布置公开党支部工作。各基层单位按照市委要求，采取公布党员名单、召开有群众代表参加的党支部大会等方法，先后在本单位公开党支部和党员；在支部大会上讨论和检讨支部与党员的工作，检讨党与群众关系，听取群众批评意见。北京大学医学院请群众参加公开后的支部大会，尽管天下着雨，仍有四五十位群众参加。邮政管理局支部召开党员公开会议时，有的职工从南苑等很远的地方赶来参加，6月28日上午10时支部党员名单贴出后，直到晚上7时多，看名单的人群一直没有间断。6月29日，市委机关报《北平解放报》发表《党的支部必须全部公开》的社论，批驳反对党组织公开的错误观点，阐明了党组织公开的必要性和有关问题[①]。

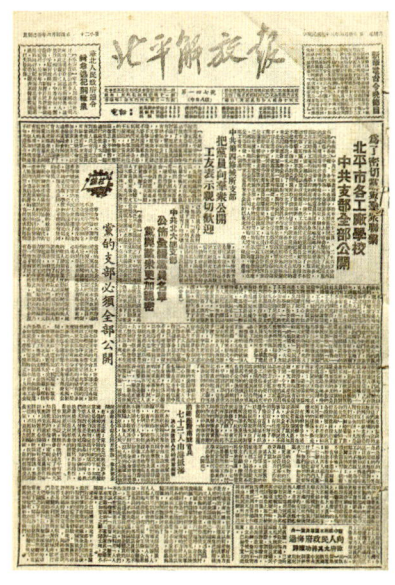

1949年6月29日的《北平解放报》

党组织公开在党内外引起强烈反响，收到良好效果。党组织公开后，党员接受群众监督，增强了党的影响力和党员的政治素质，改进了党的作风，密切了党群联系，提高了党在群众中的威信。

北平和平解放宣告了千年古都新时代的开始，中国共产党领导各界人民踏上了建设新北京、新首都的历史新征程。

思考题

1. 反对国民党反动统治的第二条战线的历史作用有哪些？
2. 北平和平解放对全国解放有什么重要意义？
3. 结合中共北平党组织公开的历史，谈谈党员亮身份的初衷和作用。

---

① 中共北京市委组织部办公室编：《北京市组织工作大事记（1948.12—1964.12）》（未刊稿），第3页。

延伸阅读

1. 中共中央党史研究室:《中国共产党的九十年》(新民主主义革命时期),中共党史出版社、党建读物出版社2016年版。

2. 中共北京市委党史研究室编:《在迎接解放的日子里》,中央文献出版社2004年版。

3. 中共北京市委党史研究室:《走出硝烟——平津战役三方式》,北京燕山出版社2006年版。

第五章 宏图初绘

——实现新民主主义向社会主义过渡

（1949—1956）

北平和平解放后，市委市政府按照中共中央指示，领导全市人民迅速荡涤旧社会遗留的污泥浊水，安定社会秩序；建立民主政权，恢复国民经济；开展土地改革、镇压反革命、抗美援朝和"三反""五反"运动。从1953年起执行第一个五年计划，在"一穷二白"的基础上进行首都社会主义工业化建设，至1956年基本完成对生产资料私有制的社会主义改造，初步建立起了公有制占绝对优势的社会主义经济制度。

第一节　除旧布新

北平和平解放后，实现顺利接管、迅速荡涤旧社会的污泥浊水、建设好新中国的首都，这一系列除旧布新的艰巨任务考验着中共北京（平）党组织、全体党员和全市人民。

一、和平接管北平

随着平津解放临近，中共中央军委1948年12月13日电令"荣臻、彭真、剑英、黄敬应时刻准备率领接收人员及工作干部乘车出发驰赴平、津"，并强调"此次接收平、津影响中外，你们务必办到如同沈阳、济南那样的接收及管理成绩"[①]。受命接管北平的彭真，立即率170余名干部从石家庄出发，日夜兼程赶赴北平。

抵达保定后，12月17日，中共北平市委召开第一次全体会议。根据中央决定，会议宣布市委正式成立，由彭真（书记）、叶剑英（第一副书记，市军管会主任兼市长）、赵振声（即李葆华，第二副书记）、刘仁、徐冰、赵毅敏、谭政文、萧明、王鹤峰、张秀岩、韩钧11人组成，确定了入城后

[①]《毛泽东年谱（1893—1949）》下卷，中央文献出版社2013年版，第469页。

的中心任务，紧紧依靠人民群众来管理和建设城市①。

12月20日晨，市委到达长辛店，第二天移住良乡。1949年1月1日，市军管会、市人民政府正式宣告成立，并组建警备司令部兼防空司令部、物资接管委员会、文化接管委员会等机构。从中央各部门、解放区和北平地下党抽调数千名干部，集中到良乡培训。市委领导亲自作报告，系统讲解接管方针、政策、步骤以及干部作风、纪律等，部署对郊区的军事接管。

市委机关2月2日从青龙桥入城，迁至东交民巷办公。市军管会、市政府同时入城办公，对城区和平接管。同日上午，市公安局局长谭政文率部到公安街国民党北平市警察局，以中国人民解放军北平市军事管制委员会军代表身份，宣布接管。接管工作中，全体军代表和接管人员每天加班加点，吃的是粗粮窝头和咸菜疙瘩，穿的是粗布军装和支前军鞋，睡觉时以稻草为席、砖头作枕，过着当时北平最低水平的生活。短短几天，国民党在北平的党、特、军、政、警机构全部废除，市军管会派遣军代表建立联合办事处，按系统自上而下地高效接管。

1949年2月18日，北平市人民政府公安局挂牌

---

① 《中共北平市委关于入城前所做的准备工作向中共中央及华北局的报告》（1948年12月22日），北京市档案馆、中共北京市委党史研究室编：《北京市重要文献选编》（1948.12—1949），中国档案出版社2001年版，第21～22页。

物资接管799个单位，包括铁路、银行、邮政、电信系统以及发电厂、钢铁厂、兵工厂等重要工业企业。企业性、技术性部门原封不动地接管，逐步实行民主改革。接管公共文教机关及文物古迹单位时，注意文物保护。以礼贤下士的态度对待教授、专家、学者、企业管理和技术人员，向他们宣传党的宗旨和政策，使他们为建设新中国服务。接管中充分发挥地下党员、进步分子、工人及中下层职员的作用，力求生产不间断。

接管旧政权机构，建立新机构

面对众多摊贩占道经营引起的问题，彭真、叶剑英邀集摊贩代表座谈，共商城市管理之策，让旧社会饱受欺凌的摊贩深受触动。全市4.2万户摊贩配合迁入新建市场，合法经营。

1949年4月，接管工作大体完成，与抗战胜利后国民党"劫收"形成鲜明对比，被国内外各界誉为空前成功的一次接管。同月，中共北平市第一次党员大会召开。会上，彭真以李自成农民起义军进京后迅速腐化为例，告诫大家："我们不怕衣服穿的不好、房子住的不好。我们主要的任务是要建立新中国。"①

二、服务保障开国大典

1949年3月5日，毛泽东在中共七届二中全会上宣布："我们希望四月或五月占领南京，然后在北平召集政治协商会议，成立联合政府，并

---

① 彭真：《当前的方针、政策和任务》（1949年4月18日），北京市档案馆、中共北京市委党史研究室编：《北京市重要文献选编》（1948.12—1949），中国档案出版社2001年版，第447页。

定都北平。"①3月23日上午,毛泽东率领中共中央机关和中国人民解放军总部机关,离开中国革命最后一个农村指挥所——西柏坡,向北平进发。临行前,毛泽东对周恩来说,今天是进京的日子,进京"赶考"去。周恩来说,我们应当都能考试及格,不要退回来。毛泽东说,退回来就失败了。我们决不当李自成,我们都希望考个好成绩。中共北平市委市政府和人民解放军驻北平部队,成立以叶剑英为首的迎接中央迁平组织委员会,做好沿途警卫、对空警戒、西苑阅兵等工作。3月25日晨,毛泽东一行抵达清华园火车站,下午在西苑机场检阅部队,当晚进驻香山。

香山是中国革命胜利前夕党中央所在地,是党的工作重心由乡村转向城市的转折地,是党从局部执政走向全国执政的出发地,是党领导人民从旧中国走向新中国、踏上中华民族伟大复兴新征程的见证地。在这里,党中央指挥了渡江作战等一系列重大战役,领导了和平谈判、筹备新政协、恢复新解放区生产和社会秩序等一系列重大活动。毛泽东在这一时期发表了《论人民民主专政》等多篇具有深远意义的论著,为创建新中国作出了许多重大决策和理论准备。中共中央在香山工作的时间虽然短暂,但在中共党史和中国革命史上具有重要地位。

新中国成立是国内外瞩目的大事。7月,中共中央召开专题会议,研究开国大典筹备工作。经过周密研究,选定在天安门广场举行。

为迎接开国大典,8月,北平市第一届各界代表会议作出整修天安门广场的决议,市政府提出整修工程计划:清除东、西三座门之间地面障碍物,开辟容纳16万人的广场,修缮天安门城楼,修建国旗旗杆,美化天安门广场。市政建设工人日夜奋战,团员和青年学生踊跃参加义务劳动,9月底工程全部竣工,天安门广场焕然一新。

9月27日,中国人民政治协商会议第一届全体会议通过北平为中华人

---

① 毛泽东:《在中国共产党第七届中央委员会第二次全体会议上的报告》,《毛泽东选集》第四卷,人民出版社1991年版,第1436页。

民共和国首都并更名北京,曾联松设计的五星红旗为新中国国旗等决议。女工赵文瑞在北池子一所四合院里铺上草席,缝制长5米、宽3.33米的第一面五星红旗,送到怀仁堂进行展示。长长的彩线、精细的针脚,缝进了她对新生活的向往。永茂公司业务科的宋树信,从瑞蚨祥绸布店找来红绸、黄缎,在西单新华缝纫社赶制了开国大典所用的国旗。由于黄缎子宽度不够,大五角星一个角还是拼接而成的。10月1日凌晨缝制完成,他将国旗送到开国典礼筹备处。建设局的林治远等人从自来水公司找来4根直径不同的水管,焊接成高22.5米的旗杆。由于材料所限,没有达到设计的35米高度[1]。市有关单位还承接了绘制毛泽东画像,制作大红灯笼、"开国大典"纪念章等任务。

10月1日下午3时,北京30万军民在天安门广场举行开国大典。毛泽东主席在天安门城楼上庄严宣告:"中华人民共和国中央人民政府今天成立了!"他扭动电钮,鲜艳的五星红旗冉冉升起。阅兵式上,中国人民解放军受阅部队踏着胜利之师的步伐接受人民的检阅,由工人、农民、学生、市民组成的游行队伍纵情欢呼新中国的诞生。晚上,市民举行提灯游行,礼花在天空缤纷绽放,天安门广场成了欢乐的海洋。

"中国人从此站立起来了!中国人民从此把命运牢牢掌握在自己手中!中华民族发展进步从此开启了新纪元!"[2]北京揭开了崭新的历史篇章。

---

[1] 中共北京市委党史研究室编:《昨天的开拓——北京市"新中国第一"征文选》(上),北京出版社1994年版,第10页。

[2] 习近平:《在纪念毛泽东同志诞辰一百二十周年座谈会上的讲话》(二〇一三年十二月二十六日),中央文献研究室编:《十八大以来重要文献选编》(上),中央文献出版社2014年版,第690页。

1949年10月1日，天安门广场上欢乐的人群

三、荡涤污垢

和平解放初期的北平，治安形势非常严峻。国民党保密局、党通局、国防部二厅等八大系统的特务分子就有7800多人，不断搞暗杀、投毒、纵火等破坏活动。5万多溃败的国民党散兵游勇流窜于街头巷尾，隐匿于烟馆妓院，与其他反动分子勾结起来抢劫、盗窃、造谣[①]。新生的人民政权迅速行动，荡涤污垢。

北平围城期间，国民党上将参议张荫梧组织"华北敌后游击策动委员会"并自任总指挥。北平和平解放后，经多次敦促仍不解散，反而阴谋武装暴动。1949年2月15日晚，市公安局巧妙地将张荫梧抓获，纵队司令以

---

① 中共北京市委党史研究室、北京市公安局编：《荡涤污垢——建国初期北京公安工作纪事》，北京出版社2000年版，第4页。

上主犯也被一网打尽。这是北平解放后肃特斗争中破获的第一个大案,震慑作用极大。市军管会执行"首恶必办、胁从不问、立功受奖"的政策,有分别有重点地肃特。至1949年秋,全市共破获阴谋暴动案83起,肃清职业特务6700余名,查处散兵游勇3.7万多名,破获制造伪钞、盗抢案1.4万多件,收缴大批敌特电台、枪支和弹药[①],保障了开国大典的安全。

与肃特清匪斗争交织进行的是禁烟禁毒。解放前北平烟馆林立,仅外一区、外二区所属的前门、崇文门、花市等地区就有数十处,整个城市乌烟瘴气。1949年2月10日,外一区公安分局在前门大街附近查获一名吸毒者,顺藤摸瓜抓到毒贩。这是入城后公安机关破获的首例毒品案件。8月,市公安局颁发《禁烟禁毒登记办法》,成立禁毒领导小组,开展缉毒工作。

按照中央统一部署,1952年8月,全市大张旗鼓地开展禁毒运动。市政府在先农坛体育场召开有4万名群众参加的公审毒贩大会,对3名大毒贩判处死刑并立即执行,对6名坦白彻底、罪行轻微的毒贩从宽处理并当场释放。此后,毒贩纷纷坦白登记。11月中旬,禁毒运动基本结束。

遍布四九城的妓院娼馆,就好比北平城的脓疮。新中国成立后,北京率先开始取缔卖淫嫖娼。1949年11月21日下午5时,市第二届各界人民代表会议一致通过封闭全市妓院的决议。当晚,市公安局组织2400余名干警,分成27个行动小组,统一行动,一夜之间将全市224家妓院全部封闭。通过改造思想、学习技能、安置生活等办法,让社会最

封闭妓院

---

① 《叶剑英传》,当代中国出版社2006年版,第245页。

北京市第十四区干部在自由恋爱的青年农民婚礼上宣传新婚姻法

底层的妓女过上正常人的生活。为推进妇女解放，1950年5月新婚姻法颁行，废除封建婚姻制度，实行男女平等、婚姻自由、一夫一妻，保护妇女和子女合法权益。

肃特斗争基本摧毁了反动残余势力在北平的组织系统，保卫了新生的人民政权，促进了社会安定。禁烟禁毒、封闭妓院和实施新婚姻法，取得了净化社会环境、建立新社会道德的显著成果。随着各方面民主改革完成，首都各阶层人民精神面貌焕然一新，为恢复发展国民经济打下了良好基础。

第二节　人民当家作主

刚刚成立的新中国，面临政治、经济、军事等多方面严峻考验。在党中央领导下，市委带领全市人民，满怀信心地迎接各项挑战：建立基层政权，开展京郊土改，有效推动抗美援朝、镇压反革命及"三反""五反"运动，书写了人民当家作主的首都新篇章。

一、建立各级民主政权

中华人民共和国从中央到地方的各级政权，是彻底打碎国民党反动统治机器之后在全新基础上建立起来的。北平解放后，经军事管制、安定社会秩序的过渡，召集各界人民代表会议，选举产生地方人民政府。

1949年8月9日至14日，北平市第一届各界代表会议在中山公园中山堂召开。出席代表共25个界别332人。市长叶剑英致开幕词并作工作报告。13日，毛泽东主席到会，指出："一俟条件成熟，现在方式的各界人民代表会议即可执行人民代表大会的职权，成为全市的最高权力机关，选举市政府。"[①]他还宣读人民来信，提议将来信反映的物价、失业等问题交

---

① 毛泽东：《对北平各界代表会议的指示》，北京市档案馆、中共北京市委党史研究室编：《北京市重要文献选编》（1948.12—1949），中国档案出版社2001年版，第660页。

大会研究解决。

1949年11月20日至22日,北京市第二届各界人民代表会议召开。会议选举聂荣臻为市长,张友渔、吴晗为副市长,市人民政府委员13人(其中党外人士6人)。地方耆宿潘龄皋[①]在闭幕词中说:"我们老百姓能够选出政府来,替我们自己办事,这是我们中国老百姓一百多年来就奋斗牺牲流血所要争取的目标,这个目标在辛亥革命没有达到,在北伐战争没有达到,在抗日战争也没有达到,现在达到了!"[②]

"基础不牢,地动山摇。"北京建立基层民主政权经历了一个摸索的过程。摧毁保甲制度、铲除国民党反动统治根基后,全市划分30个区,区下辖街政府,街下设居民自管的闾[③]。因区、街政权步调不一致,1949年7月取消了街政权。区政府改区公所,是市政府派出机关,委托市民政局领导。实践中又发现,由市民政局领导区公所导致许多具体工作难以解决,1950年5月城区适当合并,改为由市政府直接领导。

全市各界人民代表会议后,为了进一步发扬民主,报请政务院批准后,至1950年8月底,各区第一次各界人民代表会议先后召开,解决了关系到居民切身利益的许多问题。在郊区,土改后263个村建立广大农民参加、带有半政权性质的农民协会,民主选举乡政府委员会,成立乡人民政府。

北京市1952年9月将城区合并为7个区,郊区合并为6个区,设立区

[①] 潘龄皋(1867—1954):河北安新人。清末进士,授翰林院编修。辛亥革命以后,任甘肃省省长,后因痛恨官场腐败,1922年辞职。日伪统治时期,因拒绝出任伪河北省省长被捕入狱。1949年后,任中央文史馆馆员等职。

[②] 潘龄皋:《在北京市第二届各界人民代表会议上的闭幕词》,北京市档案馆、中共北京市委党史研究室编:《北京市重要文献选编》(1948.12—1949),中国档案出版社2001年版,第870页。

[③] 此时的北平辖区,东至东坝,与通县交界,最东端为大黄庄;西至香山,与宛平县交界,最西端为三家店;南至大红门,与大兴县、宛平县交界,最南端为西红门;北至清河,与顺义县、昌平县交界,最北端为立水桥。

人民政府委员会（后称区人民政府）。同时，市人民政府在城区的西单、东四、宣武、东单试建居民委员会。1953年6月，彭真向中共中央报告：为把街道居民逐步组织起来，除建立居民委员会外，还需要设立市或区人民政府的派出机构，即街道办事处[①]。中央政治局讨论并同意了这个报告，为全国城市管理提供了经验和借鉴。

二、土地改革、抗美援朝和镇压反革命

土地是农民的命根子。1949年3月，市委成立郊区工作委员会，负责土地改革和农村工作。经调研发现，北平郊区[②]土地状况较为复杂：郊区和城区紧密相连，土地集中程度高，农业生产呈一定的商品化趋势，地主兼营工商业以及资本家兼有土地的情况较常见。

从郊区实际出发，市委制定了不同于一般地区的土改政策：实行土地国有、不平分土地。经过试点，10月，郊区工委正式部署土改。1950年3月底，京郊土改胜利完成，共没收地主土地、征收富农出租土地26620公顷，没收地主多余粮食66.5万多公斤，征收地主多余房屋22278间，分给52009户（共217091名贫雇农）[③]。

1950年6月，朝鲜战争爆发。10月上旬，中共中央作出"抗美援朝，保家卫国"的决策。北京人民用多种形式支援抗美援朝斗争。第二区有位妇女将存放20年的娘家陪嫁压箱底"白洋"捐了，烈属康老太太将个人的寿材钱捐了，生活困难的小菜贩也省出钱来捐款。他们说："我们捐献飞

---

① 彭真：《城市应建立街道办事处和居民委员会》，北京市档案馆、中共北京市委党史研究室编：《北京市重要文献选编》（1953），中国档案出版社2002年版，第193页。

② 当时，北平郊区包括今朝阳、海淀、丰台、石景山和门头沟、大兴的一部分，共分为8个区，有280个行政村（包含10个关厢和6个镇）。

③ 中共北京市委党史研究室编：《社会主义时期中共北京党史纪事》第一辑，人民出版社1994年版，第69页。

机大炮,早点把美帝国主义打垮,好过太平日子。"①至1952年4月底,全市捐款可认购93架战斗机,大大超过69架战斗机的认捐款项。市委还注意克服单纯强调节约、降低生活标准的偏向,将群众的爱国热情引导到增加生产上来,努力做到"后方多流汗,前方少流血"。

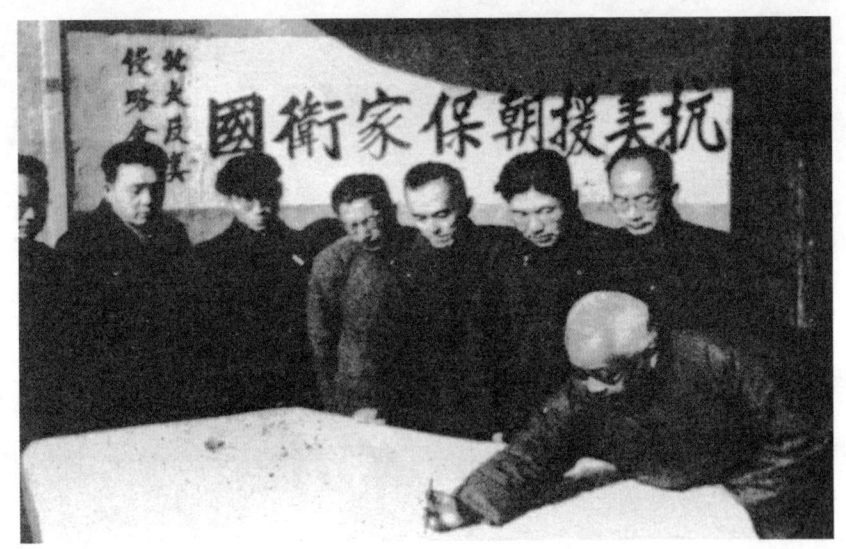

1950年11月,北京大学300余名教员签名拥护抗美援朝

抗美援朝期间,大批青年参军。1950年10月,毛泽东主席长子、北京机器总厂党总支副书记毛岸英,告别病中的妻子,随中国人民志愿军总司令彭德怀先期入朝,一个多月后在朝鲜大榆洞牺牲。毛泽东对彭德怀说:"岸英是一个普通的战士,不要因为是我的儿子,就当成一件大事。"②他一直默默珍藏着爱子的遗物,直至逝世。历时近3年的抗美援朝战争中,全市有3697人参军,1357人牺牲。"最可爱的人"的英雄事迹汇成强大的民

---

① 杜若:《第二区抗美援朝运动回顾》,中共北京市西城区委组织部等编:《峥嵘岁月——北京西城老同志的回忆》,中央文献出版社2001年版,第330页。
② 1951年2月21日,毛泽东在玉泉山听取彭德怀汇报朝鲜战争情况时的谈话。参见《毛泽东年谱(1949—1976)》第一卷,中央文献出版社2013年版,第305页。

族凝聚力。

朝鲜战争爆发后,全国各地反革命分子不断制造破坏、骚乱,妄图里应外合,颠覆人民政权。1950年10月10日,中共中央发出《关于镇压反革命活动的指示》,揭开了大规模镇压反革命活动的序幕。

"一贯道"仇视人民政权。1950年8月,清理什刹海时,造成蚊子盘踞鼓楼顶端,好似冒烟。"一贯道"乘机造谣,"鼓楼冒烟儿,八路军要颠儿"[①]。一时间,街谈巷议,众说纷纭,严重影响了社会治安。镇反运动中,"一贯道"首要分子被一网打尽,得到应有惩罚。同时,揭露道首的欺骗宣传,动员道徒向道首索还道款,从思想上、组织上彻底摧毁了"一贯道"。

北京市第十四区控诉宣判处决反革命分子大会

---

① 《鼓楼"冒烟"之谜》,《北京公安史志》2015年第4期,第31页。

旧时的天桥流氓恶霸横行无忌，是北京打击行业恶霸的重点地区。市委在天坛祈年殿前召开控诉天桥"三霸一虎"①大会，19位受害者登台控诉恶霸罪行，当市公安局外五分局宣读"三霸一虎"残害14条人命的罪状时，3万人齐喊"枪毙三霸一虎"的口号响彻会场。

根据群众意愿，经市各界人民代表、协商委员联合扩大会议的审议，决定对"三霸一虎"这样的罪大恶极者执行死刑。历时一年多的镇反运动，全市共处决特务、土匪、恶霸、反动党团骨干及反动会道门头子近千名，管制大批反革命分子。北京的镇反经验被中央转发全国。

京郊土改，消灭了封建剥削的土地所有制，解放了农村生产力。抗美援朝运动增强了北京各界群众的民族自尊心和自信心，首都人民精神面貌发生深刻变化。镇压反革命运动伸张了民气，巩固了新生的人民政权，维护了首都安全。

三、"三反""五反"运动

正当全国人民努力增加生产、厉行节约的时候，各地陆续暴露出党政机关内部存在着贪污、浪费和官僚主义问题，有的甚为惊人。根据东北、华北地区所反映的严重情况，1951年12月1日，中共中央作出《关于实行精兵简政、增产节约、反对贪污、反对浪费和反对官僚主义的决定》。1952年元旦，全国范围的"三反"运动正式开始。

北京市委在开展整党整风时发现，市属机关和公营企业的工作人员中存在贪污问题。1951年12月4日，市委向中央和华北局上报《关于北京市工作人员中的贪污现象及今后开展反贪污斗争的意见》，中央当天批转全国。市委市政府等部门召开有1500多名党员干部参加的动员大会，成立以刘仁为主任的北京市节约检查委员会，领导全市"三反"运动。12月28

---

① "三霸"指东霸天张德泉、西霸天福德成、南霸天孙永珍，"一虎"指林家五虎之一的林文华。

日,在市第三届第三次各界人民代表会议上,市长彭真作专题报告:"我们是人民的勤务员,所以我们要廉洁朴素,……贪污浪费侵蚀我们,就像细菌一样传染到我们的身上,如果不加反对,总有一天会变坏!"①各区也分别召开会议,层层部署,发动群众,形成声势。

为深入宣传"三反"政策,1952年1月,由923人组成的"市长代表工作组"分赴各街巷、村庄访问调

1952年2月1日,"三反"运动中在北京公审大贪污犯

查,4天内接收检举和坦白材料万余件。市一级成立处理委员会,各区设处理组,做到件件有交代。同时,紧急布置打"老虎"②任务,数字不断扩大。市委发现扩大化问题后,及时进行普遍复查,缩小了打击面。2月1日,举行公审大贪污犯大会,最高人民法院对7名大贪污犯进行宣判。

"三反"运动中发现,党政机关内部的贪污行为,往往是与外部的不法商人勾结而来的。中央决定在私营工商界开展一场"反对行贿、反对偷税漏税、反对盗骗国家财产、反对偷工减料和反对盗窃国家经济情报"的"五反"运动。1952年1月26日,中央指示在全国一切城市,首先在大中城市,依靠工人阶级,团结守法的私营工商业者及其他市民,向着违法的资本家开展大规模的坚决彻底的"五反"斗争。

北京市委在动员开展"三反"运动时,就专门邀请工商联负责人开会,商谈布置坦白行贿行为和检举贪污分子的运动。1952年1月5日,市

---

① 彭真:《关于增产节约、反贪污、反浪费、反官僚主义的报告》,北京市档案馆、中共北京市委党史研究室编:《北京市重要文献选编》(1952),中国档案出版社2002年版,第6页。

② "老虎"是人们对贪污犯的称呼,贪污(新币制)1万元以上的称"大老虎",1000元以上1万元以下的称"小老虎"。

委向中共中央、华北局报告相关情况，中央批准该报告并要求各大中小城市仿行。市节约检查委员会组织各党政机关、人民团体、民主党派、工商联等3000多人，分成几百个小组分头对工商户进行检查。市政府将两名拒不坦白的不法奸商逮捕法办，产生震慑作用。私营银行是全市"五反"斗争的"重中之重"，市里组织"五反"工作队重点清查13家私营银行、8家钱庄。一时间，坦白和检举材料纷至沓来。

"五反"运动中，生产经营受到一定影响。市委认为如果把握不当，将不利于经济的恢复发展，给中央、华北局的报告中提出"在工商界争取多数"的意见。中央将此报告批转全国，要求各大城市在"五反"斗争中实行"利用矛盾，实行分化，团结多数，孤立少数"的策略。

1952年6月，北京市"三反""五反"运动基本结束。"三反"运动是党执政后惩治腐败的初战，清除了干部队伍中的蛀虫，教育了干部的大多数，挽救了犯错误的人员。这对抵制旧社会的恶习和资产阶级腐朽思想的侵蚀，形成清正廉洁的党风政风和健康的社会风气，起了很大作用。"五反"运动在工商业者中普遍进行了一次守法经营教育，推动了在私营企业中建立工人监督制度和进行民主改革。

四、社会主义政治制度确立与整党整风运动

1954年9月，一届全国人大一次会议在北京举行。大会一致通过《中华人民共和国宪法》，确立我国社会主义社会的根本政治制度即人民代表大会制度。同时，召开全国政协二届一次会议，通过新的《中国人民政治协商会议章程》，为我国长期坚持共产党领导的多党合作和政治协商的社会主义基本政治制度奠定了基础。

按照中央总体部署，1954年6月中下旬，北京市各区先后召开本区第一届人民代表大会第一次会议。8月，市一届人大一次会议在中山堂召开，选举北京市出席全国人民代表大会的代表，会集全市宣传宪法草案的反映，讨论市人民政府工作报告。1955年4月，市政协一届一次会议召开，

北京市第一届人民代表大会第一次会议

刘仁当选为主席。

新中国成立后,党十分重视在执政条件下党组织的自身建设。1950年5月,中央发出在全党全军开展整风运动的指示,运动在年底结束。次年2月,中央提出以3年时间进行一次整党。在第一次全国组织工作会议上,刘少奇提出了"共产党员标准的八项条件"[1]。

进城之后,北京党员和干部队伍结构发生很大变化,少数党员经不起诱惑,发生贪污腐化、违法渎职现象。1950年四五月间,初步检查

---

[1] (1)必须了解"中国共产党是中国工人阶级的党,是工人阶级的先进部分";(2)"中国共产党的最终目的是要在中国实现共产主义制度。它现在为巩固新民主主义制度而斗争,在将来要为转变到社会主义制度而斗争,最后要为实现共产主义制度而斗争。"党员必须具有为这些目的坚持奋斗的决心;(3)"必须是一辈子都要坚持革命斗争";(4)"必须在党的统一领导之下去进行"斗争和工作;(5)"必须把人民群众的公共的利益,即党的利益,摆在自己的私人利益之上";(6)"必须勇敢坚决,不能在严重的艰苦的环境中退缩,不能向敌人投降,不能叛变共产党与共产主义";(7)"必须为人民群众服务,使党与人民群众建立很好的关系";(8)"必须努力地学习,使自己懂得更多的马克思列宁主义、毛泽东思想,使自己的觉悟更加提高"。

发现182名党员干部有贪污腐化和违纪情况，绝大多数受到党纪政纪处分①。5月18日，彭真在全市党员大会上作《检查作风，检查纪律》的报告，要求整风运动检查的重点是官僚主义、强迫命令、欺压群众和贪污腐化；步骤是先党内后党外、先干部后群众，重点是党政群团机关；并提出保证党永不腐化的4条办法②。6月，北京市成立作风纪律检查委员会和市人民监察委员会。7月，市委制定并下发整党整风计划，将运动重点放在总结工作、检查中央方针政策落实情况。中央将北京市整风经验批转全国。11月，整风运动基本结束，市委开始整党整干和巩固党的基层组织工作。12月起，利用农闲、假期、业余时间，以集训、夜校、党课等方式，对党员进行普遍的训练，主要内容为党的基本知识、时事教育、工作政策及群众路线等。

1951年8月，市委制定《关于整顿党的基层组织的计划》《关于发展新党员的决定》，将整党教育分为思想教育、党员登记、审查鉴定和组织处理4个阶段，以《共产主义与共产党》《怎样做一个共产党员》为教材，成立党课教育委员会，从各机关中抽调负责人和干部任党课教员；按照党员标准对党员自上而下进行审查，实事求是地分析党员情况，分别进行处理。同时，重点在产业工人和青年学生中发展新党员。

北京市委关于召开北京市第一次党代会的通告

---

① 《彭真文选（一九四一——一九九〇年）》，人民出版社1991年版，第193页。
② 第一，依靠政治上、组织上和思想上的纯洁。第二，依靠跟群众密切联系，依靠广大群众的监督。第三，依靠批评与自我批评，特别是在党内和各界人民代表会议中展开批评与自我批评。第四，依靠制度、法律和纪律来监督保证。

1952年6月,北京市党的基层组织整顿工作基本结束。

长达两年多的整党整风运动,从思想上、组织上巩固了北京党的组织。至市第一次党代会召开时,党员由1949年6月的7200人增长到9万多人。大批干部也逐渐提高并成长起来,党和非党干部已达10万余人[①]。

1955年6月25日至7月3日,市第一次党代会召开。刘仁代表市委作工作报告,总结北京自新中国成立近6年来在政权建设、工农业生产、人民生活、党的建设等方面的工作及成绩,分析工作中的不足,提出全市党组织面临的工业建设和改进领导作风等任务。市委第一书记彭真在闭幕式上作总结讲话,号召全市党员"用可能达到的最高标准要求我们的工作"。

1955年12月4日,《人民日报》发表刘仙洲文章《我为什么加入中国共产党》

党的先进性吸引着越来越多的人,许多爱国科学家将入党作为政治归宿。1955年11月7日,即俄国十月革命38周年这一天,清华大学副校长、65岁的刘仙洲教授光荣入党,在北京市乃至全国知识分子中引起强烈反响。他长期致力于农业机械的发明创造,终生保持着对农民的深深关爱,历尽曲折赤诚不改,真正做到了"思想上入党一生一世"。建筑学家梁思成给毛泽东写信:我觉得我一步步地更接近了党,准备着把一切献给我们

---

① 中共北京市委组织部、中共北京市委党史资料征集委员会、北京市档案局编:《中国共产党北京市组织史资料》,人民出版社1992年版,第243页。

刘仙洲（1890—1975）

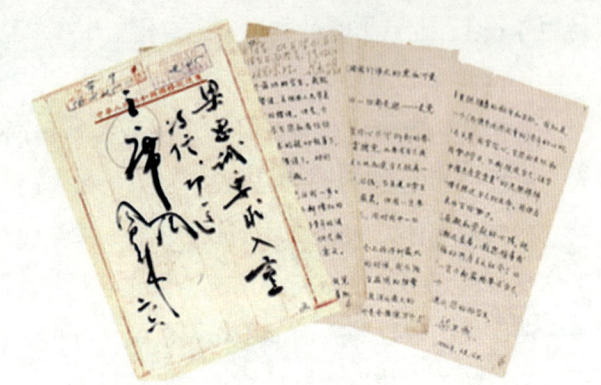

梁思成入党申请书及周恩来总理的批示

伟大的党和可爱的祖国。一批著名的专家学者，如吴阶平、周一良、季羡林、侯仁之、曹禺等，都在这个时期入党。仅1956年，北京就发展了389名高级知识分子入党①。

---

① 中共北京市委党史研究室编：《社会主义时期中共北京党史纪事》第二辑，人民出版社1995年版，第214页。

第三节　火红年代

制定城市规划，整治城市面貌，建设好人民首都；完成社会主义三大改造，率先进入社会主义社会；掀起首都社会主义建设高潮，劳模群体不断涌现；整党整风，从思想上、组织上巩固、发展党组织。市委带领全市党员干部，和人民一起绘就了一个火红的年代。

一、擘画北京

如何建设首都北京，备受各方关注。1950年1月31日，彭真代表市委提出市政建设方针："服务于人民大众，服务于生产，服务于党中央和中央人民政府。"[1]在百废待兴、财力有限的情况下，市政府以治理贫民居住区作为施政的切入点。

龙须沟是横贯城南的一条明沟，臭气熏天，蚊蝇滋生，传染疾病，下大雨时常淹没房屋、溺亡儿童。1950年2月，市二届二次各界人民代表会议决定根治龙须沟。通过两期工程，修通了下水道、公路，开通了电车和自来水。之后，8条像龙须沟这样的臭水沟得到根治。同时，清理垃圾，疏浚河湖，建设公园。治理龙须沟成为全国爱国卫生运动的范例。刚从美

---

[1] 彭真：《庆祝北京解放一周年》，《人民日报》1950年2月1日第1版，中共北京市委编：《站在革命和建设的最前线》，北京出版社1992年版，第121页。

治理前（上）与治理后（下）的龙须沟

国归来的作家老舍先生，看到北京翻天覆地的变化，满含深情地创作了话剧《龙须沟》。北京人艺首演就轰动京城，接着搬上荧屏，蜚声国内外。很多人就是通过这个剧目认识新中国、了解共产党的。

为统一对城市规划建设的领导，早在1949年5月，北平市都市计划委员会在北海公园画舫亭成立，叶剑英任主任委员（之后聂荣臻、彭真任市长时也兼任此职），梁思成、林徽因、华南圭等专家为委员。9月，苏联城市建设专家组抵平后，分头调研。行政中心安排在旧城还是西郊，是专家们争论最多的问题。市委研究室到月坛以西、公主坟以东一带实地调查后，认为可用地段狭小，不能满足建设新的行政中心的需要[1]。而旧城内原有房屋和市政设施尚可利用，建设新城也受时间和财力限制。经综合权衡，中央和市委采纳了把行政中心放在旧城的意见。这是基于当时历史条件和认识水平作出的选择。1952年，北京市提出城市规划的甲、乙两个方案，行政中心放在旧城。

随着大规模建设的开始，北京城市建设也出现了"盲目和被动"的问题。1953年6月，市委成立规划领导小组，加快编制总体规划。11月，形

---

[1] 马句口述，苏峰整理：《回忆彭真与梁思成的交往》，《中共党史研究》2014年第7期。

成《改建与扩建北京市规划草案的要点》，提出"三为"方针——为中央服务、为生产服务、为劳动人民服务，明确6条指导原则[1]；设计经过20年左右，首都人口发展到500万人左右、市区面积扩大到600平方公里左右。

国家计委论证后，向中央提出审议报告，认为《改建与扩建北京市规划草案的要点》的总方针、各项原则基本正确，同意"首都应该成为我国政治、经济和文化的中心"的提法，不赞成建设"强大的工业基地"的设想，认为规划存在人口规模大、道路太宽等问题。

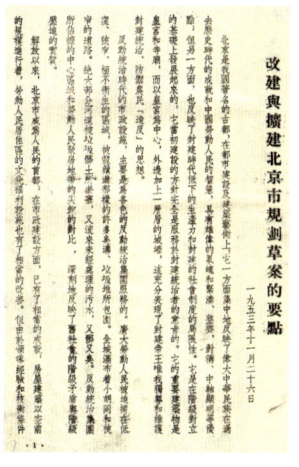

《改建与扩建北京市规划草案的要点》

二、开展社会主义改造

新民主主义革命胜利为社会主义革命创造了条件。根据新中国成立后3年间我国经济成分的实际变化，1953年中共中央提出向社会主义过渡的总路线[2]。

提倡个体农民"组织起来"，走共同富裕的社会主义道路。在建立和

---

[1] （1）以全市中心区作为中央首脑机关所在地；（2）将北京建设成为中国政治、经济、文化中心，特别是强大的工业基地和技术科学中心；（3）改建与扩建首都从历史形成的城市基础出发，既要保留和发展合乎人民需要的风格和优点，又要打破旧的格局限制和束缚；（4）对于古代遗留下来的建筑物，去其糟粕，留其精华；（5）改造道路系统尽可能从现状出发，但也不能过多地为现状所限制；（6）有步骤地改变北京缺乏必要的水源、多风沙的自然条件。

[2] 1953年6月15日，毛泽东在中央政治局扩大会议上首次提出了党在过渡时期总路线的基本内容，后来正式表述为："从中华人民共和国成立，到社会主义改造基本完成，这是一个过渡时期。党在这个过渡时期的总路线和总任务，是要在一个相当长的时期内，逐步实现国家的社会主义工业化，并逐步实现国家对农业、对手工业和对资本主义工商业的社会主义改造。"

推广互助组的基础上,京郊试办10个农业生产合作社。1953年至1955年上半年,着重发展初级社。房山南韩继村的徐庆文复员回乡后,用转业费给合作社买了1头驴、30头猪、80只羊,解决了牲口和肥料不足的困难。除徐庆文外,还涌现出李墨林、李宗和、燕贺春、梁贵、于潮凯、吴春山、刘宗悦等一批得到群众认可的带头人。

京郊农民秧歌队庆祝合作化

经济恢复时期,手工业生产合作社多属自救性质,为手工业合作化打下了初步基础。1953年10月,在宣传过渡时期总路线的形势下,手工业者申请加入合作社的热情高涨。同时,也出现盲目追求高级形式以及随之而来的产品质量下降问题。1954年,市委专门发出指示,对特种手工艺行业进行调查,成立玉器、牙雕、景泰蓝等7个行业合作社,制定保护艺人的具体措施,注意保护发展特种手工艺。

在听取国务院手工业管理局汇报时,毛泽东以北京手工业为例说:"手工业的各行各业都是做好事的。吃的、穿的、用的都有。还有工艺美术品,什么景泰蓝,什么'葡萄常五处女'的葡萄……手工业中许多好东西,不要搞掉了。王麻子、张小泉的刀剪一万年也不要搞掉。"①

对资本主义工商业改造,采取委托加工、计划定购、统购包销等国家资本主义形式,逐步向高级形式的公私合营过渡。在北平刚刚解放时,百业凋敝,双合盛啤酒厂主动请求政府合营,是全市第一家公私合营企业。享誉海内外的"乐家老号"同仁堂药店,在北平解放前夕只能勉强度日。在政府的扶持下,乐氏四大房1953年的年收益相当于1949年至1952年平均年收益的3倍。1954年至1955年上半年,北京市对信誉好、影响大的私企大户实行合营。同仁堂经理乐松生积极申请合营,起到良好的带头作用。

1955年夏季起,全国各地农业合作化形成高潮,进而带动手工业、资本主义工商业改造不断加速。1956年1月15日,为庆祝北京率先胜利完成社会主义改造,首都各界20多万人,在天安门广场举行大会,毛泽东、刘少奇、周恩来等党和国家领导及在京参加知识分子问题会议的各省市自治区负责人出席。彭真在会上宣布:"我们的首都已经进入了社会主义社会。"

在过渡时期,党创造性地开辟出一条适合中国特点的社会主义改造的道路。和全国一样,北京市也存在后期要求过急、工作过粗、改变过快、形式过于简单的问题。

三、掀起社会主义建设热潮

随着国民经济全面恢复和抗美援朝战争基本结束,中共中央决定从1953年起执行第一个五年计划(1953—1957),向社会主义工业化迈开了前进步伐。怀着对美好生活的向往,怀着对国家强大的期盼,中国人民在党的带领下,掀起了社会主义建设热潮。

---

① 毛泽东:《加快手工业的社会主义改造》(1956年3月4日),《毛泽东文集》第七卷,中央文献出版社1999年版,第12页。

北京各行业职工表现出高度的爱国精神和劳动热情,涌现出大批劳动模范和先进生产者。市委十分重视发挥劳模作用,1953年2月在中山公园召开全市第一次劳动模范代表大会。1954年1月,北京苏联展览馆(今北京展览馆)工地上诞生了全国建筑工地第一支青年突击队。共产党员、队长胡耀林带领17名团员以181个工日,完成原计划用478个工日的任务。经团中央推广,全国各条战线也迅速掀起成立青年突击队的热潮。

1955年6月,北京青年掀起"争做一个社会主义建设积极分子"的热潮,勤奋工作,刻苦钻研,提高效率。8月,北京成立全国第一支青年志愿垦荒队,队长杨华带领队员在黑龙江萝北县荒原上安家落户,一年多时间垦荒3000亩[①]。异常艰苦的垦荒生活,使个别人思想动摇了,杨华带头发誓"做个垦荒战士,不做逃兵",团结队员扎根荒原。30年后,面对各种疑问,他坦诚地说:"人在实践了自己的理想信念之后,还有什么

胡耀林(前左二,1922—1986)与队员们在北京苏联展览馆工地展示第一面"青年突击队"大旗

---

① 每亩约合667平方米。

不满足的呢？"①

与皇家园林相邻并见证民族屈辱的中关村，开始由乡村向科学城变身。1951年11月，近代物理研究所大楼（后称原子能楼）破土动工，1954年1月正式建成启用。随后，中科院各研究单位，如电子研究所、自动化研究所、计算技术研究所和力学研究所相继在中关村一带建成。其间，"八大学

1955年8月30日，北京青年志愿垦荒队前往北大荒，队长杨华（左三，1932—2017）向亲友告别

院"②也建立起来，加上原有的北京大学、清华大学，构成中关村科学城。中国众多优秀科学家，包括从海外归国的钱三强、钱学森、邓稼先、华罗庚等一批世界知名学者，会聚于此。他们用赤子之心、报国之志，书写了中华民族奋发图强、永攀科技高峰的辉煌历史。

在这个火红的年代，北京城市面貌日新月异：东郊是一片热火朝天的工业区，西郊百万庄、三里河一带幢幢高楼拔地而起，南城昔日破败的陶然亭、金鱼池变成美丽的公园。诗人臧克家情不自禁地赞美："我爱新北京，我爱陶然亭变成了整洁的公园。我爱金鱼池，那一湾臭水，今天清亮得照出人影。"③

---

① 中共北京市委组织部、中共北京市委党史研究室编：《向榜样学习》，北京出版社2016年版，第66页。

② 指1953年暑期基本完工的8所学院校舍，即北京矿业学院、北京钢铁学院、北京石油学院、北京航空学院、北京地质学院、北京农业机械化学院、北京林学院和北京医学院。

③ 臧克家：《我爱新北京》，《北京日报》1954年9月28日。

思考题

1. 新中国成立初期,党和人民面临着哪些严峻的考验和困难?
2. 社会主义建设热潮中涌现的先进集体和劳动模范,对今天干部勇于担当有什么启示?
3. 北京党组织加强自身建设的历史对今天党的建设有什么启示?

延伸阅读

1. 庞松:《毛泽东时代的中国(1949—1976)》,中共党史出版社2003年版。
2. 中共北京市委党史研究室、北京市公安局编:《荡涤污垢——建国初期北京公安工作纪事》,北京出版社2000年版。

第六章　探索发展

——奠定首都社会主义事业的基础

（1956—1966）

1956年社会主义改造的基本完成，标志着社会主义基本经济制度的建立，开启了党领导各族人民探索全面建设社会主义的发展历程。市委市政府不断完善城市总体规划，带领全市人民提前超额完成"一五"计划，兴建国庆十大工程等公共建筑，改善京郊农田水利设施，初步建立起了比较完整的工业体系。面对困难局面，经过全面调整，北京国民经济得到比较顺利的恢复和发展，初步实现"从消费城市到生产城市"的转变，奠定了首都社会主义事业的基础。

第一节　万象更新

如何正确认识国情、走中国自己的社会主义建设道路，党的八大指明了努力方向。北京认真贯彻落实党的八大精神，制定北京城市建设总体规划，努力建设社会主义生产城市，超额完成"一五"计划，各项事业迅速发展，整个社会呈现出生机勃勃、万象更新的可喜面貌。

一、学习贯彻八大精神

毛泽东1956年4月在《论十大关系》中提出以苏为鉴，"开始提出自己的建设路线"，为党执政后首次召开的全国代表大会——八大①作了重要理论准备。党的八大正确分析了国内形势和国内主要矛盾的变化，作出工作重点转移到社会主义建设、发展生产力上来的重大战略决策。

8月2日至14日，北京市第二次党代会召开②，着重讨论党对经济工作

---

① 1956年9月15日至27日，党的八大召开。大会提出国内主要矛盾已经转化为人民对于建立先进的工业国的要求同落后的农业国的现实之间的矛盾，是人民对于经济文化迅速发展的需要同当前经济文化不能满足人民需要的状况之间的矛盾。这一矛盾的实质，是先进的社会主义制度同落后的社会生产之间的矛盾。解决这个矛盾的办法是发展社会生产力，实行大规模的经济建设。八届一中全会选举毛泽东为中央委员会主席，刘少奇、周恩来、朱德、陈云为副主席，邓小平为总书记。

② 因距第一次党代会时间较短，经中央批准，没有重新选举中共北京市委的领导机构。

的领导问题,为迎接八大召开作了积极准备。八大会议期间,北京市代表、市委第二书记刘仁就首都社会主义改造和建设作典型发言,指出北京正从一个落后的消费城市逐步变为社会主义的生产城市,北京不仅应是全国的政治中心和文化科学中心,同时也应该建设成为工业城市。

1956年8月2日至14日,中国共产党北京市第二次代表大会召开,市委第二书记刘仁代表市委作工作报告。图为相关报道

八大闭幕后,北京市组织全市党组织和党员干部认真学习八大报告精神,从10月至12月,通过各种形式学习和宣传八大精神和新党章,全市党员干部进一步理解了党所面临的形势任务,营造出全面建设社会主义的良好氛围。北京还结合实际工作,制定落实八大精神的经济政策,克服"三大改造"后期的工作偏差。农村开展民主整社运动,完善财务管理和分配制度。城市建立手工业合作社集体福利制度,退还私营工商业非自愿的新增投资。其中,尤以发展生产力、重点建设工业最为突出。

石景山钢铁厂(以下简称"石钢")是北京的重点工业企业,中央和北京都给予了高度重视和大力支持。为支持石钢建设以3号高炉、3号焦炉和烧结车间为主的三大扩建工程,冶金工业部先后投资2.4亿元,实行投资大包干办法，使其年生产能力大幅提高。1958年5月28日，朱德为石钢扩建工程开工剪彩，此后多次视察督促。7月初，刘少奇到石钢调查研究5天，和施工人员一起劳动，极大地鼓舞了干部职工的建设热情。9月，长满玉米的土地上，仅14天时间，就竖立起一座年产10万吨的转炉车间，结束石钢有铁无钢的历史。1959年5月，3号高炉建成投产，生产能力提高1倍多，3号焦炉（65孔）投产，生产能力提高1倍；9月，烧结车间竣工投产。1960年9月，石钢在河北迁安地区建设的大石河铁矿和选矿厂投入生产，结束石钢有铁无矿的历史。1961年5月，年产30万吨中小型钢材生产线投入生产，结束了石钢有铁无材的历史①。

1958年5月28日，石钢扩建工程举行开工典礼

把北京从消费城市变为生产城市，是在当时世界工业化发展浪潮、国家发展需要和改善群众生活背景下作出的决策部署，有着鲜明的时代特征和现实需要。受历史和时代所限，对北京作为首都如何定位，并进一步明确其城市性质及功能分工，则需要一个逐步深入的认识过程。

---

① 首钢党委组织部、首钢档案馆编：《首钢足迹（1919—2009）》（上），中央文献出版社2009年版，第119～127页。

二、制定北京城市建设总体规划

为尽快统一对北京城市建设总体规划的认识，1955年4月苏联专家组①抵京后，北京市委改组都市计划委员会，成立专家工作室和都市规划委员会，抽调技术骨干分成8个组在对口专家指导下工作。

根据彭真提出、毛泽东同意的"今天的计划要考虑到今后发展的需要"的意见，经系统调查和充分研讨，1957年初，专家和各业务组每次研讨整理而成的简报已达600多期，再加上4次大规模规划展览，广泛听取中外各界7000余人（包括中央和北京市级党政负责同志、各界人士、参加中共八大的35个国家共产党和工人党代表）意见，3月形成《北京城市建设总体规划初步方案》。又经过1年多修改补充，1958年6月，以草案形式印发各单位执行，并上报中央②。该方案丰富和细化了1953年的《改建与扩建北京市规划草案的要点》，参考莫斯科总体规划，坚持北京建设大工业基地的思想，首次提出建设南口、昌平、顺义、长辛店、通州等40多个大小不一的卫星镇，和市区组成"子母城"城市布局，并提出在市区外围修建3个公路环，把各个卫星镇联系起来③。

根据中央在农村建立人民公社的决议，1958年9月，北京结合行政区划调整④，再次修订城市总体规划，形成《北京市总体规划方案（草稿）》，

---

① 苏联专家组共有城市规划、交通、上下水道、煤气供应、热电、城市经济、建筑设计、建筑施工等方面专家9人，1957年底合同期满回国。据不完全统计，9位专家共讲课约216次，整理编印的部分讲稿有17册150多万字。

② 北京市地方志编纂委员会编：《北京志·城乡规划卷·规划志》，北京出版社2013年版，第39～42页。

③ 北京建设史书编辑委员会编辑部编：《建国以来的北京城市建设资料》第一卷，内部资料，1995年，第237～240页。

④ 经过几次大规模行政区划调整，到1958年底，北京市初步形成13区4县的区划格局，大部分区县名称沿用至今。全市行政区总面积扩大至16808平方公里，是1949年的23倍多。

扩大了市域范围和地区卫星城镇的规模,压缩了市区规模,提出"分散集团式"布局并在集团之间部署成片绿地,工业发展上提出控制市区、发展远郊区的设想[1]。由于国民经济严重困难和国际形势变化,

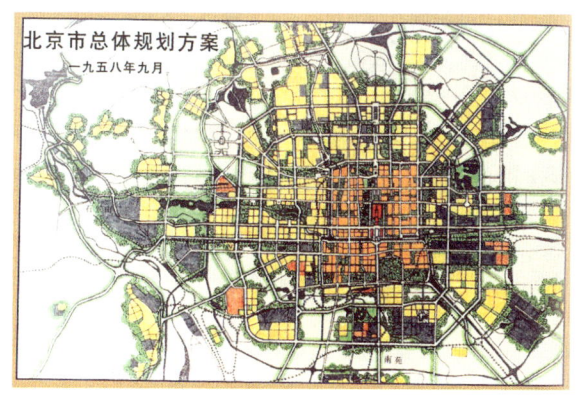

1958年9月,修订后的《北京市总体规划方案》示意图

该方案于1959年上报中央书记处后,没有得到正式批复。但北京城市建设实际是按照这个规划思路开展的。

1964年3月,国务院副总理李富春提出严格控制北京市区规模的建议,得到中央批准,"必须下决心改变北京现在这种分散建设、毫无限制、各自为政和大量占农田的不合理现象。凡是不应该在北京建设的单位,不要挤在北京进行建设"[2]。"文化大革命"爆发后,北京城市建设总体规划暂停执行,1969年市规划局[3]被撤销,北京城市建设处于无规划状态。

尽管存在工厂集中在市区、卫星镇建设分散、城市基础设施配套不足等问题,但这一时期的北京城市建设规划基本做到了科学谋划、着眼长远,初步形成了西北高等院校区和若干个工业区,在城市布局、人口规模、道路建设、绿地河湖等方面都预留了相当大的发展余地。

---

[1] 北京建设史书编辑委员会编辑部编:《建国以来的北京城市建设资料》第一卷,内部资料,1995年,第247~250页。

[2] 北京市地方志编纂委员会编:《北京志·城乡规划卷·规划志》,北京出版社2013年版,第74页。

[3] 1972年北京市规划局恢复。1973年万里副市长主持修订《关于北京城市建设总体规划中几个问题的请示报告》并上报市委,后被搁置,未予讨论。

三、超额完成"一五"计划

1953年开始执行的国民经济第一个五年计划，是我国大规模现代化经济建设的开端。党的八大作出工作重点转移到社会主义建设上来的重大决策，北京各方面建设进程加快，首都的生产能力、城市面貌、人民生活水平都前进了一大步，超额完成"一五"计划原定指标。

"一五"时期，北京市工业基本建设投资总额达9.49亿元，全市新建工业企业41个，改建、扩建329个，全市工业建设取得重要突破。北京电子管厂、北京战略火箭生产总厂和金属结构厂，均为苏联援助建设的重点项目。其中，作为新中国第一家大型综合电子元件制造企业，北京电子管厂从筹建到形成生产能力，仅用了1年时间。1956年10月，北京电子管厂举行开工典礼。电子管是无线电产品的心脏，应用非常广泛。但制造难度大，需要几千种原料，又因体积小，必须依靠显微镜才能装配，我国只能生产少数普通电子管。为攻克这个重大技术难题，负责建厂的技术总负责人罗沛霖可谓劳苦功高。

罗沛霖是新中国电子工业奠基人和开拓者，经历非常传奇。1937年，他从国统区广西借出差之机，跑到西安八路军办事处写自荐信，林伯渠亲自接待这位放弃每月120块大洋的待遇，甘愿到延安参加革命的年轻人。1947年，在重庆的罗沛霖带着地下党拨给他的500美元，前往美国加州理工学院攻读博士学位。1950年朝鲜战争爆发，因与钱学森关系密切，罗沛霖被美国联邦调查局监控。同年，他提前完成答辩，躲过监控，迅速回国。罗沛霖满怀热情地投入工厂筹建和产品设计中，带领技术人员攻坚克难，1957年成功制造十几种产品，为建设工厂奠定坚实基础[①]。

根据"为中央服务、为生产服务、为劳动人民服务"的首都建设总方针，北京城市建设大面积铺开。为便利中央机关办公，北京协助整修中

[①] 北京电子管厂后发展成为中国电子工业和国防工业的骨干企业，曾是中国最大、亚洲最强的电子元器件厂，是显示领域巨头京东方的前身。

1955年9月，北京市百货公司王府井商店（今北京市百货大楼）开业

南海、兴建全国政协礼堂；在长安街、朝内大街、公主坟、三里河、百万庄、和平里等地兴建大批中央和部队机关办公用房，特别是1957年2月三里河建成的"四部一会"①办公楼，是新中国成立后北京第一批砖混结构建筑，典雅大气的建筑群至今为人称道。"一五"时期，全市基础设施建设共投资8.3亿元，城市供水量增加4.4倍，陆续建成北京饭店西楼、友谊宾馆、西苑饭店等接待服务设施。房屋总竣工面积达1700万平方米，相当于1949年初整个北京城的房屋建筑面积。

"一五"时期，我国工业总产值年均增长速度达18%，是新中国成立后经济效益最好的时期之一。北京作为首都，工业的长足发展，农业、城市建设以及社会各方面的欣欣向荣，表现得尤为突出。1957年全市工业总产值达19.1亿元，是1949年的19倍。人民生活水平提高，人均消费支出达121元，比1952年增长89%。"难忘的1957"，人们常说的这句话很好地反映了北京人民对首都各方面建设的高度肯定，对社会主义光明前景的殷切期待。

---

① "四部"指国家一机部、二机部、重工业部、地质部，"一会"指国家计划委员会。

第二节　艰辛探索

加强执政党的建设，更好地带领全国人民建设社会主义，是开展整风运动的初衷。为尽快改变我国贫穷落后的面貌，党中央发动"大跃进"和人民公社化运动。北京各条战线也掀起"大跃进"热潮。尽管实践证明这个努力是不成功的，但北京党组织和人民群众付出了热情努力，也取得了不少建设成果，涌现出一批劳动模范。

一、整风运动与反右派斗争

1956年波匈事件引发中央领导人对国内外局势及人民内部矛盾问题的思考。为克服官僚主义、宗派主义和主观主义，正确处理人民内部矛盾，密切党群关系，改进党的作风，根据党的八大提出的开展全党整风的要求，1957年4月27日，中央发出《关于整风运动的指示》；5月2日，《人民日报》发表《为什么要整风？》，拉开了全党整风运动的序幕。

5月8日，市委召开扩大会议，制定各级党组织整风运动计划，并征求党内外人士意见。5月16日，市委发出《关于开展整风运动计划的通知》，明确整风运动的基本原则、内容和方法，并成立整风领导小组及办公室。运动原定党内开展，主题是正确处理人民内部矛盾，通过学习和讨论，研究分析工作中存在的问题，检查思想作风、改进工作。

市委共部署3批整风运动。第一批5月中旬至6月中旬，市级机关、

整风运动期间，北京机关干部在写大字报

工商界上层、民主党派、新闻文艺界和北京大学、清华大学、中国人民大学等高校开展大鸣大放，全市400个单位近20万人参加整风运动。第二批8月至12月，面向国营工矿企业和郊区农村，全市共有2300多个单位和149个乡，45万名职工、84万农村人口参加。第三批1957年12月至1958年4月，面向国营商业基层单位和公私合营企业职工、小商贩、手工业合作社社员、小学教师和街道居民。市区级机关组成工作组，分批分类指导运动开展[①]。

整风运动中，一些高校师生和民主党派人士提出不少中肯的意见和建议。但也有极少数人趁机攻击党的领导和社会主义制度，抹杀社会主义改造和建设成就，提出共产党退出机关、学校，要求"轮流坐庄"，把人民民主专政说成是官僚主义、宗派主义和主观主义的根源。这些情况引起党中央警觉，运动重点开始由党内整风转向反击右派。

1957年6月8日，中共中央发出《关于组织力量准备反击右派分子进攻的指示》。同日，《人民日报》发表社论《这是为什么？》，反右派斗争

[①] 《关于北京市的整风运动》（1957年10月28日），北京市档案馆、中共北京市委党史研究室编：《北京市重要文献选编》（1957），中国档案出版社2003年版，第721～722页。

开始。尽管运动初期北京市委注意把握尺度，多次下发文件，采取树立"中右"标准、必须报市委批准等办法，以缩小打击面，但这些要求在迅速升级的群众批判运动前起不到约束作用，反右派斗争逐渐扩大化。到1958年夏天斗争结束时，北京市共划定"右派分子"12058名，按"右派分子"处理的有11343名[①]。

反击极少数右派分子对社会主义的攻击，是正确且必要的。但反右派斗争被严重地扩大化，使党探索中国社会主义建设道路的良好开端遭受挫折，其最严重后果是动摇和修改了党的八大关于我国社会主要矛盾的正确判断。

二、"大跃进"运动与人民公社化运动

1958年是"二五"计划开局之年。1月1日，《人民日报》发表社论《乘风破浪》，再次提出15年超过英国的目标。5月，党的八大二次会议全面吹响"大跃进"号角。农业方面"以粮为纲"，工业方面"以钢为纲"，掀起了高速度建设社会主义的热潮。

怀着早日改变落后面貌的美好愿望，北京各条战线也纷纷"跃进"。工业战线提出"大干五年把首都建设成一个现代化工业城市"。1957年北京仅生产2.8万吨钢，1958年北京钢产量任务激增至20万吨。市委把1958年7月16日至8月16日列为支援工业"大跃进"的"运动月"，掀起全民大炼钢热潮。为完成任务，10月26日，市委组织70万人参加"钢铁星期天"运动。这一天，男女老少废寝忘食24小时连续作业。马路边和机关后院都架起土炉子，把做饭的铁锅砸碎了"炼钢"。石景山钢铁厂在高炉炉台上建起小炉子，把铁水倒入炉子里"炼钢"，把好铁炼成了废钢……

[①] 根据中央部署，1959年至1964年，北京曾分批摘掉一部分"右派分子"的帽子。到1981年，北京复查11780名"右派分子"，绝大多数人被平反，并按恢复公职、安排工作、调整工资、补发抚恤费、消除影响等办法落实了政策。

这一天全市炼钢5688吨,其中土法炼钢4400多吨。一些市委领导对此有清醒认识,果断制止了通过拆掉王府井便道铁护栏、北京饭店铜门环和铜扣,以及居民砸锅等方式来"炼钢"的荒唐想法和做法,并到石景山钢铁厂、市第一机床厂、清华大学等地强调,要靠新技术完成增产指标[①]。但在当时全面"跃进"热潮下,约束力非常有限。1958年底,北京市宣布生产约15.9万吨钢,但合格的只有12万吨左右。

在各地纷纷建立人民公社、小社并大社的风潮下,1958年4月,顺义区开始并社工作。龙湾屯乡把乡、农业社、供销社、信贷社合为一体,办起"四合一"大社。河南村、沿河村等地也办起"三合一""二合一"大社。6月,市委召开郊区区(县)委书记会议研究并社问题后,顺义迅速行动,当月底,全区19个乡414个农业生产合作社合并为8个大社,取名红星、火箭、先锋、东风、七一、东方红、红旗、卫星合作农场。8月,中央开始推广农村人民公社,全市郊区仅用1个多月时间就基本实现人民公社化。根据"一大二公"[②]特点,全市人民公社平均有10550户(5万人)、10万亩耕地,生产资料及其他公共财产全部归公社。

1958年10月19日,北京宣武机械厂工人在大炼钢铁

9月,椿树、二龙路、北新桥、石景山、体育馆路等5个街道开展合并工作,北京开始试办城市人民公社。10月,东城区原有26个街道合并成10个。中央将此做法普遍推广后,北京又成立了33个城市人民公社。

---

① 中共北京市委《刘仁传》编写组:《刘仁传》,北京出版社2000年版,第389～393页。
② "一大二公"指规模大和生产资料公有化程度高。

为给首都和全国人民提供一个共产主义社会的样板，根据"住宅公寓化、生活集体化、取消家庭厨房"的设计理念，北京市决定在东城区北官厅、西城区福绥境、崇文区安化寺、宣武区白纸坊各建1座公社大楼（又名共产主义大厦）。1960年至1961年，安化楼、北官厅大楼、福绥境大楼①相继落成。3座公社大楼都高8～9层，在连片低矮平房间拔地而起，鹤立鸡群。大楼内设有电梯、吊灯、公共食堂、幼儿园、小卖部、理发室、活动室，能同时容纳数百人甚至上千人就餐、活动。住户必须经过严格政治审查，才能过上人人称羡的"楼上楼下，电灯电话"生活。

由于主观设想与客观实际不符，又不断发生"平调"②事件，得不到群众拥护，城市人民公社逐渐被冷落。公社大楼也遭遇挫折，白纸坊大楼因资金不足未能动工；食堂入不敷出，人们在大楼里搭起厨房，支起锅灶；电梯因电力供应不足成为摆设。1962年，城市人民公社实行政社分开，恢复街道办事处。1983年，党中央提出政社分设，农村人民公社恢复乡镇建制，"公社"终于走进历史。

三、兴建国庆十大工程

为庆祝中华人民共和国成立10周年，党中央、国务院决定改扩建天安门广场、建设万人大会堂等十大建筑③，由北京负责组织设计和施工。北京

---

① 作为"大跃进"时期的标志性建筑，福绥境大楼成为3座公社大楼仅存的"硕果"，被列入北京市第一批近现代历史保护建筑名录，被当作"凝固的历史"保留下来。
② "平调"即"一平二调"，人民公社内部所实行的平均主义的供给制、食堂制（一平），对生产队的劳力、财物无偿调拨（二调）。
③ 最开始定的是万人大会堂、革命博物馆、历史博物馆、国家大剧院、军事博物馆、科技馆、艺术展览馆、民族文化宫、农业展览馆和苏联展览馆。由于国民经济困难，党中央不愿大兴土木，调整了原有计划，最终定为人民大会堂、中国革命历史博物馆、中国人民革命军事博物馆、民族文化宫、中国农业展览馆、北京工人体育场、北京火车站、钓鱼台国宾馆、民族饭店和华侨大厦。

高度重视国庆工程,发扬集中力量办大事的优良传统,约请全国专家一起参与设计,精心组织施工队伍,切实保证工程质量,确保如期完工。

改扩建天安门广场是国庆工程的核心项目。根据毛泽东"反映中国历史悠久、地大物博、人口众多的特点"和周恩来"古今中外,

人民大会堂建设工地

一切精华,皆为我用"的指导思想,市委确定庄严宏伟、气魄要大的规划特点,在20多个规划方案基础上形成综合方案。改扩建天安门广场政治性强、工程大、标准高、工期短,还要在不断绝交通的条件下进行,需要多方协作、排除交叉干扰,工程难度非常大。工程技术人员和施工人员积极发挥聪明才智,持续奋战在施工现场,克服了一个又一个难题。1959年9月1日,天安门广场改造竣工,面积达40公顷,较1955年规模扩大两倍半,可供50万群众集会。

作为国庆工程重中之重,人民大会堂这座世界上最大的会堂建筑,从规划、设计到施工,只用了380天,创造了中外建筑史上的奇迹,其精美程度,不但远远超过我国原有同类建筑水平,在世界上也是一流水平。1959年9月9日,毛泽东视察时,听说万人大会堂只用了10个月便建成,但建筑总面积比故宫还大,他高兴地夸赞北京市领导有方,并将其命名为"人民大会堂"。

首都群众为十大建筑顺利完工作出了巨大贡献。建设需拆迁2.1万间民房,而拆迁周转房只有5000余间,缺口很大,但拆迁群众积极响应号召,主动投亲靠友,自愿紧缩住房,4000余户居民仅用1个多月就搬迁完毕。北京市为缓解拆迁户住房问题,腾出材料、资金和劳动力,在和平

里、夕照寺、虎坊路、三里屯等处修建30万平方米周转房。中央、市政府等机关单位也献出7.8万平方米房屋。为做好后续工作，1959年至1960年北京市两次回访拆迁户，1964年初全面复查，增拨房屋909间，妥善处理需要重新安置的1026户居民，80%的群众拆迁后或增加住房面积，或改善居住条件，切实解决了群众困难和遗留问题①。

凝聚着全国人民智慧和心血的国庆十大建筑从设计、施工到竣工，坚持质量第一，没有出现任何建筑质量事故。经历几十年自然侵蚀和邢台、唐山等大地震考验，至今仍巍然屹立，成为新中国首都面貌和国家形象的重要标志性建筑。

四、兴修密云水库等水利工程

水资源匮乏是长期制约北京经济建设和城市发展的一大问题。根据党中央、国务院关于大规模兴修农田水利的决定，北京掀起了建设水利工程的热潮。

十三陵水库、怀柔水库和密云水库于1958年相继开工。总库容8000万立方米的十三陵水库经过160个昼夜奋战奇迹般建成，总库容9800万立方米的怀柔水库则经过130天奋战落成。总库容43.75亿立方米、控制潮白河1.6万平方公里流域面积的密云水库，是北京、河北和水利电力部联合筹建的华北地区最大水库。22万建设大军顶严寒、斗酷暑，昼夜施工，于1960年9月1日如期建成水库，实现了"一年拦洪、两年建成"的目标，被周总理赞为"放在首都人民头上的一盆清水"，创造了新中国水利建设的奇迹。

水库建设过程中，毛泽东、周恩来、刘少奇、朱德、陈云、邓小平、彭真、彭德怀等党和国家领导人都到工地劳动，解放军战士和北京、河北

---

① 中共北京市委党史研究室编：《社会主义时期中共北京党史纪事》第四辑，人民出版社1998年版，第115～116页。

周边群众热情参与，涌现出一大批先进人物和先进集体，成为创造一个个建设奇迹的伟大动力。由留美归来的清华大学教授张光斗带领的1958、1959两届年轻学子，常驻工地，"真刀真枪"地操练。他们大胆创新，运用大面积深覆盖层混凝土防渗墙、高土坝薄黏性土斜墙等许多国内首创先进技术。当他发现黏性土斜墙下面有虚土时，要求返工，用黏土夯实，不盲目"放卫星"，保障施工质量。

密云城关公社的10名姑娘，从怀柔水库工地转战来到这里，组成"十姐妹突击队"。姑娘们为了在崎岖工地上把小车推得又快又好，在队长王建华带领下，早起勤学苦练，终于掌握了推车技术。开挖潮河明渠时，她们小车装

1960年3月15日，十姐妹突击队队员合影

得满、跑得快，是日定额的三四倍。她们向"十兄弟"等青年突击队发出挑战，还编了一首歌谣鼓舞士气："穆桂英在这块大地上摆过战场，我们在这里修筑'天堂'；穆桂英为宋朝大破天门阵，我们为人民降服老龙王。"1年多的时间里，她们获得5面奖旗、1张奖状，还出席了北京市妇女积极分子大会。

河北宝坻（现属天津）44个青年组成"生龙活虎突击队"，10个月完成33个月的工作量；宝坻姑娘杨桂荣，负责一个千人就餐大食堂，粗粮细作，经常变化饭菜花样，人称"好后勤"；河北霸县（今霸州市）青年农民阎尔泰，运土能推千斤车、敢挑六筐土，一班完成两三个定额，被评为特等先进生产者[①]。他们这种出大力流大汗、苦干巧干拼命干的拼搏奋战精神，激励着工地每一名建设者。

[①] 中共北京市委党史研究室编：《华北明珠——密云水库建设纪实》，北京出版社1995年版，第36～37页、第39页。

密云水库建成后，北京郊区又开工建设北台上（今雁栖湖）、桃峪口、海子（今金海湖）等10余座中小型水库，建成一批灌溉区。开挖密云水库调节池和京密引水渠，解决城市居民生活用水和农业灌溉用水。大规模兴修水利，发展农田灌溉，为农业恢复发展和城市建设作出了积极贡献。密云水库等水利工程不仅在当时发挥了作用，今天也仍然发挥着效益。

五、英模辈出

全面建设社会主义的热潮中，英模辈出，涌现出一大批可歌可泣、感人至深的劳动模范人物，他们成为全社会学习的先进代表，成为和平建设时代的英雄人物。

张秉贵（1918—1987）

1959年10月26日至11月8日，在刚落成的人民大会堂举行了全国群英会，出席大会的有6577人，代表着全国近30万个先进集体和300多万名先进工作者，是新中国成立10年来最隆重、最盛大的劳动模范表彰大会。北京市182名先进集体代表和先进生产者出席全国群英会，他们中有倪志福、张百发、张秉贵、时传祥、罗淑珍等[①]。

时传祥1930年由山东逃荒到北京，为了生存，成为一名淘粪工，受尽压迫和剥削，被称为"屎壳郎"。1952年，他加入北京市崇文区清洁队。工作环境的改善、劳动地位的提高，使时传祥感受到了尊重与平等，他把对新中国发自内心的感激和拥护化作搞好本职工作的动力，提出"宁愿一人脏，换来万人净"的口号，脏活累活抢着干，充满热情，任劳任怨。1956年他加入中国共产党，在全国群英会上作典型发言，受到国家主席刘少奇接见。为转变部分青年工人"怕脏""怕丑"的思想，年近半百、已

---

① 中共北京市委党史研究室编：《社会主义时期中共北京党史纪事》第四辑，人民出版社1998年版，第164～165页。

是全国著名劳动模范的时传祥，身体力行，手把手教。后来，他的儿子时纯利、孙女时新春也投身环卫一线工作，并先后获得全国五一劳动奖章。他"宁愿一人脏，换来万人净"的职业道德观，影响教育了几代人，至今仍在北京环卫队伍中传承。

全国著名劳动模范、海淀四季青合作社社长李墨林，为了让首都人民一年四季都有青菜吃，让老百姓吃到便宜放心的蔬菜，把整个身心都扑在温室种菜上。为了不冻着蔬菜，他把家里的窗玻璃卸下来装在温室里，自己家的窗户则拿白纸糊上。他团结科技人员，积极钻研温室生产技术，研发的高产、形大、味美的"北京刺儿瓜"新品种，被全国各地无偿引种，成为北京农业战线的一面光辉旗帜。

当时影响较大的电影《青年鲁班》，是根据李瑞环、张百发、胡四辈等事迹创作而成的。李瑞环多年坚持上夜校补文化课，创造出"放大样"工作法，改革传统木工工艺，解决了人民大会堂建设中的重大生产难题。电影根据这一故事情节，塑造了青年工人"李三辈"苦干加巧干的人物形象，好评如潮，全市工矿企业纷纷组织观看[1]。

这一时期的劳模事迹还有很多，如国营六一八厂钳工倪志福发明的三尖七刃麻花钻在国内外切削界引起重大反响；新中国第一代女邮递员罗淑珍创造连续21年投送信报360万件无差错佳绩；北京第一支钢筋工青年突击队队长张百发攻克人民大会堂工地的钢架跨越难关；北京清河制呢厂挡车工韩茶仙保持18年优质高产纪录；门头沟建新煤矿工人桂育鹏实现技术革新上百项；北京二七通信工厂铸造技师戴凤臣创造先进的"薄浇口浇铸法"，等等。

广大劳模以平凡的劳动创造了不平凡的业绩，铸就了"爱岗敬业、争创一流，艰苦奋斗、勇于创新，淡泊名利、甘于奉献"[2]的劳模精神，成为激励人们不断前进的宝贵精神财富。

---

[1] 张宝申：《上世纪五六十年代文艺作品中的"劳模"》，《北京晚报》2008年5月2日。
[2] 习近平：《在庆祝"五一"国际劳动节暨表彰全国劳动模范和先进工作者大会上的讲话》，《人民日报》2015年4月29日第2版。

第三节　全面调整

北京与全国其他地方一样，1959年至1961年国民经济遭遇前所未有的困难，生产生活全面紧张。如何解决这前所未有的严重困难？北京贯彻落实党中央调查研究、调整政策、纠正错误的指示，经过全面调整，各方面工作逐步走上正轨。但"四清"运动和意识形态领域"左"的错误又有所发展。

一、大兴调查研究之风

1958年11月，中央开始纠正"大跃进"和人民公社化运动中"左"的错误。当月底，市委理论刊物《前线》发刊词《站在革命和建设的最前线》，指出要"根据客观实际的可能性和必要性，最大限度发挥主观的能动性，以客观上可能的最高速度，健康地前进"，为北京市初步纠"左"奠定了基调。针对通州、顺义等地的社员意见，市委纠正"一平二调"、平均主义等做法，开始扭转紧张、混乱的局面。

1959年7月，庐山会议由纠"左"转而"反右"，加剧了"左"的错误，再加上严重自然灾害，中苏交恶，国民经济面临严重困难。1961年1月，毛泽东在党的八届九中全会上强调大兴调查研究之风，要求1961年成为实事求是、调查研究年。4月初，由邓小平、彭真直接带队的5个调查组，对顺义县北小营村、上辇村和怀柔县一渡河村、驸马庄、梭草村进行深入调研。市委和各部委、区县委也陆续派出调查组，深入基层调研，开展大规模的调查活动。

市、区两级共有30多个调查组，围绕农业、工业、商业、手工业、教育等内容，开展实地调查。农业方面，派出海淀区调查组、卢沟桥公社调查组、门头沟调查组；工矿企业中，派出石景山钢铁厂调查组、京西矿调查组和市第一机床厂调查组；商业方面，派出市委商业调查组、城区商业调查组和郊区商业调查组；

1961年4月，邓小平召开生产队干部座谈会记录

高校方面，深入北京大学、清华大学等8所高校开展调查，全市上下形成相互配合、协同联动的生动局面。调查一般采取召开座谈会、参加劳动、走访等形式，广泛听取基层干部和群众意见，引导他们说真话。充分了解意见后，结合中央精神和市委要求，提出解决措施，再向群众解释宣传。

市委第二书记刘仁率领的南苑公社调查组一下到基层，马上召开调查组和全体基层干部会议，明确调查重点是群众反映最强烈的问题、最迫切的要求。刘仁两次召开座谈会，了解到群众对公共食堂意见最大。经调查摸底，他主持召开调查组成员和公社各级领导干部会议，学习毛泽东批示的公共食堂调查报告，对照南苑公社实际情况，决定采取先试点后推广的办法。南苑公社在大红门大队所属4个小队开展试点，社队干部在全体社员群众大会上着重讲清"吃食堂是革命的，不吃食堂也是革命的"这个道理[1]。经广泛动员和认真讨论，不到10天，4个小队的社员主动退出公共食

---

[1] 政协北京市丰台区委员会文史资料委员会编：《丰台文史资料选编》第六辑，1994年1月，第4～5页。

堂。此后，南苑公社开展公共食堂大讨论，全公社130个生产队、近万户社员，两周后全部退出公共食堂。

经过这次大规模调查活动，北京市基本掌握了各方面实际情况。1961年5月至1962年1月，市委先后向中央、华北局报送9个专题报告、32个典型事例，为中央决策提供了重要的第一手材料。

二、各领域全面调整

党的八届九中全会决定对国民经济实施"调整、巩固、充实、提高"八字方针，中央先后制定人民公社、工业、手工业、商业、科学、教育、文艺等工作条例，为各领域全面调整提供了依据。

1962年5月29日至6月6日，中国共产党北京市第三次（届）代表大会召开，市委第二书记刘仁代表市委作工作报告。图为相关报道

1962年5月29日至6月6日，市第三次党代会在前门饭店召开，总结1957年11月市委二届二次会议以来的工作。刘仁代表市委向大会作工作报告，充分肯定了工业、农业、城建等10个方面取得的成就，检查了4年来工作中的缺点和错误，分析了产生的原因，提出要"精兵简政"，改进党

的作风。

根据中央八字方针精神,1961年到1965年,北京调整农村生产关系,压缩基本建设,缩短工业战线,调整政治和社会关系,各项事业得到恢复和发展。调整中,市委提出"高、精、尖"工业发展方向,保证重点项目建设。工业投资额逐年下降,由1960年的25917万元降至1961年的3482万元、1962年的1475万元。西郊鲁谷工业区3个机械工业大厂被压缩了规模,东郊垡头化工区只剩3家,其余停建[1]。同时,北京填平补齐重点工业企业,提升发展质量。1963年起,按照生产协作、专业分工原则,开展联合厂或总厂试点工作(实际是地区性托拉斯)。铸造行业调整前全市有195个铸造点,铸工1.2万人,分属中央18个部和地方13个局、10个区县,造成互不协作、产品雷同、低水平重复劳动、设备利用率低的局面。1964年开始试点协作化后,地方锻造行业将97个点集中到10个,其余逐步撤销。地方铸造行业将109个点集中到38个。全市成立铸锻总厂,下设9个专业厂,实行归口管理,取得显著成效。金星铸造厂调整后,集中7个点的设备、人员,负责16个厂的定点协作任务,出现"四高"(产量、质量、劳动生产率、设备利用率)、"二低"(消耗、成本)、"四少"(人员、厂房、设备、占用资金)的新局面,达到了增产、减人、提高劳动生产率和设备利用率的效果[2]。当时试办托拉斯更多的是优化企业行政管理,没有真正形成按价值规律运行的机制。

与此同时,北京贯彻中央精简城市职工的部署,至1963年底,精简职工63.02万人,同期增减相抵职工净减少36.61万人[3]。对主要商品实行凭证

---

[1] 北京市计划委员会编:《关于北京市地方工业两年来的调整情况和今后三年调整意见的报告(草稿)》,北京市档案馆馆藏资料,档案号:5-1-658。

[2] 中共北京市委工业生产委员会整理:《工业问题座谈会纪要(一)》(1965年4月17日),北京市档案馆馆藏资料,档案号:001-009-00577。

[3] 北京市地方志编纂委员会编:《北京志·综合经济管理卷·劳动志》,北京出版社1999年版,第91页。

供应，凭证范围由1959年下半年的12种增至1962年的102种①。调整社队规模，大力推广农业科学技术，1965年粮食总产量、蔬菜、猪出栏、鲜干果、牛奶等均有大幅增长。

此外，还推进政治和社会关系的调整，甄别平反"反右倾"运动中受错误处分者，调整知识分子政策和统战、民族宗教政策，纠正科技、教育和文艺等领域脱离实际的问题，取得初步成效。

三、先进党支部、优秀共产党员大批涌现

1963年开始，全国先后开展学雷锋、学毛主席著作、学解放军运动及工业学大庆、农业学大寨运动，北京积极响应，还提出向上海学习管理工业和整个经济工作的先进经验，推动技术革新运动。在全民思想政治教育广泛开展的背景下，为改善"大跃进"热潮中党员发展过快质量降低、部分党组织软弱涣散等问题，市委有针对性地培育本地典型，树立标杆，推出一批基层党支部先进典型。如工业战线的石景山钢铁厂白云石车间，农业战线的房山南韩继大队、怀柔一渡河大队，商业战线的房山"背篓商店"等。

1958年，白云石车间建立时，除少数工人骨干外，95%的职工来自农民、店员和小商贩。车间机械化程度低，劳动环境恶劣，职工思想涣散。1961年春节，全车间184人中有42人不请假就回家。钢铁厂党委因此调整了车间领导班子，派刘瑞田任车间党支部书记。上任第一天，刘瑞田就到最累的供料组劳动。他和支部新班子坚持与工人同劳动、同生活，常常和职工开"诸葛亮会"，大搞技术革新，把繁重的体力劳动转变为机械生产，改善厂房通风条件，减少粉尘和沥青对职工身体的伤害。新班子以身作则、吃苦耐劳、团结群众，特别是深入细致的思想政治工作，激发了全体职工内动力，涌现出29名先进生产者和"五好"青年，大大促进了车间生

---

① 《北京商业40年》编辑部编：《北京商业40年》，中国财政经济出版社1989年版，第223～224页。

产[①]。1964年8月,市委号召全市2万个基层党支部向白云石车间学习,全市工业系统掀起了学习热潮,涌现出电车公司无轨二路党支部、北京变压器厂二车间党支部、丰台机务段党支部、丰台西站驼峰党支部等一大批先进典型。

房山县周口店供销社黄山店分销店地处深山沟,这里交通和生活都不方便。1958年,大批社员到山上开展水土保持,兴修水利,下山买东西的时间更少了。为了方便群众生产生活,王砚香和其他5名职工商量:"社员生产这样忙,我们为什么不把货送上山去?"大家觉得送货这个想法不错,但又怕人员分散、卖货效率降低。王砚香决定自己先试一下,就用背篓装上煤油、酱油、食盐、成药等小百货上路了。

王砚香"背篓商店"送货到山区

他来到12里外的长流水村,村支部书记接待了他,生产队长搬来板凳、门板,方便他摆摊子,社员们奔走相告:"供销社送货来喽!"一篓商品很快卖光了。社员们意犹未尽,盼望王砚香能再送货来,并请他记下要买的货品。王砚香受到鼓舞,回到分销店讲了一天的经历,大伙纷纷表示今后就按这个方法办。从此,王砚香和5位同事一改过去坐等客来的做法,轮流背篓上山,一年四季,从不间断。王砚香等人服务群众的事迹感动了社员群众,被社员群众亲切地称为"背篓商店"。1960年,王砚香加入中国共产党。1965年6月,市委号召全市党员干部学习房山县"背篓商店"全心全意为人民服务的精神。王砚香和"背篓商店"的故事同年还被拍成电影,被更多的干部群众所知晓。

[①] 中共北京市委《刘仁传》编写组:《刘仁传》,北京出版社2000年版,第422~423页。

四、"四清"运动与意识形态领域的错误批判

随着调整工作取得显著进展,中央领导对形势的估计出现不同判断,"左"倾错误在经济工作中开始抬头,在政治和思想文化方面还有所发展。1962年9月,中共八届十中全会重提阶级斗争,批判"黑暗风""单干风""翻案风"。为"反修防修",1963年2月,中央工作会议决定在农村进行"四清"①、在城市开展"五反"②为主要内容的社会主义教育运动。

1963年4月至1964年6月,北京104万人参加城市"五反"运动。农村"四清"运动根据中央"前十条"③和"后十条"④的规定,分两批开展。1964年10月,市委抽调2万余名干部,集中到通县进行"四清"运动会战。1964年底,城乡全面"四清"的重点从清经济问题扩大到"清政治、清经济、清组织、清思想"。

市委认为京郊没有发生"单干风",社教运动重点是以"农业六十条"为内容培训社队干部,开展整风整社,加强生产队管理制度建设,没有上升到阶级斗争的高度。由于对农村干部存在不同估计,中央单位工作队和北京市委发生意见分歧。如通县会战中,市委依靠当地干部的做法,与中央工作队先夺权的想法相悖;对北大社教运动,中央工作队认为北大党委已经"烂掉了",市委则认为北大党组织是比较好的。

在"四清"运动展开的同时,意识形态领域开始了反对修正主义的错误批判,集中体现在文艺领域的过火斗争上。1963年12月,毛泽东将《柯庆施同志抓曲艺工作》批示给彭真、刘仁。1964年6月,毛泽东在中

---

① "四清"即清理账目、仓库、财务、工分。
② "五反"即反对贪污盗窃、反对投机倒把、反对铺张浪费、反对分散主义、反对官僚主义。
③ 1963年5月,毛泽东在杭州主持制定《关于目前农村工作中若干问题的决定(草案)》,共10条。
④ 1963年9月,中央根据试点中存在问题,制定《关于农村社会主义教育运动中一些具体政策的规定(草案)》,共10条。

宣部报告上批示，认为文艺领域修正主义、封建主义、资本主义的艺术压过了社会主义的艺术，要求文艺界整风，并成立以彭真为组长、中宣部部长陆定一为副组长的中央文化革命五人小组。

为积极贯彻这两个批示，市委召开文艺工作会议，检查北京市1949年以来特别是1958年以来的文艺工作，认为贯彻了中央的文艺方针政策，取得了不小成绩，但工作上的问题也不少。在改戏问题上，文化部、市委认为传统戏、新编历史剧、新编现代戏三者不可偏废，而到北京"戏改调研"的江青则热衷现代戏，对北京京剧团演历史戏下了禁令，也不许马连良、张君秋等老演员演现代戏。市委顶住压力，支持老演员演现代戏[①]。

江青、康生等人在文艺界刮起的批判狂风，迅速蔓延到哲学、经济、历史等学术领域。彭真和中央书记处、五人小组力图限制和纠正这种过左的错误批判，这就为江青等人和彭真所代表的北京市委之间的更大冲突埋下了伏笔。

思考题

1. 如何认识社会主义建设在探索中不断前进？
2. 1958年《北京市总体规划方案》对今天有什么借鉴意义？
3. 大兴调查研究之风的历史对今天有什么启示？

延伸阅读

1. 张素华：《变局——七千人大会始末》，中国青年出版社2006年版。
2. 中共北京市委《刘仁传》编写组：《刘仁传》，北京出版社2000年版。
3. 《彭真传》编写组：《彭真传》，中央文献出版社2012年版。

---

① 群艺：《一场短兵相接的斗争》，《北京日报》1979年3月28日第2版。

第七章 十年内乱

——"文化大革命"内乱及干部群众的抵制抗争

（1966—1976）

1966年至1976年的"文化大革命",是一场由领导者错误发动,被反革命集团利用,给党、国家和人民造成严重灾难的内乱。伴随这场全局性、长时间的"左"倾严重错误,北京成为许多事件的发生地、重灾区。但全市广大干部群众对"左"倾错误和极左思潮的抵制与抗争不断发展起来,推动全市经济和许多事业在曲折中发展。1976年10月,中央政治局采取果断措施粉碎"四人帮",党依靠自己的力量结束了"文化大革命"。

第一节　京城狂潮

当我国完成经济调整任务、开始执行国民经济第三个五年计划的时候，1966年5月，"文化大革命"爆发，北京首当其冲。批判《海瑞罢官》、市委被改组、"破四旧"、全面夺权……，造成首都一片混乱。"三支两军"暂时缓解了矛盾，但不可能根本解决问题。

一、批判《海瑞罢官》及市委被改组

为响应毛泽东学习海瑞精神、干部要敢讲真话的号召，明史专家、北京市副市长吴晗应京剧表演艺术家马连良之约，创作了剧本《海瑞罢官》，1961年初在《北京文艺》上发表。

在思想文化领域里的"左"倾错误批判不断升级的背景下，1965年11月10日，上海《文汇报》发表姚文元《评新编历史剧〈海瑞罢官〉》一文，成为引发"文化大革命"的导火线。文章点名批判吴晗，毫无根据地将剧本中描述明朝历史上海瑞所进行的"退田""平冤狱"，与1962年受到指责的"单干风""翻案风"联系起来，作了猛烈的政治攻击。文章发表后，学术界普遍反感，也受到中央有关部门和北京市委的冷遇，《人民日报》和首都各报10多天没有转载。

为了把这场批判置于党领导下的学术讨论范围，1966年2月3日，中

《评新编历史剧〈海瑞罢官〉》

央文化革命五人小组组长彭真①召开小组会议，起草《文化革命五人小组关于当前学术讨论的汇报提纲》（后被称为"二月提纲"），不赞成将围绕《海瑞罢官》的纷争上升为严重的政治批判。江青看到批判受到抵制，就在上海召开部队文艺工作座谈会，在纪要中认定文艺界被一条"反党反社会主义的黑线专了我们的政"，号召"坚决进行一场文化战线上的社会主义大革命"。3月底，中央宣传部、北京市委被指责包庇坏人，彭真、陆定一②被停止工作。5月11日，由中央华北局第一书记李雪峰任组长的工作组，进驻市委。

5月16日，中央政治局扩大会议通过《中国共产党中央委员会通知》（简称"五一六通知"），对"二月提纲"进行了全面批判，决定撤销以彭真为首的中央文化革命五人小组，成立以陈伯达为组长，康生为顾问，江青、张春桥等任副组长的中央文化革命小组（简称"中央文革小组"）。这次会议是"文化大革命"正式发动的标志，"五一六通知"是发动"文化大革命"的纲领性文件。

5月23日，市委在北京饭店召开工作会议，传达贯彻中央政治局扩大会议的决定：宣布改组北京市委的口头通知，撤销彭真市委第一书记职务，由李雪峰兼任；撤销刘仁市委第二书记职务，调吉林省委第一书记吴德任市委第二书记；宣布对原市委领导干部的处理意见，等等。中央和华北局从外省市抽调一批干部到北京市委工作，以改变所谓"针插不进，水泼不进"的局面。

---

① 彭真时任中央政治局委员、中央书记处书记、北京市委第一书记兼市长。
② 陆定一时任中央书记处书记、中央宣传部部长、国务院副总理。

市委被改组后，刘仁等81名干部被集中到昌平居庸关附近清华大学的一个基地（称为"反修堡"）隔离审查。市委书记处7名书记中，邓拓被迫害致死，撤职停职反省3人，继续留用3人；原市委常委除书记处书记外，其余13人中，撤职1人，隔离反省1人，撤职反省4人，停职反省3人，继续留任4人。18个区（县）委书记全部被打倒，区（县）长18人中，有17人被打倒，1人被勒令"靠边站"。北京各级党政机构受到严重冲击，各项工作、社会秩序遭到严重破坏。

二、"破四旧"造成首都混乱

1966年8月1日至12日，党的八届十一中全会召开，标志着"文化大革命"的全面发动。清华大学附属中学、北京大学附属中学学生率先成立"红卫兵""红旗战斗小组"等组织，提出"敢革命""敢造反"等口号，开展校内批判"修正主义"活动。8月18日，毛泽东在天安门城楼戴上红袖章，接见1500多名红卫兵代表，林彪发出"要大破一切剥削阶级的旧思想、旧文化、旧风俗、旧习惯"号召。首都"破四旧"运动随之掀起。

红卫兵把绝大部分商店的店名和招牌都当成"四旧"，甚至把商店牌

红卫兵将东交民巷改名为"反帝路"

匾、对联及店内外广告、霓虹灯等都列为"四旧"，勒令限期砸烂更换。8月22日，北京同仁堂药店、药厂遭到部分内部职工组成的"纠察队"冲击，药店前庭"乐家老铺"牌匾被砸烂烧毁，店名改为"人民中药店"，厂名改为"东方红制药厂"。其他诸如王府井大街的商店也都几乎全部更换冠以"工农兵""人民""红旗"等字样。还有红卫兵倡议长安街改为"东方红大路"，东交民巷改为"反帝路"，西交民巷改为"反修路"等。高档商品、装饰品及名称带有福禄寿喜、帝王将相色彩的商品，都被视为"封、资、修"停止出售。合作商店、合作小组及个体劳动者经济形式被作为资本主义尾巴砍掉。饮食行业要求顾客自己端饭、端菜、洗涮餐具，进行"自我服务"，红卫兵站岗监督。另外，大批历史、哲学、心理学、法学、科学技术等书籍被封存。

中央人民广播电台将北京红卫兵"破四旧"行动向全国广播。23日，全国主要报纸在头版统一刊登《无产阶级文化大革命的浪潮席卷首都街道》。由北京红卫兵掀起的"破四旧"运动迅速推向全国城乡。

首都"破四旧"行动持续升温，红卫兵将收存到孔庙大成殿的戏装、刀枪、盔头等道具堆积起来烧掉，老舍等作家遭到毒打、谩骂。24日，老舍投湖自尽，以示抗争。另外，一些人被扣上"地、富、反、坏、右"的帽子，当成"牛鬼蛇神"赶出城。加上全国红卫兵"大串连"，首都生产和社会秩序遭到严重破坏。混乱状态引起人民群众对"文化大革命"的不满，抵制情绪日益增加。

三、全面夺权、内乱升级及"三支两军"

1967年1月初，上海造反派夺取上海市党政领导权，全国各地迅速刮起"一月革命"风暴，"文化大革命"进入"全面夺权"阶段，并很快发展成"打倒一切"以至"全面内战"的严重局面。北京政法学院"造反派"夺了市公安局的权，30多个单位的"造反派"进入市委机关夺权。夺权与反夺权的纷争异常激烈，致使管理机构瘫痪，生产无法正常进行。面对这种状况，毛泽东决定派解放军执行"三支两军"①任务。这样做一方面支持造反派（即"左派"）夺权，一方面也对动乱局面有所约束。

北京各工矿企业群众组织纷纷起来"夺权"，大部分领导干部"靠边站"，企业生产管理机构瘫痪，生产大幅度下降。3月16日，中央转发中国人民解放军北京卫戍区司令部关于对一些厂矿企业实行军事管制的布告，规定：实行军事管制厂矿的"文化大革命"、生产和业务工作，要在军管会的领导下进行。北京卫戍区随之宣布对北京内燃机总厂、北京电机厂、国棉二厂、七七五厂、京西矿务局等106个单位第一批实行军管。军管会进厂后，宣传中央关于"抓革命、促生产"的10条规定和《中共中央给全国厂矿企业革命职工、革命干部的信》，成立厂矿企业生产指挥部，坚持业余闹革命。中央军委发出《关于集中力量执行支左、支农、支工、军管、军训任务的决定》后，解放军在北京工厂、企业、机关、学校，区县和人民公社、国营农场实行"三支两军"。4月20日，北京市革命委员会成立，"北京市委、市人委的党、政、财、文各项大权，从即日起，归北京市革命委员会"。

派解放军实行"三支两军"对稳定局势起到一定积极作用，但只能暂时缓解矛盾，不能解决根本问题。北京市1968年4月《"三支两军"工作情况报告》表明，驻京部队、机关共派出的干部、战士，分别到210个工厂、企业、机关执行军管任务，到18个区县和252个人民公社、国营农场执行支农任务，到834所小学、376所中学和50所大学执行军训任务。"三支两军"实行地方党委之外另设党委，单独建立组织指挥系统。

1967年4月，北京市革命委员会成立

---

① "三支"指支左、支农、支工，"两军"指军管、军训。

随着地方革委会成立和党委一元化领导加强，1972年10月市委向中共中央、中央军委呈送《关于讨论"三支两军"若干问题的决定（草案）的报告》。中央同意草案中关于在已建立党委的地方和单位撤销"三支两军"机构和人员的规定，全市7000多名"三支两军"人员分期分批撤离，仅留极少数人员原地工作。

第二节　曲折发展

毛泽东设想党的九大①后"文化大革命"进入"巩固胜利成果"阶段，但"天下大乱"造成的破坏难以平复，局势仍旧难以稳定。北京市一方面按照"六厂二校"典型经验推进"斗、批、改"②运动全面展开，另一方面按照中央"抓革命、促生产"方针以及纠"左"整顿措施，发展生产、恢复经济。但随后的"反击右倾回潮"和"批林批孔"运动，搞乱思想，干扰生产，"文化大革命"越来越不得人心。

一、"斗、批、改"运动

"斗、批、改"运动一项主要工作是"清理阶级队伍"，一项重要任务是"整党建党"，一项重要内容是"教育革命"，此外还包括"文艺革命、医疗卫生革命、商业革命、工厂管理革命"等方面。毛泽东原本希望通过"斗、批、改"运动达到"天下大治"，结束"文化大革命"，但却使"文

---

① 1969年4月1日至24日，党的九大召开。大会所谓的"无产阶级专政下继续革命的理论"，在理论上和实践上都是错误的。九届一中全会选举毛泽东为中央委员会主席。
② "斗、批、改"最早是在"十六条"中提出来的，即"斗垮走资本主义道路的当权派，批判资产阶级的反动学术'权威'，批判资产阶级和一切剥削阶级的意识形态，改革教育，改革文艺，改革一切不适应社会主义经济基础的上层建筑，以利于巩固和发展社会主义制度"。

化大革命"的内在矛盾更深刻地暴露出来。

1968年初,解放军8341部队(即中央警卫部队)、毛泽东思想宣传队陆续进驻北京针织总厂、北京新华印刷厂、北京化工三厂、北京北郊木材厂、北京二七机车车辆厂、北京南口机车车辆机械厂和清华大学、北京大学(即"六厂二校"),与原驻厂(校)的工人、解放军毛泽东思想宣传队配合,领导"斗、批、改"运动。

毛泽东先后两次就北京新华印刷厂军管会的经验报告作出批示,要求"注意政策,打击面要小,教育面要宽,要重证据,重调查研究,严禁逼、供、信"①,为开展"清理阶级队伍"工作提供了基本政策依据。另外,"六厂二校"关于落实民族资产阶级和小资产阶级的各项政策、整党建党、对知识分子"再教育"政策等,都为社会提供了"经验"。1968年2月初到4月上旬,全市有3000多个单位到"六厂二校"学习,计50多万人次。"斗、批、改"运动在全市各领域迅速展开。

北京大学、清华大学教师在鄱阳湖边的"五七干校"参加劳动

"文化大革命"开始后,北京大量中学毕业生已无法在城镇安排就业。1967年7月,《人民日报》发表《坚持知识青年上山下乡的正确方向》社

---

① 《建国以来毛泽东文稿》第十二册,中央文献出版社1998年版,第606页。

论。不久，北京市二十五中、二十二中、女八中、女十二中一些毕业生提出申请，市革委会批准他们到内蒙古插队落户，开启知识青年上山下乡的先例。1968年12月22日，《人民日报》向全国公布毛泽东的最新指示："知识青年到农村去，接受贫下中农的再教育，很有必要。"北京市知识青年上山下乡运动迅速掀起高潮。1969年前后至1979年，全市到陕西、辽宁、吉林、宁夏等地及京郊上山下乡的知识青年累计达61万人。

"文化大革命"爆发后，北京地铁建设艰难推进。根据毛泽东"精心设

送别北京知识青年上山下乡的场面

计，精心施工"的批示，在地铁建设者的奋战下，1969年10月，北京地铁一期工程建成通车。它东起北京火车站，西至苹果园，全长29公里，是中国第一条城市地下铁道。在当时的国内外环境下，工程建设完全靠自主攻关，车辆和配套设施全部国产。1971年3月，地铁二期工程开始施工，选址为北京内城城墙。继地铁一期工程拆除内城南墙、宣武门、崇文门等之后，正阳门城楼和箭楼、德胜门箭楼以及东南角箭楼以外的城楼、城门和内城城墙被全部拆除。

北京"斗、批、改"运动对抑制极端化倾向、缓和矛盾起到一定作用，但因扩大"阶级斗争"范围，加上"整党建党"、"干部下放劳动"[①]、

[①] 1969年5月中旬，原市委和市政府直属机关和区县直属机关干部6000多人下放到农村劳动。11月12日，第二批下放劳动干部8500多人。1975年4月9日，第三批下放劳动的2600名在职干部到农村插队。直到粉碎"四人帮"后，干部下放农村插队劳动的做法才停止。

市第四次党代会①通过的错误指导思想等，一定程度上又形成新的混乱。但同全面内乱时期相比，北京市社会秩序逐步有所好转，1969年国民经济开始恢复性增长，第三个五年计划基本完成。

二、纠"左"努力及各条战线的整顿

1969年起，由于形势相对稳定，特别是全国掀起的战备高潮，整个社会生产比较正常地进行。1971年9月林彪反革命集团被粉碎后，周恩来多次提出必须批判极左思潮和无政府主义，"运动与业务不能对立"。接着，他又在全国计划会议上指出企业要整顿。这是"文化大革命"爆发后第一次提出"整顿"的任务。国务院有关部门据此确定若干整顿措施：农村工作方面，重申按照"农业六十条"进行；对外经济技术交流方面，陆续从国外进口一批先进技术设备；教育、文化、卫生、体育等方面开展批判极左思潮的斗争；民族、统战、宗教方面的整顿也取得明显成效。

为贯彻落实中央整顿精神，北京市1972年初首先落实干部、知识分子政策。3月，市委接到毛泽东关于孙瀛洲（全国政协委员，已故）家属要求退还被查抄财物信件的批示，随之组织力量对被查抄财物处理情况进行全面检查。根据《中央转发统战部军管组对在京部分统战对象被查抄财物的处理意见》，发还孙瀛洲捐献文物奖金及其亲属存款，作价退还衣物，将被占房屋全部修复退还。至12月底，90%被查抄人员的问题得以处理，工作生活方面也相应作出安排。

北京不同战线都进行了很有成效的调整。1972年底，市教育局革委会提出《关于提高中小学教育质量的几点意见（讨论稿）》，要求切实加强青少年学生思想工作、整顿教学秩序，全市高等教育和普通教育呈现转机；

---

① 1971年3月10日至15日，市第四次党代会召开。吴德作《高举毛泽东思想伟大旗帜，团结起来，奋勇前进》工作报告，全面肯定并贯彻执行中共九大关于"文化大革命"的错误理论和实践。

城市建设和管理重新起步，市城市规划管理局重新成立，地铁、城市绿化、治理城市污染等工作开始起步。贯彻全国计划工作会议精神，先后建起燕山石油化工区、第二热电厂等大型工业项目，紧抓企业管理和生产；实施东南郊治涝工程，解决北京东南郊地区150万亩农田防洪排涝问题，为这一地区的农业增产打下了基础。

1972年底，批判极左思潮的正确方向发生逆转，"批林整风"运动的重点也随之转变，纠正"左"倾错误的努力被打断，但整顿得到首都广大干部群众的衷心拥护，并产生了深远影响。

三、"反击右倾回潮"和"批林批孔"运动

江青等人把周恩来系列纠"左"努力称为"修正主义回潮"，同时利用党的十大[①]全面肯定和继承九大的错误，着手策划"反击右倾回潮"运动。

高校招生考查时交白卷的张铁生被捧为"反潮流英雄"。1973年10月，江青等人指使清华大学开展反"回潮"、反"复辟"行动，将校党委采取的系列整顿措施统统攻击为"右倾回潮"表现，矛头直指周恩来。清华大学有64人受到立案审查、重点批判，403人受到批判。"反击右倾回潮"运动在全市教育战线展开，中小学受到的冲击破坏极为严重。12月12日，《北京日报》发表《一个小学生的来信和日记摘抄》。市委将中关村一小一名小学生与班主任之间的矛盾，上纲上线为两个阶级、两条路线的斗争，把这个小学生树为"反潮流英雄"。北京以至全国各地的中小学迅速掀起"批师道尊严""反击修正主义回潮"的浪潮。当月底，国务院科教组和市革委会科教组采取突然袭击的方式，对北京地区17所高等院校的613名教授、副教授进行数、理、化考试，借此否定大学入学考试和其他考试的必要性。

---

① 1973年8月24日至28日，党的十大召开。从总的方面看，十大在思想路线、政治路线和组织路线上都继承了党的九大的"左"的错误。十届一中全会选举毛泽东为中央委员会主席。

北京大学、清华大学"梁效"编写组汇编的《林彪与孔孟之道》(材料之一),被中央转发全国,一场"批林批孔"运动立即在全国展开。1974年1月下旬,市委召开常委扩大会议和市委工作会议,认定各条战线特别是文化教育战线有那么一股右倾势力,否定"文化大革命",严重的地方出现"修正主义回潮"。市委提出要解决领导干部的思想认识问题,掀起"批林批孔"运动高潮。到2月底,全市培训"批林批孔"运动骨干70多万人。

"批林批孔"运动涉及方方面面。开展所谓"批黑画",仅中国美术馆"黑画展"就点名批判了李可染、李苦禅等18名画家。石景山区一名教师给江青写信,称所在校"领导班子问题严重","逼学生跳楼已严重残废",是"修正主义教育路线疯狂复辟"。江青在其来信上批示,立即对此事进行调查研究,严肃处理,并建议北京市委抓住这个坏典型,夺权改革。市委对该校领导班子作出"修正主义路线复辟严重"结论并进行"夺权改革"。市委还派出10多个调查组进驻所谓已经揭露出严重问题的学校,抓出若干"修正主义回潮"的典型,引发全市学校秩序混乱,造成教育质量严重下降。

"批林批孔"运动1974年下半年转入搞"评法批儒",市委召开"批林批孔"经验交流会和理论工作座谈会,推动运动开展。组织部分高校、厂矿、生产大队及部队参加法家著作注释,群众大讲儒法斗争故事,编写儒法斗争史。"评法批儒"运动干扰了生产,搞乱了人们的思想,越来越不得人心。

第三节　抵制与抗争

"反击右倾翻案风"破坏了刚刚出现的治理整顿局面，使得党内外广大干部群众对"文化大革命"越来越不满。天安门事件是人民对"四人帮"倒行逆施的公开抗争。1976年10月6日，党中央执行党和人民的意志，一举粉碎"四人帮"，结束了历时十年的"文化大革命"。

一、全面整顿及"反击右倾翻案风"

在党的十大上，邓小平等一些在"文化大革命"中备受打击迫害的老同志被选为中央委员。1975年初，邓小平在毛泽东、周恩来支持下开始主持国务院工作，继而又同时主持中央日常工作。他根据毛泽东要安定团结、把国民经济搞上去的指示，提出要进行全面整顿的指导思想。在叶剑英、李先念等一批老同志的密切配合下，各方面整顿很快开展起来。

按照中央加强铁路工作的决定和全国铁路治安工作会议精神，北京市制定措施，保障首都铁路、交通安全。1975年8月，铁道部决定在1976年七一前修通津浦沪宁铁路复线。津浦沪宁复线会战工程所需预应力混凝土桥梁，除27.7米跨度的由成都桥梁厂生产外，其余223孔和480米管桩全部由北京丰台桥梁工厂提供。会战进入1976年后，受到"反击右倾翻案风"的侵扰，出现"会战是以生产压革命""三个书记抓津浦会战是搞唯生产力论"论调，大字报贴到铁道部。丰台桥梁工厂党委顶住压力，保证会战正常进行。1976年5月10日，经过全厂职工日夜奋战，工厂提前半月完成全部会战任务，有力配合了全国铁路的整顿。

以铁路为先锋，全市农业、商业、教育等各领域都进入整顿，在某些领域还实现突破性进展。1974年11月，市计委、建委、市委科教组联合下达研制大气污染监测车计划，市环办、市仪表局、市科技局组成会战领导小组，下设5个会战小组，由22个单位组成。北京分析仪器厂等组成的仪表组，先后承担了气相色谱仪以及二氧化硫、氮氧化物、臭氧、飘尘等监测仪器的研制任务，并主持了整车的总装总调任务。1975年3月，经多日苦战，我国第一台大气污染监测车在北京分析仪器厂诞生。

全面整顿遭到"四人帮"[①]猖狂反对。1975年8月和10月，清华大学党委副书记两次给毛泽东写信，要求解决清华领导班子的问题。两封信经邓小平转给毛泽东后，毛泽东认为邓小平偏袒和支持这位副书记。11月初，清华大学党委传达毛泽东讲话，"反击右倾翻案风"随即展开，学校的整顿工作被迫中断。

"反击右倾翻案风"破坏了刚刚出现的稳定局势，全市再度陷入混乱。"反击右倾翻案风"既违背事理，又违背人心，一开始就受到广泛的抵制，也更加暴露了"四人帮"倒行逆施、祸国殃民的真面目。

9个月的整顿产生了广泛的社会影响，首都群众对"文化大革命"的怀疑和抵触情绪更加强烈，一场新的斗争正在孕育着。

二、反对"四人帮"的天安门事件

1976年1月8日，周恩来总理逝世。首都人民"十里长街送总理"，用各种方式寄托自己的哀思。3月下旬起，许多人到天安门广场人民英雄纪

[①] 1974年7月，毛泽东在中央政治局会议上批评江青、张春桥、姚文元、王洪文搞帮派活动，警告他们说："你们要注意呢，不要搞成四人小宗派呢！"这是毛泽东第一次在党的最高领导层点出"四人小宗派"的问题。同年12月，周恩来同王洪文一起到长沙向毛泽东汇报四届人大的准备工作。毛泽东告诫王洪文不要搞"四人帮"。

念碑前写诗悼念周总理。"欲悲闻鬼叫，我哭豺狼笑。洒泪祭雄杰，扬眉剑出鞘。"诗的矛头直指江青、张春桥等人。

北京重型电机厂的工人们每天派代表去天安门广场观察情况，3月30日下午，工人中有人提议也送一个花圈，但又担心花圈会被人取走烧毁。一名党员站出来说："咱们就做个铁的，让他们烧不成，毁不掉。"工人们最终做出一个高5米多、重约1吨的铁花圈。铁花圈正中镶有1颗钢制大红五角星，四周均匀分布8朵大铜花，以铝锡箔做成巨型挽联，用油漆写下一首《卜算子》："总理爱人民，人民爱总理，春夏秋冬四季时，天地长相忆；四个现代化，'两步'走到底，遗愿化为宏图日，国祭告总理。"4月2日清晨，铁花圈由工人们护送到人民英雄纪念碑前。巨大的铁花圈寄托了首都人民的哀思和怀念，表达了对"四人帮"的强烈抗议。

1976年清明节前夕，北京近百万群众到天安门广场献花圈、诵诗词，悼念周总理，声讨"四人帮"

清明节这天，悼念活动达到高潮，一天内到天安门广场的群众达200多万人次。当晚，"四人帮"操纵中共中央政治局会议，把天安门广场的事态定为"反革命事件"。5日晚9时30分，广场被封锁，悼念周总理的人民群众遭到镇压。6日凌晨,部分中央政治局委员听取北京市委关于天安门事件的汇报,错误认为群众的行动是"反革命暴乱性质"。中央决定撤销邓小平党内外一切职务,保留党籍。18日,市委发出《关于进一步发动群众深入批邓、坚决打击反革命破坏活动的通知》,部署追查天安门事件的策划者、指挥者和"政治谣言"、诗词、传单的制造者。但是,追查遭到广大群众的强烈抵制。

天安门事件是全国人民反对"四人帮"倒行逆施的集中表现,表达了全国人民对"文化大革命"特别是对"批邓、反击右倾翻案风"的强烈不满和公开抗争。天安门事件鲜明体现了人心向背,为后来粉碎江青反革命集团奠定了广泛、深厚的群众基础。

三、"四人帮"覆灭

1976年是极不寻常的一年,继周恩来总理逝世后,7月6日朱德委员长逝世。7月28日,河北省唐山、丰南一带发生里氏7.8级强烈地震,人民生命财产损失惨重。9月9日,毛泽东主席逝世,全国人民再一次沉浸在巨大的悲痛之中。之后,"四人帮"加紧夺取党和国家最高领导权的阴谋活动,甚至伪造并宣传所谓毛泽东临终嘱咐"按既定方针办",发出发动反革命政变、篡夺最高领导权的信号。

在党和国家面临危急的紧要关头,10月6日晚,华国锋、叶剑英等代表中央政治局执行党和人民的意志,采取断然措施,对江青、张春桥、王洪文、姚文元实行隔离审查。中央政治局作出关于华国锋任中共中央主席、中央军委主席的决议。

中央公布粉碎"四人帮"的消息后,北京沉浸在欢乐气氛中。10月15日,市委、市革委会作出坚决拥护中央果断处理"四人帮"篡党夺权问题的决定;21日至23日,首都军民举行盛大庆祝游行,3天内参加游行的群众达580万人次;24日下午,首都百万军民在天安门广场举行集会,庆祝粉碎"四人帮"的伟大胜利。粉碎"四人帮",实现了党和人民的共同意

首都群众欢庆粉碎"四人帮"

愿,是党和人民长期斗争的结果。

"'文化大革命'不是也不可能是任何意义上的革命或社会进步。它根本不是'乱了敌人'而只是乱了自己,因而始终没有也不可能由'天下大乱'达到'天下大治'。"①"文化大革命"留下极为惨痛的历史教训,警示我们必须科学对待马克思列宁主义,准确把握中国基本国情,从实际出发认识"什么是社会主义"和"如何建设社会主义"的问题,探索中国自己的社会主义道路。

在中国这块大地上,绝不允许"文化大革命"这种内乱再度发生。正如邓小平总结1957年以来的历史经验时所指出的,"二十年的经验尤其是'文化大革命'的教训告诉我们,不改革不行,不制定新的政治的、经济的、社会的政策不行"②。

---

① 《关于建国以来党的若干历史问题的决议》,1981年6月27日,党的十一届六中全会通过。参见中共中央文献研究室编:《〈关于建国以来党的若干历史问题的决议〉注释本》,人民出版社1983年版,第30页。

② 邓小平:《要吸收国际的经验》(1988年6月3日),《邓小平文选》第三卷,人民出版社1993年版,第266页。

思考题

1. "文化大革命"中北京广大干部群众抵制"左"倾错误和极左思潮,推动经济和社会发展主要取得了哪些成就?

2. 怀念周总理、反对"四人帮"倒行逆施的四五运动的历史作用是什么?

3. 谈谈从中国实际出发认识"什么是社会主义""如何建设社会主义"的重要意义。

延伸阅读

1. 中共中央党史研究室编:《中国共产党的九十年》(社会主义革命和建设时期),中共党史出版社2016年版。

2. 中共北京市委党史研究室编:《中国共产党北京历史》第二卷,北京出版社2011年版。

3. 席宣、金春明:《"文化大革命"简史》(增订新版),中共党史出版社2006年版。

第八章 历史转折

——拨乱反正与北京改革开放的起步

（1976—1982）

党的十一届三中全会作出把党的工作中心转移到经济建设上来，实行改革开放的历史性决策，实现了新中国成立以来党的历史上具有深远意义的伟大转折，开启了我国改革开放和社会主义现代化建设新时期。市委市政府积极贯彻党的十一届三中全会精神，拨乱反正，带领全市人民开启了从农村改革到城市改革，从经济体制改革到科技、教育、文化、社会、政治各个方面改革，改革开放进入起步阶段。

第一节　拨乱反正

"以阶级斗争为纲"还是以经济建设为中心,这一重大问题摆在中国共产党人面前。党的十一届三中全会作出把党和国家工作中心转移到经济建设上来,实行改革开放的历史性决策。北京市认真贯彻党的十一届三中全会精神,拨乱反正,平反冤假错案,开展真理标准问题大讨论,为全市改革开放拉开序幕。

一、徘徊中前进

"四人帮"被粉碎,揭批"四人帮"、稳定局势成为当时最迫切需要解决的问题。根据中央陆续下发的"四人帮"反党集团罪证,从1976年10月开始,北京市党政机关、工业、农业、文艺、教育和理论界开展了一系列揭批活动。

以批判"规章制度就是管、卡、压"的谬论为切入点,工业部门揭批"四人帮"破坏正常生产秩序和经营活动的罪行;教育部门通过批判"两个估计"[①],揭批"四人帮"打击迫害学校干部、教师的罪行;公安、检察、

---

① 即"文化大革命"前17年教育战线基本上是资产阶级专了无产阶级的政,是"黑线专政";在教育战线工作的知识分子,大多数人的世界观基本上是资产阶级的,是资产阶级知识分子。

司法部门批判"彻底砸烂公检法"的口号,努力肃清"四人帮"在司法战线上的流毒。与此同时,市委成立清查工作小组,全市清查"四人帮"帮派体系的工作逐步展开。

随着揭批运动的深入,广大干部群众开始触及更深层次、更加敏感的问题,即如何评价"文化大革命"。然而,1977年2月7日,《人民日报》、《红旗》杂志、《解放军报》同时发表社论《学好文件抓住纲》,提出"两个凡是"①的方针,给揭批运动划定界限,使揭批运动受到限制。

1977年8月,党的十一大②召开,重申在20世纪内把我国建设成为社会主义现代化强国的根本任务。但这次大会仍然肯定"文化大革命"的错误理论和实践,因而没有从根本上着手纠正"文化大革命"的错误。11月,市政协五届全体会议和市第七届人民代表大会召开,表明停止10多年的北京市正常政治生活开始恢复。

1977年9月10日,毛主席纪念堂落成

---

① 即"凡是毛主席作出的决策,我们都坚决维护,凡是毛主席的指示,我们都始终不渝地遵循。"
② 1977年8月12日至18日,党的十一大召开。大会新产生的中央委员会选举华国锋为主席,选举叶剑英、邓小平、李先念、汪东兴为副主席。

为夺回"文化大革命"造成的损失,北京市开展了声势浩大的工业学大庆、农业学大寨运动,反映了广大干部群众要求发展生产、把国民经济搞上去的迫切愿望。全市国民经济和工业、农业、城市建设等事业初步恢复。1977年全市工业完成总产值169.2亿元,比1976年增长8%。农业生产得到恢复和发展,社员人均年收入99元,比前3年人均增加3元。城市建设取得新进展,9月,毛主席纪念堂在天安门广场落成。年底,全国第一座快慢车分行的现代化交通枢纽——建国门立交桥建成通车。

"文化大革命"结束后的两年间,全市工作有所前进,一些领域开始拨乱反正,经济建设、社会各项事业在一定程度上有所恢复和发展,但由于"左"的指导思想没有得到根本纠正,全市党和政府工作出现徘徊中前进的局面。

二、平反冤假错案

粉碎"四人帮"后,北京市各级党组织、党员干部和人民群众强烈要求为冤假错案平反昭雪,呼声最主要集中在天安门事件上。

市公安局1978年5月组织专门班子,开始对天安门事件进行全面复查。8月23日,市仪表局党委在北京工人体育馆召开万人大会,郑重地为在天安门事件中受迫害的职工平反。尽管是部分平反,却意义重大。随后,市公安局党委领导30名干部组成复查组,全面复查天安门事件中的案件。11月15日,经中央政治局常委会批准,市委宣布对因天安门事件受迫害

1978年11月16日,《北京日报》报道中共北京市委宣布天安门事件完全是革命行动

的人一律平反。第二天,《北京日报》刊登了市委的决定。同时,新华社以《中共北京市委宣布天安门事件完全是革命行动》的醒目标题,向全中国、全世界播发和报道。18日,新华社《因参加天安门事件被捕的人没有一个反革命分子》的电讯稿指出:经过大量调查证明,在这个事件中被捕关押的388人中,没有一个人是反革命分子(只有3人因当时犯有偷盗等罪行,需要追究刑事责任)。市公安局和有关部门为他们平反时,在结论中充分肯定他们的革命行动,彻底恢复其名誉。

除了为天安门事件平反,市委为所谓市公安局"冯邢反革命大特务"案平反,为冯基平[①]、邢相生[②]等人举行平反大会。1979年1月召开的市委工作会议,决定公开平反"彭真、刘仁反革命修正主义集团"案。2月4日,市委下发《关于为"彭、刘反革命修正主义集团"彻底平反的决定》。21日,在北京展览馆中央大厅为刘仁举行追悼大会。接着下发《关于撤销对彭真、刘仁等领导同志的处理决定》,宣布"文化大革命"初期对市委18位领导的处理是错误的,予以撤销,彻底平反。在为前市委领导干部平反的同时,市委陆续对华北局城工部问题、《海瑞罢官》和所谓"三家村反党集团"等案进行复查,为受迫害的干部群众恢复名誉。全市在"文化大革命"中立案审查的干部共64318人,截至1978年底,已对61049人进行了复查,落实了政策,占立案审查干部总数的95%。"反右派斗争""反右倾""四清"等运动中的历史案件,也部分得到复查。

《海瑞罢官》重新公演报道

---

① 冯基平(1911—1983):先后任北京市公安局局长、北京市副市长等职。
② 邢相生(1915—1978):先后任北京市公安局副局长、局长、市委常委等职。

北京全面平反冤假错案，正确处理党内和人民内部的一系列矛盾，有效调动各方面的积极性，对促进社会安定团结，巩固和发展爱国统一战线，推动首都改革开放和社会主义现代化建设事业发展，起到了十分重要的作用。

三、贯彻党的十一届三中全会精神

1978年12月18日至22日，党的十一届三中全会在北京召开。全会重新确立马克思主义的思想路线、政治路线、组织路线，果断停止使用"以阶级斗争为纲"的口号，作出了把党和国家工作中心转移到经济建设上来，实行改革开放的历史性决策。

十一届三中全会的召开，受到首都人民的热烈拥护。1979年1月16日至25日，市委召开工作会议，传达贯彻党的十一届三中全会精神，明确把全市工作重点转移到社会主义现代化建设上来。

早在十一届三中全会召开前，《光明日报》发表题为《实践是检验真理的唯一标准》的文章，文章一经发表，便在广大干部群众中引起强烈反响，引发了关于真理标准问题的讨论。但当时北京市主要负责人在解放思想、拨乱反正、纠正"文化大革命"错误等重大问题上不积极、不主动，使得真理标准问题讨论冷冷清清，引起干部和群众的不满。不久，中共中央决定调整北京市主要领导，调林乎加为中共北京市委第一书记。新市委班子决定重新确立解放思想、实事求是的思想路线，切实落实真理标准问题的讨论，及时补上欠缺的这一课。

市委于1979年6月在市委党校举办900人参加的领导干部学习班，参加学习的同志认真检讨对真理标准问题讨论的认识不足，表示要把端正思想路线放在首位，认真补上这一课。随后，市委召开宣传工作会议，约400人参加，研究部署在全市党员干部中进一步搞好讨论的补课问题。会议认为，补课要补到实处，不搞形式主义，不搞标语口号式的宣传，要防止走过场。要充分恢复和发扬党的思想政治工作的优良传统，充分发扬民主，坚决实行不扣帽子、不抓辫子、不打棍子的"三不主义"。对干部、群众的模糊认识，不要简单粗暴，不要压服，要做耐心细致的说服教育工作。对一时想不通的人，要引导，耐心等待。对极少数中毒很深的人，也要做思想工作促其转变。此后，解放思想、实事求是成为北京市各级领导班子和领导干部的自觉行动。1980年上半年，真理标准问题讨论补课基本告一段落。

在贯彻党的十一届三中全会精神的过程中，北京市民主法制得到恢复，政治生活逐步走向正常。1979年12月，根据全国人大决议，取消北京市革命委员会，恢复北京市人民政府建制。18个区县先后召开党代会，选举产生新的区县委。中断10多年的区县人大工作也开始恢复。根据全国政协、中央统战部决议，北京各区县筹组区县政协。1981年1月，党中央对市委主要负责人进行调整，段君毅任市委第一书记，焦若愚任市委第二书记。4月，北京市七届人大五次会议召开，选举焦若愚为北京市市长。

党的十一届三中全会后，在全党工作重点向社会主义现代化建设转移的时期，国民经济发展中重大比例关系失调的情况日益显露出来。1979年4月，中央正式确定了对国民经济实行"调整、改革、整顿、提高"的方针（新"八字方针"），市委及全市党员干部以一往无前的进取精神，开始了建设中国特色社会主义在北京的创新实践。

第二节 "京郊之路"

北京的改革和全国其他地区一样,也是从农村开始的。不同的是,北京结合实际,实行多种形式的生产经营责任制,走出了一条颇具特色的"京郊之路",闯出了城市工业支援乡镇企业的"白兰道路"。

一、开展致富大讨论

1980年1月,市委决定在郊区推广以专业承包、联产计酬为主的各种形式的责任制。为了从思想上发动群众,解决长期形成的"想富不敢富"和"想富不会富"的问题,市委在京郊开展了致富大讨论。

昌平县从1980年至1985年,先后3次展开大讨论。围绕敢不敢富、让不让富、能不能富和怎么富的问题,大家提出了很多新的认识和值得研究的意见,同时也暴露了一些问题:对大讨论本身怀疑,认为讨论无用。"让农民富起来是真的吗?中央有这个指示吗?"对"富"字心存余悸,怕政策有变,有些干部讲"这些年都把人折腾怕了,现在讨论富起来,谁知过几年又换什么招呢?还是慎重点好"。对怎么富的问题信心不足,存在"一等二靠"的思想,要富就得靠上边拿钱、拿物、拿项目。针对大讨论中出现的思想认识问题,县委有针对性地组织党员干部重新学习党的十一届三中全会文件,学习中央提出的让一部分地区和群众先富起来的精神,学习中央关于发展农业的两个文件、中央书记处关于首都建设方针的"四条建议"和外省市的经验，积极引导广大党员干部、人民群众开展"三大讲"活动，即大讲开展这次讨论的重要意义，大讲全县各级领导干部带领全县人民致富的决心和信心，大讲本县及各公社尽快富起来的有利条件。通过开展这些讨论和学习，全县广大党员干部和群众树立起"思富、抓富、致富"的新理念。

平谷县干部群众在讨论中提出，平谷县是半山区，土地资源丰富，适宜发展果品生产，现有的成片和零散果树也有相当规模，但资源未能充分利用，老百姓守着"摇钱树"受穷。通过讨论，干部群众认识到，要把发展果树作为山区、半山区脱贫致富重点工程来抓。随后，"想要富，种果树"成了农家的一句口头禅。后北宫村成为靠大桃致富的典型，带动了周边乡镇的大桃发展。盼富的本能、致富的渴望成为一股不可阻挡的洪流，促使平谷的北部山区、半山区乡镇迅速形成了几万亩大桃生产基地。

为了让致富大讨论达到最好效果，市委组织力量在《北京日报》上连续发表评论员文章介绍先进经验。通过舆论引导和致富大讨论，增强了广大干部群众大胆致富的信心，为推动农村系列改革起到了积极作用。

二、实行多种形式生产经营责任制

党的十一届四中全会正式通过的《关于加快农业发展若干问题的决定》，明确指出："我们的一切政策是否符合发展生产力的需要，就是要看这种政策能否调动劳动者的生产积极性。"这为鼓舞广大农民在实践中创造新经验、进行农村体制改革敞开了大门。

安徽省小岗村摸索出的"包干到户"逐步在全国推开，京郊昌平、大兴等县的部分地区也陆续实行包产到组、包产到户等多种形式的责任制，农民劳动与报酬直接挂钩，积极性立即迸发，特别是在贫困地区效果明显。同时，京郊一些比较富裕和粮食产量较高的乡村，吸取承包经营的精髓，根据自己的特点，从实际出发，走出了一条"京郊之路"。

被称为"破集烂镇穷窦店"的窦店村，1978年粮食亩产已达616公斤，而人均年纯收入只有123元。村党支部经过讨论，决定以粮食生产的商品化、专业化和现代化为突破口，实行"专业承包、联产计酬责任制"①，并根据田间作业的综合机械化水平和承包者个人经营能力，逐步扩大集约化经营的规模。除了管理体制的变革，窦店村还格外注重科技运用。早在1976年，党支部书记仉振亮就冒着"和'臭老九'同流合污"的风险，把县农科所人员请到村里来指导。1977年，他又到市农科院请来7位科技人员，拿出全村最好的200亩耕地搞试验，将"粪大水勤，不用问人"的传统耕作办

1980年，京郊菜农将蔬菜运往城市销售

房山区窦店镇窦店村原党委书记、全国劳动模范仉振亮（1928—2015）察看土地墒情

法，变为定期普查土壤肥力、因地因苗施肥、看天看地浇水的科学种植技术，粮食产量随之提升。如今的窦店村已成为"中国改革的模范村"。

北京蔬菜基地之一的海淀区四季青乡在精心研究别人经验的基础上，从当地机械化水平较高、乡镇企业较发达、人均收入较多的实际出发，实行了专业承包经营责任制。根据不同行业的效益和不同劳力的贡献，调整收入分配，走出了一条"统一经营，专业生产，层层承包，包干分配"的路子。1982年全村蔬菜亩产6450公斤，比1979年增长18.2%，人均总收

---

① 联产计酬就是按照实现的产量给劳动力记工分的责任制，主要形式是联产到组和联产到劳（劳动力）。

入4670元[①]，比1977年的1660元增长1.8倍。

丰台区黄土岗公社改革"政社合一"的体制，将党、政、企分开，从而使该地区出现了全新的体制。党的组织是黄土岗地区工作委员会，政权组织是人民政府黄土岗办事处，经济组织是黄土岗农工商联合公司，从而调动了各方面的积极性，出现了生产发展、经济增长的好形势。

"京郊之路"模式的核心，是从生产力发展水平出发，实行多种形式的农业生产责任制，赋予农民生产和经营自主权，进而调动其积极性，这种道路适合当时京郊实际。"京郊之路"在全国具有一定的超前性，对调动农民积极性、加快农业发展产生了深远影响和极大推动作用。

三、"白兰道路"

受益于农业生产责任制的落实和农业生产效率的提高，京郊农民利用剩余劳力和资金发展多种经营，兴办工副业。随着人民公社改成乡（镇），人民公社时期产生的社队企业有了新的名字——乡镇企业。

1981年6月6日，朝阳区十八里店的农民从商品展销会上购买"白兰"牌洗衣机

为加快发展乡镇企业，促进农村经济发展和改善农民生活，各区县普遍提倡不嫌小、不嫌稀、不嫌脏、不嫌累的"四不嫌"精神，争取城市工业下放生产，当好城市工业的好助手。北京洗衣机厂是由过去生产磨床改产家用洗衣机的，产量由1979年的7000台增到1980年的5万台。根据市场需要，计划1981年生产20万台洗衣机，于是投资买设备扩大生产。但仅干了一年，就出现厂房拥挤、工伤频发、丢失零件和保管不善

---

① 据统计，同年全国城镇居民人均可支配收入仅有526元。

等问题。要解决这些难题，必须扩建厂房，增加作业面积，可是当时厂里一缺钱、二缺地，扩张的办法行不通。最终厂子选择走城乡联合的道路：把"白兰"牌洗衣机零部件扩散到郊区62家乡镇企业生产，在不增加厂房、不增加工人的条件下，洗衣机产量1984年达28万台，利润由11万元增至745万元。与之合作的乡镇企业，也获利1100万元[1]。市委市政府及时发现这个典型，加以推广，形成城市工业支援乡镇企业的"白兰道路"。

不同于城市工业支援乡镇企业的发展模式，房山县韩村河村依靠自己的力量，迈出了发展乡镇企业的新步伐。早年间，穷得叮当响的韩村河被称为"寒心河"，村里仅有的资源就是一批泥瓦匠、1000多名劳力。穷则思变。笃信"要致富搞建筑"的田雄，1978年带领一支三十来人的"泥腿子"建筑队闯进京城。1983年，建筑队扩大到300多人，完成产值54万元、纯收入10万元。如今，小小的韩村河建筑队已成为国家特级资质的大型建筑企业集团——韩建集团。

各区县还利用区位和资源优势，采取因地制宜的措施发展乡镇企业。门头沟、房山利用本地煤炭资源的优势，大力发展煤炭采掘业；海淀、丰台等利用近郊的区位优势，建成紫玉、紫竹、侨园等中档饭店，接待国内外客人；昌平、怀柔、密云等区县，利用当地旅游景点多、古迹多的地理优势，大力发展旅游业。

全市乡镇企业总数由1979年的4194家发展到1984年的1.23万余家，乡镇企业总收入达到37.6亿元，占集体经济总收入的63.4%，缴纳税金突破亿元。异军突起的乡镇企业，成为京郊农村经济的生力军。

---

[1] 谢荫明等：《北京改革开放简史》，中央文献出版社2008年版，第42页。

第三节　城市改革

党的十一届三中全会前，北京市国有企业缺乏自主权、积极性，企业只按照国家指令性计划生产；城市片面追求"一大二公"，所有制形式越来越单一，给我国经济建设、劳动就业和人民生活带来很多困难。为了解决这些问题，北京市开启扩权让利的国企改革，大力发展城市集体经济及个体经济，引进外资和国外先进技术，改革进入了一个新阶段。

一、首钢承包制

1979年，中央提出"调整、改革、整顿、提高"的新八字方针，对我国经济体制改革的方向、步骤作出原则规定：扩大企业自主权，增强企业活力，实行严格的经济核算，认真执行按劳分配原则，把企业经营好坏同职工物质利益挂钩。此后，以扩大企业自主权为主要内容的城市经济体制改革逐步开展起来。

1979年4月，国家经委等6部门选择首都钢铁公司（以下简称首钢）、北京内燃机总厂、北京清河毛纺厂等8家企业进行扩大企业自主权改革试点。两年试点过后，1981年下半年，首钢实行工业经济责任制（首钢承包制），概括起来就是：全员承包、包死基数、确保上缴、超收全留、欠收自补。企业留利按6∶2∶2的比例，分别用于生产发展、集体福利和工资奖励；工资总额与实现利润按0.8∶1的比例挂钩浮动；企业计划内产品

首钢二号高炉

有15%的自销权（原冶金局企业为2%）；承包期从1981年到1995年。

首钢承包制是一项庞大的系统工程，通过"包、保、核"落实到全体职工，把企业生产经营活动联成一个有机整体。改革激发出广大职工主人翁精神和当家理财的积极性，职工们说："经济责任制，一符合经济规律，二符合党的政策，三符合群众的心愿。"原来有些职工看到浪费企业财产无动于衷，承包后降低成本观念明显增强。运输部卸车机上用的钢丝绳，过去是用坏一头就换新的，承包以后，一头用坏倒头用，两头用坏后，切短让电铲用，电铲用坏再切短让推土机用，真正做到了物尽其用。万里等中央领导来首钢视察时称赞说：这是人人都在当财政部长。经过承包制改革，企业经济效益、劳动生产率明显提高。首钢承包制期间，钢产量从1978年的179万吨增加到1994年的824万吨，位居全国第一，各项经济技术指标一直处于国内同行业领先水平。

首钢承包制改革在传统计划经济体制上打开一个缺口，初步改变了企业只按照国家指令性计划生产，不了解市场需求、不关心产品销路、不关心盈利亏损的情况。重新划分了国家同企业之间、企业同职工之间的责、权、利关系，贯彻了按劳分配的原则，进一步调动了企业和职工的积极性。1979年至1982年城市经济体制改革试点仅仅是初步的，虽然改革不同程度地触及了城市经济体制存在的主要弊端，但要从根本上解决问题，还需要进一步改革。

二、前门大碗茶

知青大量返京，国营和集体企业无法提供如此多的就业岗位。1979年，全市待业人数达40万人，成为影响社会稳定的重要问题。同时，"文化大革命"期间商业和服务业受到重大冲击，城里吃饭难、住店难、理发难、修车难、做衣难的问题很严重。一方面很多事没有人干，另一方面很多人却没有事干，如何打破这种困局，是当时急需解决的迫切问题。

1979年6月，宣武区大栅栏街道供销组组长尹盛喜，和25名待业青年，在前门箭楼西侧人行道上，挂起了"青年茶社"的牌子。他们借了1000元钱，搭起一个占地30平方米的席棚，买了6把大铁壶、100个粗瓷大碗，自己动手垒起炉灶，用木板架起条桌和长凳，卖起了2分钱一碗的大碗茶。这一举动无疑是对传统观念的巨大挑战，许多人对他们瞧不惯、看不起，家人也觉得这样做低人一等，有些部门认为路边摆摊影响市容、要拆除，更有一些不三不四的人出来捣乱。他们顶住压力，一年后，便从"青年茶社"发展到经营全国各地1000多种商品、安置待业青年130多人的"北京大栅栏贸易货栈"。尹盛喜成了敢于"吃螃蟹"的人，勇敢地迈出了第一步。如今，大碗茶已经发展成享誉京城的老舍茶馆，集品茶、饮食、赏戏、表演等经营于一身，是一张京味文化的金名片。

卖大碗茶的尹盛喜（1938—2003）

在鼓励发展城市集体经济的同时，个

体经济的发展也有所突破。1980年初，刘桂仙和丈夫在翠花胡同开了悦宾饭馆，这便是改革开放后北京第一家有营业执照的个体餐馆。开业当天饭馆就赚了40多元，相当于刘桂仙丈夫一个月的工资。实际上，当年的悦宾饭馆不光只是个饭馆。在外国人眼里，它是中国改革开放的晴雨表。合众国际社报道说："在共产党中国的心脏，美味的食品和私人工商业正在狭窄的胡同里恢复元气。"而在中国人眼中，它代表着党的政策及未来发展方向。

1980年11月，市政府正式批转市工商局《关于允许个体户从事饮食小吃和小商品经营的请示》，成立北京市发展第三产业领导小组、北京市劳动服务公司，推动发展集体经济。不到两年时间，市、区县都成立了管理和协调个体工商户的机构——个体劳动者协会。1980年至1984年，全市属于城市集体经济的商业、饮食业、服务业网点由5397个发展为14600个，就业人员由6.45万人增长为17.3万人；属于个体经济的商业、饮食业、服务业网点由2421个发展为39351个，就业人员由2589人增长为5.36万人[①]。广开门路安置待业青年和加快发展城市服务业的政策措施，推动了全市集体经济和个体工商业的发展。

三、兴建建国饭店等合资企业

国门打开后，来京境外人员激增。1978年，北京只有11家涉外饭店，人多房少，住宿成了大问题。客人来了，没地方住，接待方不得不把劳累一天的客人用汽车送去天津过夜，还有的调用飞机送到南京过夜，弄得客人疲惫不堪、怨声载道。

为解决这一问题，国务院专门成立"利用侨资、外资建设饭店领导小组"，北京市也成立了"建设饭店领导小组"。不久，五届全国人大第二次会议通过我国第一部涉外经济法规《中华人民共和国中外合资经营企业

[①] 谢荫明等：《北京改革开放简史》，中央文献出版社2008年版，第51页。

法》。国务院印发《中外合资经营企业登记管理办法》、《中外合资经营企业劳动管理规定》和《关于中外合营企业建设用地的暂行规定》，进一步推动合资经营做到有法可依。

经过艰难的谈判，1979年4月21日，市旅游局最终与美国陈宣远集团签署协议，决定在北京兴建建国饭店。中外合资双方虽然签了协议，可手上没钱，怎么办？过去的观念认为欠债是不光彩的，向外国银行借钱，心里更不是滋味。陈宣远集团通过律师反复做中方思想工作："我们要学会用1元的本钱做10元的生意，用银行的钱发展自己的事业"，中方最终接受了向境外银行商业贷款的意见。建国饭店总投资为2229.3万美元，其中2160万美元是向汇丰银行贷款，中方占51%、外方占49%，全部贷款在10年合营期内分期偿还。1982年，建国饭店开业，营业头一年即盈利150多万美元，第二年盈利400多万美元，第三年盈利800多万美元，第四年盈利1500万美元，仅用了4年多时间就连本带息还清了汇丰银行的全部贷款。中方算了一笔账，1块钱的本钱做了30多块钱的生意，赚了114倍的利润，还上缴国家1.45亿元的税费。

为了弥补管理经验的不足，饭店合资双方聘请有几十年饭店管理经验的香港半岛酒店集团参与北京建国饭店管理，很快就以服务质量好蜚声中外，受到国内外宾客的好评。作为第一家中外合资饭店，建国饭店为我国饭店业的改革提供了宝贵的经验。1984年7月，国务院批转国家旅游局《关于推广北京建国饭店经营管理方法有关事项的请示》，指出：在全国选择50家饭店作试点，推广建国饭店在中外合资与经营管理上的经验。这对推动我国饭店业的现代化发展起到了较好的示范作用。

建国饭店今貌

除了饭店业，1980年5月3日，民航北京管理局和香港中国航空食品有限公司合资开办

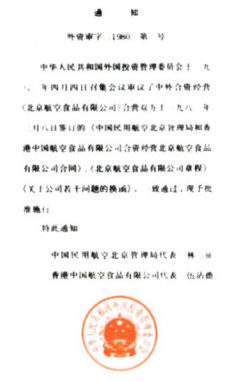

中华人民共和国外国投资管理委员会外审字〔1980〕中外合资企业001号营业执照

北京航空食品有限公司外景

的北京航空食品有限公司在首都机场开业，成为国家外国投资管理委员会批准的第一家合资企业。1983年3月，北京汽车制造厂通过引进美国先进生产技术，采取来件组装和国产化相结合的方式，成立中国汽车行业最早的中外合资企业——北京吉普汽车有限公司。

利用外资、引进技术，为北京经济发展和科技进步赢得了时间，缩小了北京工业技术水平同国际先进水平之间的差距，加快了社会主义现代化建设进程，是一项具有深远意义的有益探索。

四、共建"文明一条街"

改革开放和发展商品经济的客观环境，迫切要求加强精神文明建设。1981年2月，全国总工会等9家单位联合发出《关于开展文明礼貌活动的倡议》，开展以"讲文明、讲礼貌、讲卫生、讲秩序、讲道德和心灵美、语言美、行为美、环境美"为内容的"五讲四美"活动。1982年2月，中共中央根据广大群众的要求，倡导从3月开始，开展第一个"全民文明礼貌月"活动，并增加了"三热爱"内容，即"热爱祖国、热爱社会主义、热爱中国共产党"。

早在1978年12月,市委就在青年中开展"学雷锋 树新风"活动。清华大学学生发出"从我做起,从现在做起"的倡议。中共中央书记处对首都建设的四项指示中,明确提出要把北京"建设成为全中国、全世界社会秩序、社会治安、社会风气和道德风尚最好的城市""变成全国环境最清洁、最卫生、最优美的第一流的城市"①。1982年,中共中央发出倡议,北京"五讲四美三热爱"活动迅速开展起来,涌现出许多先进典型,优秀警卫战士袁满囤就是其杰出代表。

1982年2月24日临近午夜,柳荫街北边的什刹海突然传出"救人"的呼声。正要上岗的警卫战士袁满囤闻声向后海跑去,就见两个黑影在冰窟中一起一伏,情况十分危急。他脱去棉衣,奋力破冰向前,抓住落水人游向岸边。闻讯赶来的工人、战士都要下水救人,他让大家在岸上接应,自己再次返回水中。工人得救了,他却献出了年仅21岁的生命。

战士们向袁满囤(1961—1982)烈士塑像敬献花篮

为纪念袁满囤,徐向前元帅亲笔题词"优秀警卫战士袁满囤烈士",柳荫街老百姓在街心花园建起袁满囤塑像。在徐向前元帅的关怀下,柳荫

---

① 段柄仁主编:《北京市改革十年(1979—1989)》,北京出版社1989年版,第19~20页。

街军民率先开展军民共建"文明一条街"活动,成立共建领导小组、制定军民共建条约。官兵们帮居民打扫卫生、购粮买煤、理发洗澡,还把营门小院腾出来,盖起简易存车棚,准备好修理工具和打气筒,老百姓称它为"爱民车棚"。居委会老主任高玉桂四世同堂,孩子们孝敬她的东西舍不得吃,送给了"兵儿子"。看到站岗战士打个寒战,她就连夜为战士织毛衣,被战士们亲切地称为"柳荫妈妈"。从柳荫街开始,军民共建活动走向全国大中城市。

在第一个"文明礼貌月"活动中,北京市始终贯彻"人民城市人民建"的方针,把广泛发动群众同有计划的综合治理结合起来。围绕搞好环境卫生,解决一个"脏"字;整顿公共秩序,解决一个"乱"字;改进服务态度,解决一个"差"字。商业服务业结合学习张秉贵手中"一抓准"、嘴巴"一口清",将为顾客服务变为商业艺术的"一团火"精神,制定《文明服务守则》,在校学生制定《小学生守则》《中学生守则》,市民制定《市民公约》,"门前三包(包卫生、包绿化、包秩序)"责任制在全市普遍开展起来。

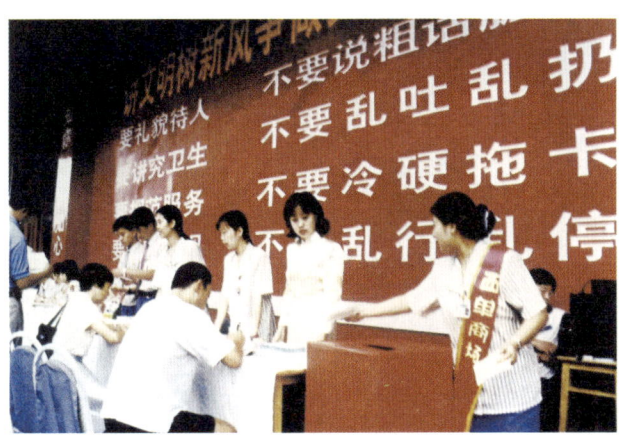

西单商场开展"五讲四美三热爱"活动

经过持续努力,市民道德风尚明显提高,市容市貌、社会治安、社会秩序及服务态度、质量都有了比较明显的变化。

思考题

1. 如何看待真理标准问题讨论与党的十一届三中全会实现伟大历史转折之间的关系?
2. "京郊之路"的特色做法是什么?
3. 北京城市改革的主要内容有哪些?

延伸阅读

1. 中共中央党史研究室第三研究部编:《邓小平与改革开放的起步》,中共党史出版社2005年版。
2. 段柄仁主编:《北京市改革十年(1979—1989)》,北京出版社1989年版。

第九章　开拓新篇

——探索适合首都特点的改革开放及社会主义现代化建设道路

（1982—1992）

党的十二大提出建设有中国特色的社会主义重大命题，改革开放全面展开。党的十三大系统阐述了社会主义初级阶段理论，明确提出党在社会主义初级阶段的基本路线，确定了社会主义现代化建设"三步走"发展战略。市委市政府认真学习贯彻党的十二大、十三大精神，带领全市人民落实市第五次、第六次党代会重大部署，制定城市建设总体规划，成功举办第 11 届亚运会，探索企业承包责任制与股份制，扩大农村多种经营，加快科技、教育、文化和卫生事业的改革，全面开创北京社会主义现代化建设新局面。

第一节　改革开放全面展开

党的十二大①明确提出建设有中国特色的社会主义的重大命题、"小康"战略目标和新时期总任务②，改革开放全面展开。为贯彻党的十二大精神，1982年11月6日至13日，市第五次党代会召开，提出新的历史时期的奋斗目标：经过15年或更长一些时间的努力，把北京建成全国、全世界社会秩序、社会治安、社会风气和道德风尚最好的城市；建成全国科学、文化、技术最发达，教育程度最高的第一流城市。市委带领全市人民不断深化改革开放，各项事业呈现出崭新局面。

一、制定北京城市建设总体规划

面对改革开放的新形势，北京的建设如何适应现代化的要求？如何与大国首都地位相称？北京在想，中央也在思考。早在1980年4月，中央书记处召开会议，对新时期北京建设进行研究，提出四项指示：第一，

---

① 1982年9月1日至11日，党的十二大召开。邓小平致开幕词，胡耀邦作《全面开创社会主义现代化建设的新局面》的报告。十二届一中全会选举胡耀邦为中央委员会总书记，决定邓小平为中央军事委员会主席，批准陈云为中央纪律检查委员会第一书记，邓小平为中央顾问委员会主任。

② 新时期总任务：团结全国各族人民，自力更生，艰苦奋斗，逐步实现工业、农业、国防和科学技术现代化，把我国建设成为高度文明、高度民主的社会主义国家。

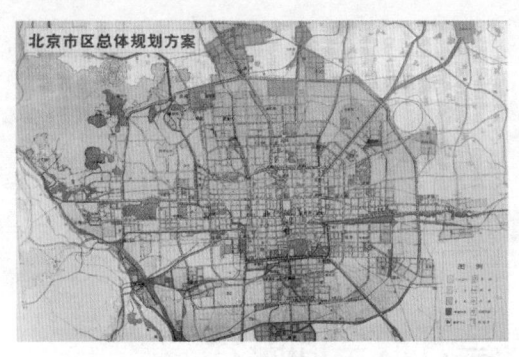

北京市区总体规划方案示意图（1982）

要把北京建设成为全中国、全世界社会秩序、社会治安、社会风气和道德风尚最好的城市。第二，要把北京变成全国环境最清洁、最卫生、最优美的第一流的城市。第三，要把北京建成全国科学、文化、技术最发达，教育程度最高的第一流的城市。第四，要使北京经济上不断繁荣，人民生活方便、安定。要着重发展旅游事业、服务行业、食品工业、高精尖的轻型工业和电子工业。

根据中共中央对首都建设方针的指示要求，1981年成立以市长焦若愚为主任的市城市规划委员会，立即着手编制新的首都建设总体规划。1982年12月，根据"四项指示"修订的规划方案上报国务院。1983年7月，中共中央、国务院对《北京城市建设总体规划方案》作出批复，决定原则上批准，并提出十条重要批复意见（简称"十条批复"），对北京的城市性质和定位，人口控制目标，工业、农业、商业发展，保护历史文化名城，城市建设和环境建设等提出明确要求。这是北京市第一个得到中央正式批准的总体规划，在全国城市中也是第一个。

规划明确北京城市定位是全国政治中心和文化中心。提出"治山治水，绿化造林，防治污染，兴利除弊，提高环境质量"的方针和若干具体的规划设想，要求尽快绿化1000万亩宜林山地，建立自然保护区和防护林，保护水源，严格控制和治理污染源，大力做好环境建设。依据"旧城逐步改建，近郊调整配套，远郊积极发展"的方针，调整城市布局。强调加强和加快城市基础设施和生活服务设施建设的重要性，建设环路，完善铁路枢纽，扩建首都机场，增建水厂等。坚持按比例建设住宅和生活服务设施，明确以居住区作为组织居民生活相对独立的基本单位。继续强调严格控制城市人口规模的方针。

在《北京城市建设总体规划方案》指导下，通过贯彻落实"四项指示"和"十条批复"，城市建设有了较快的发展，整个城市面貌发生了较大变化。道路桥梁、公共交通、供水排水等市政公用设施加快建设，城市住宅建设和其他各类房屋建筑迅速发展，建成劲松、团结湖、左家庄等20多处建筑面积在10万平方米以上的住宅区。郊区县城和村镇的面貌也有了明显变化，黄村、昌平两个卫星城和13个集镇、37个新农村的建设初具规模。城市绿化、美化水平有了较大提高。1981年至1987年，城市植树1600万多株，铺草坪770多万平方米，新辟街头绿地92公顷，新建公园10个，改建、扩建公园15个[1]；郊区荒山造林13万多公顷，平原植树1亿多株，大大减少了风沙对北京城的侵害。

二、探索国企改革

1984年10月，党的十二届三中全会召开。大会通过《中共中央关于经济体制改革的决定》，提出和阐明加快以城市为重点的经济体制改革的必要性、紧迫性，规定了改革的方向、性质、任务和各项基本方针政策。

市经委和有关综合部门于1986年底联合下发《关于1987年工业生产若干政策的暂行规定》，制定了搞活企业、实行各种承包经营责任制原则。针对试点重点企业的不同特点，确定上缴利润递增包干、上缴利税递增包干、超收分档分成、上缴利润基数包干、超收全留、减亏包干等多种形式的承包经营责任制。其中影响最大的，是1987年推出"两保一挂"[2]承包经营责任制改革。北京第一机床厂等8家企业率先实行。到

---

[1] 《当代中国》丛书编辑委员会编：《当代中国的北京》（上），中国社会科学出版社1989年版，第205页。

[2] "两保"是指一保国家财政收入，二保企业发展后劲；"一挂"是指职工工资与企业经济效益挂钩。

北京第一机床厂等8家企业率先实行"两保一挂"承包制

1987年底,全市预算内433户工业企业全部推行了此项改革,占企业总数的90.3%。

根据中央进一步搞好国营大中型企业的精神,1991年,市委市政府下发《关于进一步搞好国营大中型企业的若干政策》,提出8种转换企业机制的改革形式(俗称"八条船"):一是投入产出总承包;二是比照中外合资企业的部分政策;三是税利分流,税后还贷;四是实行发展高新技术的政策;五是建立股份制企业;六是完善"两保一挂"承包经营责任制;七是减亏责任制;八是引进外商资金、技术、智力和管理经验。不同类型的企业,可以根据情况分期分批选择适用的改革形式。"八条船"改革,使国有企业普遍实行了承包经营责任制,强化了自主经营观念,为向现代企业制度过渡积累了经验,在国有企业改革史上具有承上启下的历史意义。

天桥百货商场对股份制改革进行了有益探索,先行上了第五条"船"。天桥百货商场曾经是全国第一面"商业红旗",由于经营体制的问题,从1982年开始,企业效益日益下滑。商场领导班子开始思考公司的出路。天桥百货商场只是崇文区百货公司下属的一个科级单位,总经理只有10元钱的审批权,这在当时也就是"一把笤帚"钱,即使给员工修个新厕所,也需要上面拨款。

在国家及有关部门尚未制定出关于股份制的具体政策、法令及管理办法的情况下，天桥百货商场参考国外股份制企业的经验进行探索，摸着石头过河，1984年率先试行股份制。首先，确定改革的宗旨和性质，即"为进一步贯彻'对外开放，对内搞活经济'的方针，认真贯彻国家的各项政策，改革商业体制；实行政企分开，所有权与经营权分离，扩大企业自主权，发挥职工的积极性和创造性，更好地为人民服务"。以此为准，对经营范围、股份公司组织形式、决算与盈余分配等问题作了具体规定。7月26日，北京市天桥百货股份有限公司召开成立大会，工商银行现场代理发行第一批股票300万元。仅五六天时间，股票就被抢购一空。天桥百货股份有限公司成为北京市第一家股份制有限公司。

随后，北京旅行车股份有限公司、北京市天龙股份有限公司相继成立。到1988年6月底，全市实行股份有限公司形式的股份制企业共有9家，累计发行140291股，发行金额1402万元。

1993年5月24日，北京市天桥百货股份有限公司、北京市天龙股份有限公司在上海交易所挂牌交易。图为股票上市新闻发布会

三、推广农村多种经营模式

联产承包制、调整产业结构、搞活流通等一系列改革,使京郊农村经济发生深刻变化,但也出现了农民种粮积极性下降、农业比较效益下降、农业机械使用不便等新的问题。究其原因,狭小分散的经营规模,既不能满足农民追求富裕的现实要求,又限制了机械化和先进科学技术的应用。而那些一直坚持专业承包、规模经营的社队,则保持了农业的稳定增长。经过分析比较,认识到推行专业承包、适度规模经营、提高经济效益,是加快农业向大规模商品化生产转化、向现代农业转化的途径。1985年开始,市委在京郊平原发达地区逐步推行农业适度规模经营。

适度规模经营是对原有土地承包关系的调整,土地相对集中后,采取何种经营形式是个问题。经过筛选、比较,逐步形成集体农场、专业队和专业户3种主要经营形式,以及企业"以厂带地"、农机站"以机带地"等其他形式。顺义县首先实行农业集约化、机械化。当时黑龙江省佳木斯联合收割机厂年产收割机320台,销量低迷,处境困难。顺义提出首批购进240台订货要求后,该厂负责人起初担心以一个县的实力支付不起这笔巨大的资金,但是在得知货款由县委、各公社、银行各支付1/3后才吃了定心丸。工厂不仅找部队专列负责收割机运送,还特别雇用260名收割机手和维修人员到顺义帮忙指导。农业机械化使效益明显提高,不仅提高了全县的粮食总产量和亩产量,而且进一步解放了劳动力[1]。

适度规模经营的好处:一是种地收入超过做工收入,而劳动强度却小于工业,农民种粮的积极性提高了;二是农业有了自身的积累,农民每承包一亩交25元积累,每个劳力平均交500元左右,使农业有了自我发展能力;三是出现了新的机器热,1991年全县大中型农机总台数达3600台;四是实行大面积喷灌,土地利用率提高23.5%;五是统一使用良种,推广先进技术,促进了乡镇企业和多种经营的发展。

---

[1] 牛金香:《适度规模经营在农业发展中的突破》,《顺义时讯》2011年5月20日。

顺义县的农业适度规模经营试验，受到党中央、国务院的重视和支持。1988年6月，国务院正式批复同意在顺义县建立农村改革试验区，进行农业适度规模经营试验。11月，市委市政府印发《关于顺义土地适度规模经营调查报告的通知》，肯定顺义土地适度规模经营找到了"解决种粮农民收入低，调动农民积极性，保证粮食持续增产的有效途径，对农村改革和发展的全局具有重要意义"。

在平原推行适度规模经营的同时，有的区县利用山区资源，进行经济沟开发。远郊山区人均耕地面积小，但山场广阔，有上千条经济沟坡可供开发。房山、昌平、怀柔等地对山、水、林、田、路实行综合治理，在经济沟实现了农林牧业生产的有机结合，使这些山区在三五年间就有了很大的变化。生态发育良好，也逐步奠定了京郊山区旅游的基础。由于采取灵活适宜的政策，京郊山区经济发生很大的转变，1982年至1990年，山区工业年均增长率为34.1%，大大超过农业7.9%的年增长率，乡镇企业发展实现总收入5.2亿元，占农村总收入的81.3%。

京郊农村多种经营方式的施行，提高了劳动生产率，增加了粮食产量和种粮收入，推进了种植业技术改造，加快了农业现代化步伐。

顺义实行农业适度规模经营，1989年粮食取得大丰收

第二节　深化经济体制改革

党的十三大[①]把党在社会主义初级阶段的基本路线概括为"一个中心、两个基本点",确定了"三步走"[②]发展战略。为全面贯彻落实党的十三大会议精神,加快改革开放的步伐,1987年12月13日至17日,市第六次党代会召开。大会对北京经济社会发展的战略任务、深化经济体制改革、从严治党作出部署,为北京经济社会发展沿着中国特色社会主义道路继续前进奠定了基础。

一、建立北京新技术产业开发试验区

20世纪70年代,以美国为代表的西方发达国家兴起一股新技术革命的浪潮。1979年,中国科学院物理所研究员陈春先到美国考察,发现硅谷和

[①] 1987年10月25日至11月1日,党的十三大召开。大会系统阐述了党在社会主义初级阶段的基本路线,即"领导和团结全国各族人民,以经济建设为中心,坚持四项基本原则,坚持改革开放,自力更生,艰苦创业,为把我国建设成为富强、民主、文明的社会主义现代化国家而奋斗"。

[②] 第一步,到20世纪80年代末实现国民生产总值比1980年翻一番,解决人民的温饱问题,这在20世纪80年代末已基本实现;第二步,到20世纪末国民生产总值再增长一倍,人民生活达到小康水平;第三步,到21世纪中叶基本实现现代化,人均国民生产总值达到中等发达国家水平,人民过上比较富裕的生活。

128号公路两侧有几百家技术扩散式的高技术小工厂。一家专做超导磁体小厂的教授对他说:"我们有思想,别人有钱,结合起来,就办起了公司,于是思想就变成了钱。"陈春先敏锐地捕捉到世界高新技术的发展方向,决心在中关村也创办一家这样的公司。

在市科协的支持下,1980年10月23日,在中科院物理所一室的一间无人问津的库房里,担任北京等离子体学会副理事长的陈春先,与纪世瀛、崔文栋等科研人员一起,成立了北京等离子体学会先进技术发展服务部(以下简称"服务部"),中关村第一家民办科技机构诞生了,这也是中关村电子一条街①科技企业最早的雏形②。

服务部主要做技术咨询业务,一年下来有两三万元生意,扣除成本每人每月有8~15元的津贴,在当时相当于涨了两级工资。这件事很快传开,并在中科院引发争论,有人说他们"搞乱了科技人员的思想,搞乱了科研秩序"。服务部被封门查账,业务骨干受到打击。就在这困难时刻,国务院副总理方毅在新华社内参上明确批示:陈春先同志的做法是完全对头的,应予鼓励。1983年1

陈春先(1934—2004)

北京等离子体学会先进技术发展服务部成立地点

---

① 指以从白石桥到中关村302路公共汽车终点站南北大街为主干、以中关村—海淀大街—土城路为支线的"F"形地区。
② 张福森主编:《中关村改革回忆录丛书之一:中关村改革风云纪事》,科学出版社2008年版,第4页。

月25日，中央人民广播电台在广播中明确指出：陈春先带头搞技术扩散，服务部的大方向完全正确。在中央领导的支持下，3个月后，陈春先等人成立华夏新技术开发研究所。此后，中关村电子一条街迅速发展起来，并促成北京新技术产业开发试验区的成立。

20世纪80年代的中关村电子一条街

改革需要顶层设计的指引。1984年10月，党的十二届三中全会通过《中共中央关于经济体制改革的决定》指出，"科技体制和教育体制的改革越来越成为迫切需要解决的战略性任务"[①]。根据中央精神，同年底，海淀区第四次党代会明确提出建立"新技术、新产业开发区"的发展目标。1985年3月，《中共中央关于科学技术体制改革的决定》指出，"为加快新兴产业的发展，要在全国选择若干智力资源密集的地区，采取特殊政策，逐步形成具有不同特色的新兴产业开发区"[②]。1988年5月，国务院正式决

[①]《中共中央关于经济体制改革的决定》，中共中央文献研究室编：《十二大以来重要文献选编》（中），人民出版社1986年版，第583页。

[②]《中共中央关于科学技术体制改革的决定》，中共中央文献研究室编：《十二大以来重要文献选编》（中），人民出版社1986年版，第667页。

定以中关村地区为核心、建立中国第一个新技术产业开发试验区。5月20日，市政府颁布经中央批准的《北京市新技术产业开发试验区暂行条例》（即"十八条"），划定以中关村为中心、方圆约100平方公里的试验区面积。6月，组建由国家科委、国家教委、国防科工委、中科院等部门参加的北京市新技术产业开发试验区协调委员会，同时以公开招聘的方式，组建试验区办公室。9月，试验区从海淀区经委接收电子一条街十大公司指导管理责任，并认定第一批118家新技术企业。

试验区新技术企业发展迅速，高新技术产品大批涌现。1988年、1989年两年，试验区总收入达32亿元、创汇5000万美元。至1990年底，试验区按照国家科委和市政府规定的标准，批准新技术企业930家，认定2027项高新技术及其产品。

中关村标志性雕塑"双螺旋"（现易名为"生命"）

二、实施星火计划、火炬计划、工业技术振兴计划

按照"经济建设必须依靠科学技术，科学技术工作必须面向经济建设"的战略方针，为促进科技与经济相结合，加速科技发展步伐，20世纪80年代中后期，我国科技工作实施星火计划、火炬计划，并取得了令人瞩目的成就。在国家科技发展方针的指导下，北京发挥首都优势，在科技与农村经济结合、高新技术成果转化为生产力等方面取得了巨大成效，并产生良好经济效益。

市科委根据国家科委星火计划基本精神，结合北京科技与农村经济发

北京市"星火计划"优秀生产者、长毛绒厂厂长杨松旺（右四）和干部、科技人员共同研究开发新产品

展的实际，制定《北京市"星火计划"纲要》，围绕现代化副食品商品基地建设，发展为城市人民生活服务及首都市场特需的粮食、蔬菜、畜禽、水产、干鲜果品等的生产、加工、储运等综合配套技术，建立科研生产示范基地；用先进而适用的科学技术改造和发展一批专业化生产企业；按照郊区的不同条件，发展为大工业配套和为出口服务的加工工业，逐步形成郊区农村乡镇工业特点。至1990年，北京组织实施国家、市、县（区）三级星火计划项目923项，累计新增产值21.2亿元。完成粮食、蔬菜、畜禽、水产等方面的现代化农业生产配套技术48项，建立科研性开放基地12个，部署星火技术示范区8个，为农村培训各类技术和管理骨干30万人，有效地促进了京郊农业现代化的建设①。

为促进高新技术研究成果的商品化和高新技术产业的形成与发展，1988年8月，国家科委推出火炬计划。同年11月，市政府批转市科委《关于组织实施北京市火炬计划的意见》，批准由市科委负责组织和管理北京市火炬计划实施工作。截至1991年，组织实施4批火炬计划项目共197项，其中107项被选为国家级火炬计划项目，使一批

北京市人民政府文件

京政发〔1988〕117号

北京市人民政府批转市科委关于
组织实施北京市火炬计划意见的通知

各区、县人民政府，市政府各委、办、局，各总公司，各高等院校：

市科委《关于组织实施北京市火炬计划的意见》，已经市政府同意，现转发给你们，请认真组织落实。

实施火炬计划，是北京工业发展战略的重要组成部分，对于首都的经济发展和科技进步具有重大的、深远的意义。各单位要十分重视，根据各自的具体情况，在搞好调查研究的基础上，制定本地区、本部门高技术、新技术

—1—

《北京市人民政府批转市科委关于组织实施北京市火炬计划意见的通知》

---

① 北京市地方志编纂委员会办公室编：《北京志·科学卷·科学技术志》，北京出版社2005年版，第172页。

高新技术成果迅速转化为生产力,加快了技术革新和技术革命的步伐。火炬计划为发展高新技术产业,促进传统工业的技术改造,开拓国际市场起到很好的促进作用,为北京经济发展和产业结构转型起到明显的推动作用。

为加强科技与经济的结合,使经济建设进一步转到依靠科技进步的轨道上来,1987年5月,市政府批准实施工业技术振兴计划,促使工业走内涵发展的道路。工业技术振兴计划选择食品加工、民用电器、电子信息、轻型汽车、纺织服装、印刷包装装潢、精密及智能化机械、新型仪器仪表和新型材料等有优势、有基础、适合在首都重点发展的行业为主要领域,以大中型企业为主要对象。根据首都城市建设的方针,遵循"高科技要产业化、传统产业要高技术化"的方向,以调整产品结构和产业结构为中心,提高工业综合技术水平,逐步实现北京工业向"效益型""内涵型"的转变,为实现工业升级换代奠定了良好的基础。

1981年,顺义南法信针织厂和北京第一针织厂建立协作关系,加工针织品

工业技术振兴计划取得了可喜成效,一批多年形不成生产能力的科技成果在规模生产上取得突破,产生良好的经济效益。在一些重点行业,部署了一批效益好、有后劲的项目,推动产业结构调整。如纺织行业通过技术开发,提高了产品加工技术水平,印染产品出口比例由1988年的

34%提高到1989年的54%,针织品出口比例由1988年的17%提高到1989年的55%。

三、实施治理整顿

在经济加速发展过程中,1984年下半年开始,我国经济运行中出现一系列不稳定、不协调的问题,突出表现为通货膨胀加剧,价格改革过渡措施——价格双轨制的负面影响逐步显现出来。面对这一严峻局面,1988年9月,党的十三届三中全会确定了治理经济环境、整顿经济秩序、全面深化改革的指导方针,作出今后两年改革和建设的重点,突出地放到治理环境和整顿秩序上来的重大决策。10月,市委六届四次全体(扩大)会议传达贯彻中央十三届三中全会精神,审议部署本市治理经济环境、整顿经济秩序、全面深化改革的意见。

针对基本建设规模过大、战线过长、物价上涨幅度过大过猛、流通领域秩序混乱、消费需求过热、财政负担日益沉重等问题,制定和采取了相

北京人民印刷机械股份有限公司向社会公开发行股票

关措施。治理经济环境，主要是压缩和控制固定资产投资规模，抑制通货膨胀；清理中央在京的和本市全社会固定资产投资项目，压缩开复工面积，严格按国家规定的基本建设程序办事；控制消费基金的过快增长，特别是坚决压缩社会集团购买力，有计划地调整和引导消费。各级政府和业务主管部门严格控制出台涨价项目，继续广泛深入地开展物价大检查，坚决控制物价上涨。有步骤地进行工资制度改革，克服平均主义，同时逐步解决分配不公问题。各金融机构积极清理收回不合理的贷款、过期未归还的贷款和呆滞贷款，积极发展债券、股票市场，加强资金融通和吸收社会游资，稳定金融。

整顿经济秩序，主要是全面整顿经济生活中特别是流通领域的各种混乱现象。打击倒买倒卖重要生产资料和紧俏耐用消费品以及制售假冒商品、刊播虚假广告的违法经营者。抓好粮食和副食品生产，解决好"菜篮子"问题。对国内供需矛盾较大的商品，尽量考虑本市的需要，适当减少出口，增加内销。保持经济适度增长，下大力量改善和增加有效供给。严格控制财政支出，对行政事业单位预算外资金，全面实行"专户存储"，开展"双增双节"运动，开源节流。

经过治理整顿，首都市场货源充足、价格稳定。图为西单菜市场熟肉制品柜台一角

上述措施的有效实施，使长期形成的总需求大大超过总供给的矛盾开始缓解，经济环境得到改善，治理整顿和深化改革取得了明显成效。零售物价上涨幅度得到有效控制，固定资产投资规模和消费基金膨胀得到抑制。1989年地方全社会固定资产投资规模压缩31.8亿元，比上年实际压缩了32.8%，停缓建项目549个，投资规模过大的局面初步扭转。社会集团消费品零售额增长3%，大大低于1988年增长28.7%的幅度，流通领域中的混乱状况得到治理。

20世纪80年代末，世界形势复杂多变。国际大气候和国内小气候预示着一场大的政治风波不可避免。正当治理整顿工作深入开展的时候，1989年春夏之交，北京发生政治风波。在关系党和国家生死存亡的关键时刻，中央政治局在邓小平和其他老一辈革命家坚决有力的支持下，依靠人民，于6月4日一举平息了这场风波，捍卫了我国社会主义性质的国家政权，维护了人民的根本利益。1989年6月23日至24日，党的十三届四中全会举行，强调要继续坚决执行党的十一届三中全会以来的路线方针政策，继续坚决执行党的十三大确立的"一个中心、两个基本点"的基本路线；四项基本原则是立国之本，改革开放是强国之路[①]。全会选举江泽民为中央委员会总书记。

党的十三届五中全会作出《关于进一步整顿和深化改革的决定》，决定再用3年或更长一点时间，基本完成治理整顿的任务。北京继续压缩社会总需求，坚持财政信贷"双紧"方针，积极调整产业结构，提高经济效益。通过坚决停建、缓建在建项目，强化对固定资产投资的计划管理，严格控制新开工项目。到1991年，治理整顿的主要任务基本完成。

---

① 全会审议并通过《关于赵紫阳同志在反党反社会主义的动乱中所犯错误的报告》，全会决定撤销赵紫阳中央委员会总书记等职务。

第三节　科教文改革和党的建设

为改变国家统包统办、与经济发展相互脱节的体制、局面，随着城乡经济体制改革逐步展开，北京将科学技术、教育和文化体制改革提上议事日程。根据中央关于整党、加强党的建设的精神，市委以"把党建设成为领导社会主义现代化事业的坚强核心"为目标，清理"三种人"[①]，开展党员重新登记工作，加强与群众联系，开展党风廉政建设和反腐败工作，为治理整顿、深化改革创造了重要的思想政治条件。

一、科学教育事业改革

城乡经济体制的改革，不仅解放了生产力，促进经济的活跃和进展，也极大地推动了其他领域的改革。科学、教育等部门都在积极探索改革的路子，努力开创工作新局面。

1985年3月，中共中央作出《中共中央关于科学技术体制改革的决定》，改革科学技术体制，形成与经济、社会发展相适应、相协调的运行机制，解放科学技术生产力，促进经济和社会发展。市委市政府选择以改革事业费拨款制度为突破口，推进科研院所改革。对技术开发型研究院

---

① 指在"文化大革命"中追随林彪、江青反革命集团造反起家的人、帮派思想严重的人、打砸抢分子。

所,逐年削减事业费,放开技术市场,使科技成果作为商品进入市场,按市场交易原则取得收益;实行分类指导,对科研院所按其科技活动的特点分类,并在政策上区别对待。借鉴企业"两保一挂"办法,科研院所推行"三保一挂"①的科技承包经营责任制,取得良好成效。

北京无线电技术研究所在1989年困难年度,圆满完成"三保一挂"任务,全所一年内开题81项,完成47项,完成技术推广应用项目77个,共实现纯收入174.8万元,为我国电子测量仪器行业改革开创了一条新路。

1992年,市科委、市人事局联合下发《关于北京市市属科研院所全员聘任制试行办法》,规定市属科研院所在实行"三保一挂"科技承包经营责任制、实行系统优化组合的基础上,探索人事制度改革,试行全员聘任制。到1994年,已有10个院所进行试点,4000名职工实行全员聘任制,占全市院所职工总额的15%。改革激发了科技人员的积极性,推动了科研与经济建设的结合。

教育系统在整顿学校秩序基础上探索改革的路子。1983年9月7日,北京景山学校给邓小平写了一封500多字的信,信中想请邓小平为学校题词,指明教改的方向。9日,邓小平为景山学校题词:"教育要面向现代化,面向世界,面向未来。""三个面向"不仅是对景山学校的要求,也是后来中国教育改革的总方针。

《中共中央关于教育体制改革的决定》颁布后,1985年,市委根据中央要求,提出调整教育结构,改革与现代化建设不相适应的教育思想、教育内容和教育方法。在全国率先进行中小学学校内部管理体制改革,实行校长负责制、建立教代会制度、实行聘任制和结构工资制。市属高等院校开始内部管理体制改革的试点,在招生和毕业生分配制度上进行初步改革。教学领域探索课程和教学方法的改革,中国人民大学在本科专业中增设"系统科学论""经济控制论""涉外企业管理"等112门新课。清华大

---

① "三保"指保社会经济效益、保科研水平、保科研后劲,"一挂"指指标完成情况同工资总额或奖励基金挂钩。

学、北京航空学院等8所高校开展课程评估试点，加强实践教学和实践活动，拓宽大学生的知识面，提高创新能力。

教育体制改革促进了教育事业的发展。1987年，大学、中学、中专、技校、职业高中、成人中专都完成和超额完成招生计划。高等院校在校学生（含研究生）15万多人，超过历史最高水平。城市普及九年制义务教育，学龄儿童入学率达到99.97%，初中入学率达到98.6%。1987年同1982年相比，高等院校在校生增长44.7%，中等职业技术学校在校生增长2.1倍，各类成人高等学校在校生增长1.8倍[1]。

二、成功举办第11届亚运会

举办大型体育赛事是城市崛起的标志。1990年，第11届亚运会在北京举办，这是中国第一次承办综合性的国际体育大赛，也是亚运会诞生40年来第一次在中国举办。

为营造优美环境，全市城乡大力开展绿化、美化活动，熊猫盼盼的形象装点着各个耀眼的地方。在"亚运为国增荣誉，我为亚运添光彩"的口号下，全市职工普遍开展"迎亚运、创一流、增效益"的爱国立功竞赛活动。在火炬接力、集资捐助、义演义卖义诊、义务劳动、文明啦啦队、维护社会环境秩序等活动中，群众参与的广度和深度都是空前的。一位老太太把10年积攒下来的养老金捐给了亚运会，一共是187块3毛1分钱。有许多孩子，一袋一袋地捐，全是毛票，一数半天。

为落实亚运会体育场馆及相关设施的建设，北京建筑部门承担了工程的大部分项目，并大量采用新技术、新结构、新材料、新工艺，确保工程顺利进行。如国家奥林匹克体育中心体育馆首次采用新型斜拉索"人"字形曲面网壳，覆盖面积大，净跨度长，网架安装特色突出，体现了施工的

---

[1] 北京市市长在市第九届人民代表大会第一次会议上的政府工作报告，1988年1月21日。

高水平。亚运村建设是亚运工程建设的重要组成部分，各处建筑功能齐全，造型各异，结构装修复杂，施工难度也很大。1990年5月底，亚运工程全部完成，为亚运会提供34个比赛场馆和46个练习场地。有"亚洲第一馆"之称的英东游泳馆由香港爱国人士霍英东捐资兴建，馆内一切设施均达第一流的先进水平，堪称东方传统建筑风格与20世纪建筑水平的完美结合。位于京东平谷的金海湖水上运动场，由市政设计院设计，利用海子水库天然资源修建而成，是我国第一个完全符合国际竞赛规则、规定，能够满足国际比赛要求、具有现代化设施的水上运动场地。

1990年9月22日至10月7日，第11届亚运会在北京隆重举行。37个国家和地区的6548名运动员和官员参加，是当时亚运会历史上参赛国最多、比赛项目最多的一次。中国体育健儿在这次亚运会上立下赫赫战功，北京体育健儿也为祖国、为首都争得了荣誉。

第11届亚运会的成功举办，进一步扩大了我国与亚洲及世界各国经济、文化、外交各方面的交流与合作，为后来我国举办一系列重大国际赛事提供了宝贵的经验借鉴。

1990年9月22日，第11届亚运会开幕式

三、《渴望》热播及文化体制改革

"悠悠岁月，欲说当年好困惑，亦真亦幻难取舍……"这首家喻户晓的歌曲是1990年上映的中国第一部大型通俗室内剧《渴望》的主题歌。该剧讲述了刘慧芳、王沪生和宋大成、徐月娟两对年轻人复杂的爱情经历，揭示了人们对爱情、亲情、友情以及美好生活的渴望。这是一部向中国观众第一次展示"真实"的力量，轰动全国、感动千万人的电视剧。《渴望》的成功，得益于党的文艺政策的恢复调整及文化体制改革的逐步展开。

北京文化体制改革是从艺术表演院团开始的。为解决"统得过死"和吃"大锅饭"等体制弊端，1980年，以著名京剧表演艺术家赵燕侠承包北京京剧团为开端，开始剧团内部的经营承包制改革。实行一团一队"补贴大包干"，只发工资的70%，国家不再负担其他大部分职工的福利，一切演出费用自己解决。从演出盈余中留30%的公积金，上交剧院10%。经过两期16个月的试行，改革的优越性逐渐显露。演出期间每人每月平均分红50元左右，减少国家补贴10万多元。

为了更好地推进改革，市文化局将承包制扩展到全市表演院团，先后制定并实行"六定一奖"①"三定一奖"②"双轨制"③等措施。1989年初，市文化局改革调整了北京京剧院布局，组建两个重点团，成立两个民营公助京剧团，引入竞争机制，全面推行优化组合和聘任合同制，院团活力得到增强。至20世纪90年代中期，北京地区社会力量兴办的艺术表演团体达

---

① "六定"指定人员经费、定行政经费、定业务经费、定演出场次、定下乡演出场次等，"一奖"指超额完成任务后的奖励。
② "三定"指定收入、定支出、定补助，"一奖"指超收分成奖励。
③ 一轨为少数代表国家和民族艺术水平的，或带有实验性的，或具有特殊的历史保留价值的，或少数民族地区需要国家扶持的艺术表演团体，实行全民所有制，由政府文化主管部门主办，国家主办的全民所有制艺术表演团体要少而精。另一轨为其他绝大多数的规模比较小、比较分散、演出的流动性比较强的艺术表演团体，实行多种所有制形式，由社会力量主办，自主经营、独立核算、自负盈亏。

20个，民营文艺表演团体逐渐成为演出市场的重要组成部分。

通过对表演团体改革的初步探索，"演出市场""文化市场"的概念及其地位得到了所有表演艺术从业者的认可，为影视业的发展创造了前所未有的机遇。北京作为中国的文化中心，影视业处于全国中心地位。北京电视艺术中心贯彻"二为"方向和"双百"方针，把镜头主要对准现代和当代的生活，走向了创作的"黄金时代"，拍摄了一批影响深远的电视艺术作品，出现全国"四个第一"：第一部28集长篇连续剧《四世同堂》，第一部50集室内剧《渴望》，第一部开创京味幽默剧风格的25集室内剧《编辑部的故事》，第一部全镜在美国拍摄的21集电视剧《北京人在纽约》。1986年底，北京电视艺术中心推出又一部力作《凯旋在子夜》，北京影视剧进入蓬勃发展时代。

四、把党建设成为领导社会主义现代化事业的坚强核心

党的十二大提出了"把党建设成为领导社会主义现代化事业的坚强核心"的目标及党的建设任务，制定了新的党章。针对党内实际存在的思想不纯、作风不纯和组织不纯的问题，确定从1983年下半年开始，对党的作风和党的组织进行一次全面整顿。根据党的十二大要求，1982年11月至1983年6月，北京选择北京工业大学、市委组织部等10个单位作为整党试点单位，试点工作分调查摸底、思想教育、对照检查、党员登记、健全制度5个阶段。

党的十二届二中全会通过《中共中央关于整党的决定》，明确规定整党的基本方针、基本任务、基本政策和基本方法。1983年10月，市委随即召开五届二次全会，全面部署整党工作，提出6项任务：认真学习文件、积极开展批评和自我批评、彻底清理"三种人"、坚决清理精神污染、切实整顿党的作风和大力搞好"第三梯队"建设。11月21日，成立北京市委整党办公室，并分两期进行整党工作。第一期从1983年11月至1984年底，主要整顿市级领导班子和领导机关（包括部、委、办、局）的党组织；

第二期从1984年底开始,用两年时间整顿其他所有党组织。

历时3年半多的集中整党工作于1987年6月基本结束。全市共5.1万多个党组织的85万党员分两期5批进行了整党,此后从集中整党转为经常性的建设[1]。通过整党,"文化大革命"对党的建设造成的消极影响减弱,党组织和领导班子建设得到加强,各级党委的核心领导作用、基层党组织的战斗堡垒作用和党员的先锋模范作用得到更好的发挥。党内存在的问题在一定程度上得到解决,全市党组织在思想、作风、纪律、组织等方面有了明显的进步,提高了广大党员贯彻执行党的十一届三中全会路线方针政策的自觉性,促进了思想解放。

针对一部分党员不同程度卷入八九政治风波的问题,1989年8月中共中央发出《关于加强党的建设的通知》。根据通知精神,市委对在政治风波中的重点人和重点事认真进行清查、清理。从10月底开始,市委及全市党组织用了一年多时间,集中力量抓了党员重新登记工作。到1990年底,完成重新登记工作的党支部36924个,占应进行这项工作党支部总数的86%;完成重新登记的党员643065名,占应参加登记党员总数的89.2%;全市4182名党员受到组织处理,其中开除党籍、不予登记、劝退、自行脱党或退党除名、取消预备党员资格的1306名[2]。

党的十三届六中全会审议通过《中共中央关于加强党同人民群众联系的决定》,阐明"人民群众是我们党的力量源泉和胜利之本。能否始终保持和发展同人民群众的血肉联系,直接关系到党和国家的盛衰兴亡"[3]。1990年,市委市政府领导深入企业、街道、农村、学校或施工现场,调查研究,现场办公,倾听呼声,向群众宣传党的方针政策,解决实际工作中的问题。经过政治风波,全党进一步认识到只有坚决地惩治腐败,才能

---

[1] 当代北京编辑部编:《当代北京大事记》,当代中国出版社2014年版,第429页。

[2] 北京市地方志编纂委员会办公室编著:《北京志·共产党卷·共产党志》,北京出版社2012年第1版,第207页。

[3] 中共中央文献研究室编:《十三大以来重要文献选编》(中),中央文献出版社2011年版,第38页。

真正取信于民，保持与人民群众的血肉联系。通过撤并撤销、清理整顿公司，狠抓公款请客送礼，查处违纪违法案件等有力措施，全市党风廉政建设和反腐败工作取得了较好成效，受到群众的欢迎。

通过整党、清查、清理和党员登记，保持党的纯洁性和先进性，增强了党的战斗力。党的组织建设和思想政治工作不断加强，促进了北京的政治稳定和社会稳定，为治理整顿、深化改革创造了重要的思想政治条件。

思考题

1. 北京新技术产业开发试验区是如何建立的？
2. 北京繁荣文化市场的探索对今天建设全国文化中心有什么启示？
3. 为把党建设成为领导社会主义现代化事业的坚强核心，北京有哪些具体举措？

延伸阅读

1. 中共中央党史研究室第三研究部：《中国改革开放史》，辽宁人民出版社2002年版。
2. 《当代北京简史》编辑委员会：《当代北京简史》，当代中国出版社1999年版。

第十章 世纪跨越

——把首都社会主义现代化建设事业全面推向新世纪

（1992—2002）

党的十三届四中全会以后，全党高举邓小平理论伟大旗帜，坚持"三个代表"重要思想，成功把中国特色社会主义全面推向21世纪。北京市全面贯彻落实党的十四大、十五大精神，先后召开市第七次、第八次党代会，探索建立社会主义市场经济体制，发展"首都经济"，实施产业结构调整，持续深化改革和扩大对外开放，大力加快城乡建设步伐，全面加强党的各方面建设，北京改革开放和社会主义现代化建设大步向前推进。

第一节　探索建立社会主义市场经济体制

邓小平1992年南方谈话①后,党的十四大②明确我国经济体制改革的目标是建立社会主义市场经济体制。以党的十四大精神为指导,1992年12月13日至17日,市第七次党代会召开。会议提出探索建立社会主义市场经济体制,集中精力把经济建设搞上去,加强社会主义精神文明建设,不断坚持和改善党的领导等重大任务。

一、初步建立现代企业制度

党的十四届三中全会审议通过建立社会主义市场经济体制若干问题的决定,制定了建立社会主义市场经济体制的战略部署。本着"产权清晰、

---

① 1992年1月18日至2月21日,邓小平视察武昌、深圳、珠海、上海等地并发表重要谈话,指出:"计划多一点还是市场多一点,不是社会主义与资本主义的本质区别。计划经济不等于社会主义,资本主义也有计划;市场经济不等于资本主义,社会主义也有市场。计划和市场都是经济手段。社会主义的本质,是解放生产力,发展生产力,消灭剥削,消除两极分化,最终达到共同富裕。"《邓小平文选》第三卷,人民出版社1993年版,第373页。

② 1992年10月12日至18日,党的十四大召开。江泽民作题为《加快改革开放和现代化建设步伐,夺取有中国特色社会主义事业的更大胜利》的报告。党的十四届一中全会选举江泽民为中央委员会总书记,决定江泽民为中央军事委员会主席。

权责明确、政企分开、管理科学"的要求,1994年底,北京市开始进行建立现代企业制度的试点。

按照中央的要求,北京市制定了《关于北京市进行现代企业制度试点的初步意见》,确定160余家企业(实际参加试点138家)作为建立现代企业制度的试点。试点工作抓住政企分开这一中心环节,把企业改制、改组、改造和加强管理结合起来,在理顺产权关系、建立科学管理体制、加强技术改造、分流企业富余人员等方面实现突破,推动企业转换经营机制,努力增强企业发展后劲。

位于英国伦敦的北京同仁堂药店分店

试点和推广工作取得初步经验和实效。但是,国有企业整体实力不足、部分企业长期严重亏损等问题依然存在。1997年,市第八次党代会强调要坚持现代企业制度方向,深化国有企业改革,力争用3年左右时间,使全市大多数国有大中型亏损企业摆脱困境,到20世纪末大多数国有大中型骨干企业初步建立现代企业制度。北京同仁堂股份有限公司、北京化学工业集团公司成为这方面改革的典型。

清康熙八年(1669年)创建的同仁堂药店,恪守"炮制虽繁必不敢省人工,品味虽贵必不敢减物力"的古训,确保了金字招牌长盛不衰。进入改革开放新时期,同仁堂在继承传统的基础上,不断进行企业的整合和改制。1992年7月,北京同仁堂集团公司成立,以18家工商科研单位为基础,产供销一体,科工贸结合,实行企业内部的协作生产、规模经营、专业化分工及资源的配置。1995年,集团被授予国有资产经营权,成为集生产经营与投资经营于一体的企业法人实体。1997年,由北京同仁堂集团公司独家发起,组建成立北京同仁堂股份有限公司,并在上海证券交易所上市,标志着中华老字号在现代企业制度的转变中迈出重要步伐,初步解决了传统行业国有企业经营手段落后、资金来源单一等问题,企业整体实力明显提升。

年产7万吨丁辛醇的北京化工四厂

北京化工集团原为北京化学工业局,是北京市第一家企业集团。1994年,被国务院列为全国现代企业制度百户试点企业之一。北京化工集团首先精简核心层企业,将原来15家企业精简到5家。5个核心企业和集团公司本部构成新的集团母公司。其他企业变为独立法人企业,逐步进行公司化改造,成为母公司的全资、控股和参股的子公司。整个集团形成产权明晰、以资产为纽带的母子公司体制,较好地解决了原集团公司能力不足、分公司内部运转相脱节的问题,企业经营情况明显好转。

至2000年，全市190家国有大中型骨干企业中有153家完成改制，改制面达80.5%，完成3年改革目标。到2002年底，全市498户国有大中型企业，有401户完成公司制改造工作[①]。全市企业经济效益得到提高。

北京建立现代企业制度，盘活了国有资产，提高了国有大中型企业资产的利用效率和科学化管理水平，初步构建了适应社会主义市场经济要求的企业组织形式和生产形式，为进一步改革发展积累了大量实践经验。

二、推进现代农业发展

按照"服务首都保供给、富裕农民奔小康"的方针，1993年，北京市决定在京郊实施五项工程。一是"三高工程"，通过实行农业的规模化、市场化和经营形式多样化，实现农业的高质量、高产量、高效益。二是乡镇企业"上规模、上水平"工程，从乡镇企业中选出100个有发展前途的拳头产品和重点企业进行扶持。三是国际化接轨工程，以国际化为目标，大力发展进出口贸易，大力加强农业招商引资，发展创汇农业。四是推进股份合作制工程，通过股份合作制，进行新的体制改革，为农村注入新的活力。五是开展山区致富工程，放开政策，利用市场，开发资源，调整布局，推进山区致富。同时，认真贯彻党对农村的各项政策，延长土地承包期限，鼓励家庭经营，调动农民的积极性，京郊农村面貌发生了很大变化。

北京市每年拿出5000万元，建立蔬菜基金制度，扶植发展各类型菜田，加强"菜篮子"建设。至1995年，全市基本菜田达到65万亩，其中各种日光温室达17万亩，实现蔬菜生产由近郊向远郊的转移，远郊菜田占到全市菜田面积的80%，形成南（大兴）北（延庆）两大菜园，东部（通州、顺义、平谷）三大蔬菜基地，为满足京城百姓菜篮子四季常鲜的需求服务。昌平、延庆、大兴、通州等地聘请中国农业科学院、北京农林科学

[①] 北京市地方志编纂委员会编：《北京年鉴（2003）》，北京年鉴社2003年版，第284页。

游客观看无土栽培的芹菜

院、中国绿色蔬菜中心及荷兰、日本等中外专家做技术顾问,建起6万亩出口蔬菜基地,改良土壤,净化水源和空气,实施无污染田间操作。30多个品种的京郊鲜菜热销到日本、新加坡、中国香港等国家和地区,主要有大白菜、白萝卜、圆白菜、菠菜、食用菌等,还有少量精加工蔬菜,如"樱桃番茄""钢笔黄瓜""乒乓球萝卜"等。

地处远郊的平谷,注重发挥本地资源优势,大力发展果品种植,初步形成以大华山镇为中心的6万亩大桃基地,以靠山集乡为中心的2万亩柿子基地,以镇罗营乡为中心的万亩杏基地,以大华山、乐政务、峪口3个乡镇为中心的2万亩优质苹果基地,以刘家店乡为中心的5000亩蟠桃基地,涌现出果品生产专业村108个,年果品收入超万元的专业户2691个。经过短短几年的发展,到1997年,全区果品收入达到1.62亿元,是1992年的2.3倍,有43个村果品收入突破100万元[①]。

依托首都得天独厚的科技优势,北京市将国内、国际领先的农业科技成果应用于生产,科技进步在农村经济增长中的贡献率达到47.6%。强大

---

① 中共北京市委党史研究室、中共平谷区委党史资料征集办公室:《平谷建设史》,北京出版社2008年版,第307页。

的科技支撑，使京郊农业由劳动密集的粗放型增长的传统农业，转向技术密集的集约型增长的现代农业。据统计，到1997年，京郊农村社会总产值达784.5亿元，年递增速度为20.4%。农村经济结构由农业单一发展变为一二三产业融合发展。

三、开拓城乡建设新局面

随着改革开放不断深入，北京城乡建设规模不断扩大。为实现良性发展和科学管理，1993年10月6日，国务院正式批准《北京城市总体规划（1991年—2010年）》（以下简称《总体规划》），并就城市的性质定位、经济发展方向、保护与改善生态环境、保护古都风貌、加快城市基础设施现代化建设等问题作出重要批复，提出要把北京建成经济繁荣、社会安定、基础设施及生态环境达到世界第一流水平的历史文化名城和现代化的国际城市。

根据《总体规划》及批复要求，市委市政府提出基础设施先行的城市建设方针，运用市场经济手段，将道路交通、邮电通信、水、电、气、热等基础设施建设放在城市建设首位。先后修建完成首都机场高速公路、八达岭高速公路、京津塘高速公路北京段、三环快速路、十三陵抽水蓄能电站、陕京输气工程、北京邮政枢纽、北京西站、高碑店污水处理厂一期工程等重点项目。加快城市园林建设、道路和小区绿化、城市隔离片林的营建，实施密云、怀柔水库水源保护林工程、前山脸绿化工程等8项造林重点工程。同时，北京住宅建设在整个

我国第一条利用世界银行贷款修建的跨省市高速公路——京津塘高速公路

城市建设中的地位日益突出，出现了前所未有的发展速度，形成了新区开发、危旧房改造、安居工程共同发展的新局面。在新区开发中，确立开发建设城郊十大住宅边缘集团的发展战略，望京、京通、兴涛等一大批住宅小区相继动工兴建。

望京新城地处首都东大门，紧邻机场高速路，是总体规划中酒仙桥边缘集团的一部分。其总用地面积860公顷，总建筑面积860万平方米，其中住宅建筑面积420万平方米，总人口约30万。望京新城集金融、贸易、商业、居住、旅游、文娱等多功能于一体，相当于一个中等规模的城市。

第九水厂二期工程位于市区北郊，投资近22亿元，1995年7月建成通水。该工程从密云水库取水，输送到北郊花虎沟的净配水厂进行处理。包括建成日取水100万吨的密云取水站，全长35.8公里、直径2.6米的球墨铸铁管输水线工程，净配水厂和通往市区的62公里配水管线，新建加药、反应、沉淀、煤滤、炭滤、自控、电力系统等设施，共浇筑混凝土4.3万立方米，安装进口设备300套。第九水厂二期工程建成通水，使北京市日供水能力达到100万吨，有效缓解了首都供水紧张的状况。

市第九水厂二期工程

中国生态农业第一村——大兴留民营村

大兴区长子营镇留民营村，是我国最早实施生态农业建设和研究的试点单位，被誉为"中国生态农业第一村"。该村通过大力开发利用新能源、保护生态环境、调整生产结构，形成利用生物能、太阳能，串联种植、养殖、加工、产供销一条龙的生态体系，先后获得全球环保"五百佳"、"全国绿化美化千佳村"、"北京最美丽的乡村"等称号。

经过努力，北京城市基础设施长期欠账局面得到一定程度改观，城乡面貌发生显著变化，初步形成道路纵横、环境优美、设施完善的城乡新局面。

四、开展"讲文明、树新风"活动

党的十四届六中全会指出，在把物质文明建设搞得更好的同时，切实把精神文明建设提到更加突出的地位。1997年7月，中央文明委召开全国电话会议，部署在全国开展"讲文明、树新风"活动，推动群众性精神文明创建活动深入开展，为发展社会主义市场经济营造良好的社会氛围。

按照中央要求，北京市以环境治理、文明言行、服务质量、交通秩序为重点，广泛动员，迅速行动，逐步把活动推向高潮。开展以整治环境脏乱为突破口、全面提高城市文明程度的群众性创建文明城市活动。以商业、旅游、卫生、环卫、市政公用、电信、公交、出租汽车、

《首都市民文明公约》

铁路、供电等"窗口"行业为重点,广泛开展"百城万店无假货""文明规范服务达标""社会服务承诺制""两公开一监督""塑形工程""青年文明号"等活动,遵循以点带线、以线带面、稳步前进、逐步推开的工作方针,持续将创建文明行业活动推向深入。全市组织的重大活动累计有1000万人参加,其中"绿色志愿者行动"系列活动报名总人数达到280万人。各区县开展群众性文化活动,仅1999年就创作文艺节目2500多个,演出达2200余场。其他如"逛京城、赞文明"主题教育活动、"五好文明家庭"评选活动等,极大地促进了社会文明风尚的形成。

在"讲文明、树新风"活动中,全市涌现出许多榜样。北京军区总医院原副政委孙茂芳①,以雷锋为榜样,关心公益,奉献社会。他主动开展包户服务,先后赡养照顾18位孤寡老人,并为其中8位老人养老送终,帮助11位残疾人走向幸福;拿出39万元资助38位失学儿童和特困家庭,使他们实现上学、就业、成家生子的梦想;长期担任80多所学校校外辅导员,为孩子们讲雷锋故事,教育孩子们立德、立志做好人。李润五、王忠诚、呼家楼液化气站等先进模范和集体也是这一时期的杰出代表。

"讲文明、树新风"活动是加强社会主义精神建设的有益探索,为建立社会主义市场经济体制提供了良好的社会基础。

"当代雷锋"孙茂芳(左)

---

① 在2014年"第十一届中国公民道德论坛"上,孙茂芳被中央文明委授予"当代雷锋"称号。他是继郭明义、庄仕华之后全国第三位获此殊荣的道德楷模,也是北京市获得该荣誉的第一人。

第二节　发展"首都经济"

党的十五大①把邓小平理论同马克思列宁主义、毛泽东思想作为党的指导思想写入党章，提出新的"三步走"②战略。1997年12月12日至17日，市第八次党代会召开。大会提出今后5年的目标和任务是大力发展"首都经济"，建立比较完善的社会主义市场经济体制，推动首都经济社会持续快速健康发展。

一、"首都经济"与新"三步走"战略

作为首都，北京如何尽快建立比较完善的社会主义市场经济体制，是摆在全市人民面前的重大课题。解决这个问题的出路，就是发展"首都经济"。市第八次党代会明确指出，"发展首都经济，就是要发展立足首都、服务全国、走向世界的经济，就是要确立充分体现北京城市的性质和功

---

① 1997年9月12日至18日，党的十五大召开。江泽民作题为《高举邓小平理论伟大旗帜，把建设有中国特色社会主义事业全面推向二十一世纪》的报告。大会确立邓小平理论为全党指导思想。党的十五届一中全会选举江泽民为中央委员会总书记，决定江泽民为中央军事委员会主席。

② 21世纪前50年的目标：第一个10年实现国民生产总值比2000年翻一番，使人民的小康生活更加富裕，形成比较完善的社会主义市场经济体制；再经过10年的努力，到建党100年时，使国民经济更加发展，各项制度更加完善；到21世纪中叶中华人民共和国成立100年时，基本实现现代化，建成富强民主文明的社会主义国家。

能，充分发挥首都比较优势，充分反映社会主义市场经济规律的经济，就是要建设结构优化、布局合理、技术密集、高度开放、资源节约、环境洁净方向发展的经济，是既保持较高增长速度，又体现较好效益的经济"。"首都经济"战略的提出，对于促进北京经济社会的发展具有重大现实意义。

根据党的十五大发展战略要求，2000年11月，市委八届六次全会明确了首都迈向新世纪的新"三步走"战略：第一个10年打好基础，即到2010年，在全国率先基本实现社会主义现代化，构建起现代化国际大都市的基本框架；第二个10年巩固提高，即到2020年，使北京的现代化程度大大提高，基本建成现代化国际大都市；再用30年争创一流，使北京成为当代世界一流水平的现代化国际大都市。

坚持以经济建设为中心，大力发展以知识经济为目标、以高新技术产业为核心的"首都经济"。全面建立现代企业制度，不断调整产业结构，优化经济增长方式。以市场为导向，加快发展高新技术产业，不断推进农业现代化，全面增强首都经济的综合实力和国际竞争力，不断提高人民生活水平。2001年，全市国内生产总值达到2817.6亿元，人均国内生产总值达25300元，提前3年实现比1980年翻两番的现代化建设第二步战略目标。城镇居民人均可支配收入达到11577.8元，农民人均可支配收入达到5099元[①]。

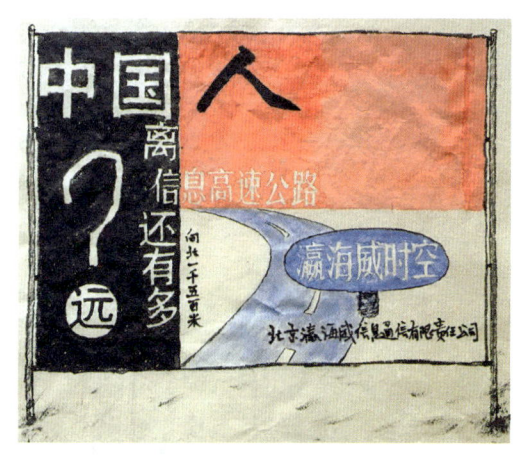

中国互联网史上的第一个商业公司——北京瀛海威信息通信有限责任公司于1995年5月成立。1996年早春在中关村南大门竖起广告牌：中国人离信息高速公路还有多远——向北一千五百米。图为广告牌示意图

[①] 北京市统计局编：《北京统计年鉴》（2014），中国统计出版社2014年版，第188～189页。

这期间，涌现出许多改革发展的先进典型。北大方正集团是中国也是世界最大的校办高科技企业。方正的汉字激光照排系统，占有国内市场的90%，海外华文报业市场的80%，方正成为全球第一家中文电子出版系统的开发商和供应商。1997年，方正自主研发的日文版飞腾排版软件打入日本市场。这是中国人第一次将有知识产权和自有品牌的高技术产品出口到发达国家。联想集团是1984年由11名中科院计算所科技人员创办的高科技企业。在公司发展过程中，联想勇于创新，实现了许多重大技术突破，其中包括研制成功可将英文操作系统翻译成中文的联想汉卡，开发出可一键上网的个人电脑，推出完全创新的关联应用技术，从而确立了联想在3C时代的重要地位。凭借这些技术领先的个人电脑产品，联想登上了中国IT业的顶峰，自1997年起连续8年占据中国市场份额第一的位置。

北大方正大厦

二、发展现代服务业

党的十五大报告首次提出"现代服务业"概念。市委八届六次全会强调，经济结构调整的方向是加快发展现代服务业。按照"首都经济"发展要求，北京充分发挥首都的综合优势，不断完善相关政策体系和发展环境,积极发展以现代金融、信息服务等产业为代表的现代服务业。

推动金融服务业创新,深化金融体制改革,不断提高金融领域服务水平和对外开放水平。至2000年底,北京银行卡网络联营成员单位达15家,可跨行使用的银行卡达18个品牌56个品种;2001年外资银行分行达18家。优先发展信息服务业,大力支持信息咨询、计算机应用服务、科学研究和综合技术服务等,成为推动北京经济健康持续发展的强劲增长点。会展业快速发展,会展数量不断增加,层次和规模迅速提升和扩大。2000年底,在市工商局登记注册会展经营业务的公司有1699家,注册资金1000万元以上的公司有43家[①]。

市委七届八次全会通过《关于加快北京市文化发展的若干意见》,在全国率先作出大力发展文化产业的战略决策。首都文学艺术创作、戏剧影视创作等行业实施精品战略,取得丰硕成果。全市电影业迈出较大改革步伐。1996年,北京市电影公司、中国电影公司和北京最具实力的12家甲级影院组建北京新影联影业有限责任公司,改变过去由一家实行垄断发行的状况。紫禁城影业公司是我国第一家国有股份制电影制片公司。该公司由北京电视台、北京电视艺术中心、北京电影公司、北京文化艺术音像出版社等4家单位按比例投资入股,形成利益共享、风险同担的共同体。公司制作、发行、放映一条龙,获得市场经济条件下迅速发展的先机和优势。紫禁城影业公司在短短的几年里,就因成功运作《离开雷锋的日子》《甲方乙方》《背起爸爸上学》《红色恋人》等影视剧而享誉全国,票房收入也蔚为可观。

紫禁城影业公司出品的电影《离开雷锋的日子》

[①] 景体华主编:《中国首都发展报告(2002年)》,社会科学文献出版社2002年版,第96页。

国务院1993年批复的《总体规划》提出，要在东二环至东三环之间"开辟具有金融、保险、信息、咨询、商业、文化和商务办公等多种服务功能的商务中心区"。2000年，北京市全面加快北京商务中心区（CBD）建设，高端产业聚集效应日益明显。截至2014年，北京商务中心区入驻企业达1.9万家，规模以上企业8900家，年均增长27%；注册资本过亿元企业184家，形成以国际金融为龙头、高端商务为主导、国际传媒聚集发展的产业格局。

北京商务中心区全景图

大力发展现代服务业，是优化调整经济结构、推进经济发展方式转变的重要保证，有利于提高经济发展质量和效益，有利于经济长期平稳较快发展和社会全面进步。

三、实施"二四八工程"

根据党中央科教兴国战略要求，加速科技成果向现实生产力转化，1999年12月，市委八届四次全会通过加强技术创新、发展高科技、实现产业化的意见，出台《首都二四八重大创新工程实施纲要》等相关文件。为保证"二四八工程"顺利实施，北京市建立市级和行业协调机制，研究制定工作计划和政策措施，加强部门联合和技术攻关，组织落实北京市与中科院、国防科工委等签署科技合作协议，推进科研院所改革，积极参与国家863计划，促进区域科技资源的集成和转化。

建立首都创业孵化和首都经济创新服务两个体系。到2002年，全市孵化器总数达58家，居全国之首，形成包括综合孵化器、专业孵化器、大学孵化器、国企孵化器、留学生创业园等的北京孵化器网络，创新孵化体系初步

北京中关村软件园外景

形成。以构建创新服务体系为重点，先后建立中关村技术交易中心、北京科技条件市场、北京软件产业促进中心等机构，研究制定行业标准、组织实施科研服务示范工程等，科技成果转化明显加快。2002年，技术合同成交总金额221.1亿元，保持全国领先地位。

建设北京软件产业、北方微电子、生物医药和新材料4个基地。经过不懈努力，取得丰硕成果。软件产业基地初具规模，形成以联想集团、北大青鸟等为代表的骨干企业群，推出一批软件知名品牌。至2000年底，基地软件产品销售额达190亿元，占全国软件产品销售额的1/3[①]。微电子领域研制出一批具有自主知识产权的产品。建立以中关村生命科学园为核心的研发基地和以北京生物工程与医药产业基地为核心的制造基地，2002年实现产品销售收入72.88亿元。新材料领域安泰科技股份有限公司、有研半导体材料股份有限公司等7家企业上市。

实施"数字北京"工程、高清晰度数字电视产业化工程、大直径半导体硅晶片及大规模集成电路产业化工程、能源结构调整及清洁燃料技术产业化工程、现代医药生物技术产品化工程、绿色食品及良种工程、水资源可持续利用和北京保护臭氧层工程8个高新技术产业化示范项目。1999年

---

① 《关于报送〈首都二四八重大创新工程实施和进展情况的报告〉的请示》（京科文〔2001〕301号）。

北京正式启动"数字北京"工程。经过几年的努力,首都公用信息平台(CPIP)和高速宽带有线政务专用光线一期工程建成,骨干光纤覆盖全市18个区县。2001年建立起5万亩绿色食品生产示范基地和25万亩农作物种植基地,农产品质量得到大幅提高。

实施"二四八工程"是北京市面对新世纪挑战作出的一项具有全局性、战略性的决策,从整体上提升了首都科技创新能力,促进了产业结构调整和优化升级。

四、构建特色农业体系

"大兴的西瓜、平谷的桃,怀柔的板栗、顺义的梨。"这句十分流行的民谣,正是北京区域特色农业成就的真实写照。市第八次党代会提出要大力推进科教兴农,加快发展优质、高产、高效现代农业,明确京郊发展的主要目标是"基本实现农业现代化"。

京郊农业有着良好的发展基础,在优质、高产、高效发展思路指导下,京郊精品农业、设施农业、籽种农业、创汇农业、加工农业和观光农业(简称"六种农业")保持良好发展势头,农业现代化水平得到提升。农业结构调整后,粮食播种面积不断调减,经济作物种植面积不断增加。养殖业逐步成为京郊农业的主导产业。农业服务体系日益完善,农产品加工体系和农业合作组织不断发展壮大。

观光农业具有保护环境、生态美化和发展旅游等功能,是特色农业的重要支撑点。1998年8月,北京市召开全市观光农业工作会议,强调在发展观

顺鑫农业顺科公司蝴蝶兰花卉种植

光农业方面进一步解放思想,大胆创新,成立由市政府领导任组长的观光农业工作领导小组。全市林果采摘、休闲农场、科技观光等休闲观光农业迅速发展,为城市居民提供丰富多彩的休闲度假场所。到2002年,全市观光农业项目达2246项,接待人数3186万人次,直接收入达4.3亿元。

怀柔区雁栖镇的官地村,与神堂峪自然风景区融为一体,环境优美。1992年,村民单淑芝率先发展民俗旅游接待,带动其他村民纷纷开办农家院。她联合村里的民俗户,成立民俗接待合作社,统一配货,统一采购,统一定价,协调安排客人,每户每年光副食成本就能省下5000多元。每天来官地村旅游和"取经"的人络绎不绝,村庄面貌焕然一新,村民收入水平逐年提高。单淑芝农家乐成为"北京民俗旅游户0001号",2014年APEC会议期间,被定为外国政要定点参观访问地点之一。

北京发展籽种农业具有雄厚的科技基础,蔬菜、家禽家畜等方面培育出众多的优良品种,并推广到全国。畜禽良种繁育体系在全国处于领先地位,建成蛋鸡、肉鸡、北京鸭、瘦肉型猪的良种繁育体系,提高了畜禽质

怀柔区雁栖镇官地村村民单淑芝农家乐

量，丰富了畜禽资源，不仅满足本市生产需求，还支持其他省市生产。例如，在全国良种奶牛中，北京市拥有量占60%；"农大108"杂交玉米品种被农业部确定"九五"时期10个全国重点推广的首选品种，2002年推广面积达到4000万亩。

重视发展六种农业，推动各类农产品区域性生产，京郊形成了特色农业区域化布局。

第三节　扎实推进党的建设新的伟大工程

"新的伟大工程"是党的十四届四中全会提出的党的建设新目标。党的十五大明确提出把党建设成为用邓小平理论武装起来的马克思主义政党。市委坚持用邓小平理论武装全体党员，开展"三讲"及"三个代表"重要思想学习教育活动，不断加强党风廉政建设和反腐败斗争，增强党的执政基础，在世纪之交扎实推进党的建设新的伟大工程。

一、扎实推进党的建设和开展"三讲"学习教育活动

市委根据党中央加强新时期党的建设的整体部署，扎实推进党的各方面建设。思想理论方面，坚持用邓小平理论武装全体党员和各级干部。1992年12月，市委七届一次全会提出，把党的思想理论和领导班子建设作为党的基础建设。各级党委成立理论学习中心组，做到学习制度化。全市有108.87万名党员参加"双学"[①]活动。干部队伍建设方面，制定了《关于加强党的建设三年（1995—1997）规划纲要》和《加强全市党政领导班子建设（1998—2003年）规划纲要》，全面推进干部队伍新老合作与交替，加大干部考核、选拔和交流力度。党的基层组织建设和党员发展方面，整顿农村后进党支部，探索国有企业和非公经济组织党

---

① 指"学党章、学理论"。

"三讲"学习教育期间设置的群众意见箱

建工作,党员队伍不断扩大,重视发挥党员的先锋模范作用和基层党组织的战斗堡垒作用。先后开展评选"共产党员十杰"、北京市先进党支部十面旗帜、"北京市优秀共产党员"等活动。党风廉政建设方面,坚持源头治理和预防惩治,建立和完善法规制度,坚决查处腐败大案要案。

江泽民总书记1995年11月在北京考察工作时强调,干部教育要讲学习、讲政治、讲正气,北京市要起带头作用。根据中央开展以"讲学习、讲政治、讲正气"为主要内容的党性党风教育要求,1999年至2001年,市级四套领导班子、200个区县局级领导班子、各区县所属1225个处级单位、46所高校和56家市属国有大中型企业的领导班子,全市党政机关内设机构处级以上领导干部,分期分批深入开展"三讲"学习教育活动。

经过"三讲"学习教育,广大党员干部受到一次深刻的马克思主义教育,经受一次党的政治生活的锻炼,提高了贯彻党的基本路线和民主集中制的自觉性,涌现出一批先进党支部和仉振亮、方圻、王忠诚、冯长根等优秀共产党员。这些模范人物充分展示了当代共产党人的风采,成为改革开放和社会主义现代化建设的时代先锋。

作为优秀共产党员的杰出代表,我国著名的神经外科专家、

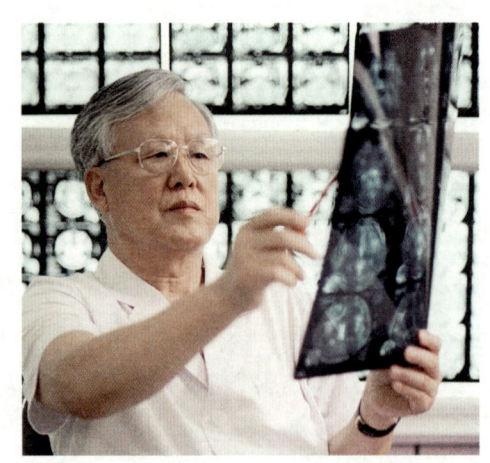

王忠诚院士(1925—2012)

中国工程院院士、国家最高科学技术奖获得者王忠诚，秉承"拿起手术刀，就要在世界状元榜上刻上'中国'两个字"的工作理念，把目标瞄准一系列医学难题。脑干手术被医学界称为"在万丈深渊上走钢丝"，其技术难度可想而知。他做过的脑干肿瘤手术，数量之多，死亡率之低，始终保持世界第一。1995年春天，一名来自江苏淮阴的患者，脊髓内长了一个巨大肿瘤。年逾古稀的王忠诚在手术台前整整奋战10个小时，把这个大瘤子干干净净地剥离下来。这是世界上成功切除的最大的一例脊髓内肿瘤，无论是手术的难度还是患者术后结果都达到了世界先进水平。

二、"三个代表"重要思想学习教育活动

在纪念中国共产党成立80周年大会上，江泽民总书记系统阐释了"三个代表"重要思想①的科学内涵，并强调这是党的立党之本、执政之基、力量之源。

早在2000年11月底，中共中央办公厅下发在农村开展"三个代表"重要思想学习教育活动的意见，决定用两年左右的时间，在全国县（市）部门、乡镇、村领导班子和基层干部中，有计划、有步骤地开展"三个代表"重要思想学习教育活动。按照中央的部署，北京分两批在京郊农村开展"三个代表"重要思想学习教育活动。第一批从2000年底到2001年上半年，在13个区县的214个乡镇、936个区县部门、1659个乡镇站所中进行，9万名基层干部受到教育；第二批从2001年7月到年底，在4001个村级班子中进行，2.9万名村级干部受到教育。2003年2月，根据中央精神，在市直机关系统开展"实践'三个代表'、优化发展环境"主题教育活动，部分国有企业也开展了学习教育活动。

---

① "三个代表"重要思想：中国共产党始终代表中国先进生产力的发展要求、代表中国先进文化的前进方向、代表中国最广大人民的根本利益。

北京市各级党组织坚持以"三个代表"重要思想为指导，破解难题，乘势而上，坚持不懈地加强和改善基层党的建设。东城区韶九社区党支部，切实发挥社区建设中的政治核心作用，建立社区党支部、社区代表会议主席团和社区居委会"三位一体"工作机制，取得明显成效。北京启明星辰信息技术集团股份有限公司注重发挥党支部凝聚人才、党员骨干带头作用，实现了企业党建与业务发展比翼齐飞。怀柔区注重培养选拔带头致富能力强、带领群众共同致富能力强的"双强"型村支书。

2001年3月，昌平区科级以上干部在听取"三个代表"重要思想学习辅导报告

通过层层深入的学习教育活动，增强了全市党员干部对"三个代表"重要思想的学习和认识，改进了思想作风、工作作风，为首都改革开放和各项事业发展注入新的动力。

三、加强党风廉政建设和反腐败斗争

在改革开放和发展社会主义市场经济的条件下，党中央坚持把党风

建设和反腐败斗争作为关系党和国家生死存亡的大事来抓。1993年8月21日，江泽民总书记在中纪委二次全体会议上明确提出反腐败工作主要任务，是各级党政领导干部要带头廉洁自律，集中力量查办一批大案要案，紧紧抓住本地区、本部门、本单位的突出问题，刹住群众最不满意的几股不正之风。

北京反腐败斗争措施严厉，行动迅速。首钢公司下属北京钢厂原党委书记兼经理管志诚利用职务便利，巧取豪夺，索贿受贿、贪污公款150万元，被开除出党，法院依法判处其死刑。为进一步推动反腐败斗争长效化、制度化，北京市严格执行《中国共产党纪律处分条例》、《中国共产党党员领导干部廉洁从政若干准则》、《关于党政机关厉行节约制止奢侈浪费行为的若干规定》和其他有关规定，成立反贪污贿赂局，建立党风廉政建设责任制，建立并推进巡视工作，进一步健全和完善科学的选人用人和监督管理机制。通过这些举措，不断把党风廉政建设和反腐败斗争引向深入。

实践证明，党风廉政建设和反腐败斗争既是攻坚战，也是持久战。反腐倡廉必须常抓不懈，拒腐防变必须警钟长鸣。

思考题

1. "首都经济"提出的背景、内容及作用是什么？
2. 首都精神文明建设的成功经验有哪些？
3. 北京建立社会主义市场经济体制的主要举措有哪些？

延伸阅读

1. 吴松营：《邓小平南方谈话真情实录：记录人的记述》，人民出版社2011年版。

2. 周伟:《信息服务业对首都经济的带动作用》,知识产权出版社2015年版。

3. 欧阳淞、高永中主编:《改革开放口述史》,中国人民大学出版社2014年版。

第十一章　首善之区

——构建社会主义和谐社会首善之区

（2002—2012）

在进入新世纪的第一个十年，市委市政府以邓小平理论和"三个代表"重要思想为指导，深入贯彻落实科学发展观，带领全市人民取得抗击"非典"重大胜利，成功举办了一届无与伦比的北京奥运会，圆满完成新中国成立60周年庆典活动，推动经济又好又快发展，率先基本实现现代化；积极建设"人文北京、科技北京、绿色北京"，全面建设小康社会，全面推进党的建设新的伟大工程，努力构建社会主义和谐社会首善之区。

第一节　统筹发展

跨入新世纪，中国进入全面建设小康社会、加快推进社会主义现代化的发展新阶段。党的十六大①确立"三个代表"重要思想为党的指导思想之一，提出全面建设小康社会的基本目标。率先基本实现现代化，统筹推动经济社会各项事业又好又快发展，是全市人民进入新世纪面临的新任务。

一、取得抗击"非典"的胜利

2002年5月17日至22日召开的市第九次党代会，确立了北京率先基本实现现代化的目标。同年11月，党的十六大把"三个代表"重要思想同马克思列宁主义、毛泽东思想、邓小平理论一起，作为党的指导思想写入党章，提出全面建设小康社会的目标，对新形势下加强和改进党的建设作出全面部署。正当全市贯彻落实党的十六大精神之际，2002年至2003年冬春之交，一场从广东开始的呼吸道疾病——非典型肺炎（SARS，以下简称"非典"）迅速席卷北京。不到一个月，首都感染患者骤增300余人。

---

① 2002年11月8日至14日，党的十六大召开。江泽民作题为《全面建设小康社会，开创中国特色社会主义事业新局面》的报告。党的十六届一中全会选举胡锦涛为中央委员会总书记，决定江泽民为中央军事委员会主席。

"非典"发病急、病因不明,传染性极强,一时间人们谈"非"色变。胡锦涛、温家宝亲自视察指导防治工作。根据中央政治局常委会议决定,北京成立由市委书记刘淇任组长、代市长王岐山①任副组长的防治非典型肺炎联合工作小组,统筹调动各方力量抗击"非典"。

北京疾控中心工作场景

全市卫生系统制定工作方案和应急预案,开通"非典"流行病学调查和检测绿色通道,整合疫情报送、病情报送、地理信息等系统,形成信息体系,公开疫情进展情况。危难时刻,广大医务工作者不顾个人安危,战斗在抗击"非典"第一线。

武警北京总队医院主治医生、中共党员李晓红放弃本已获准的休假机会,加入抗击"非典"战斗。由于身体极度疲劳,感染了"非典"病毒。隔离治疗期间,她坚持把自己的临床症状、用药反应记录下来,为攻克"非典"作最后的努力。4月16日,年仅28岁的李晓红抢救无效光荣殉职。北京大学人民医院急诊科副主任、中共党员丁秀兰负责发热门诊,接触发热患者最多。她不分白天黑夜,随叫随到,与患者一同面对危险。被感染后,依然举着输液瓶安慰病友,指导他们正确使用呼吸机。与病魔顽强抗争一个月后,她也永别了深爱的岗位。

为遏制"非典"蔓延,缓解病床紧张局面,北京以最快的速度建立一所"非典"定点医院。7天时间,拥有1000张床位的小汤山医院建成。这是世界最大的野战传染病医院,是北京抗击"非典"的重要战场,50天内收治全国1/7的"非典"患者,切断了"非典"传染途径,成为北京疫情形势由严峻走向缓和的转折点。

---

① 2003年4月20日,中央调整北京市主要领导,决定王岐山任北京市委常委、副书记。市十二届人大三次会议决定王岐山任副市长、代理市长。

经过几个月艰苦卓绝的奋战，2003年6月24日，世界卫生组织宣布撤销对北京的旅行警告，将北京从"非典"疫区名单中删除。抗击"非典"取得了阶段性重大胜利。

"非典"的出现和蔓延，触及卫生、行政、城市、社会管理体制和工作机制中诸多方面问题，促使北京在全国率先建立了一个具有现代化和国际化水平的应急指挥系统。到2006年，全市各专项应急指挥部、区县及相关单位应急指挥平台建成。

战胜"非典"、成功抵御亚洲金融危机冲击之后，北京经济逐步增长，但同时也凸显出结构不合理、资源环境压力大、社会应急管理落后等问题，需要认真加以解决。

二、推动经济又好又快发展

党的十六届三中全会第一次在党的正式文件中完整地提出科学发展观。2004年12月，市委九届九次全会提出把加大结构调整力度、推进经济增长方式转变、加强科技创新驱动作为经济工作的重中之重，努力实现全面可持续发展。

中关村科技园是北京市全力打造的自主创新高地。2003年12月，市委九届六次全会部署中关村启动投融资、企业信用等体制机制改革试点，深入挖掘发展潜力，进一步提高企业发展质量。中关村涌现出一批杰出创新人才和新技术、新标准、新产品。2005年11月15日，中关村十佳优秀创业者邓中翰率领中国芯片设计公司首次将"星光中国芯"打入国际市场，在美国纳斯达克成功上市。他领导开发设计的"星光"系列数字多媒体芯片，实现了八大核心技术突破，申请了该领域2000多项国内外技术专利，占领计算机图像输入芯片全球市场份额的60%以上，彻底结束了中国"无芯"的历史。党的十七大前夕，中关村企业技工贸总收入突破6000亿元，高新技术企业总数累计1.8万家。2009年3月，国务院批复中关村成为中国首个国家级自主创新示范区。

2009年3月20日，市委市政府召开建设中关村国家自主创新示范区动员大会

　　大力推进"数字北京""数字奥运"工程。"数字北京"建设优先推进与奥运会关联度较高的电子政务、宽带接入、资源环境、规划建设等重点领域和行业的信息化建设，为"数字奥运"提供强有力的支撑环境。"数字奥运"重点开展高性能计算机系统、海量数据存储和处理技术、自然人机交互技术、人工智能技术、体育管理与竞赛信息化技术等关键技术的研究，建设广播电视服务等16个大类工程，总投资约1000亿元，推动"数字北京"建设综合水平全面提升。到2006年，全市有线电视用户比2000年增长68%，建成首都公共信用平台，完成高速宽带有线政务专用光纤网络工程一期，全市网民数达到428万，网民

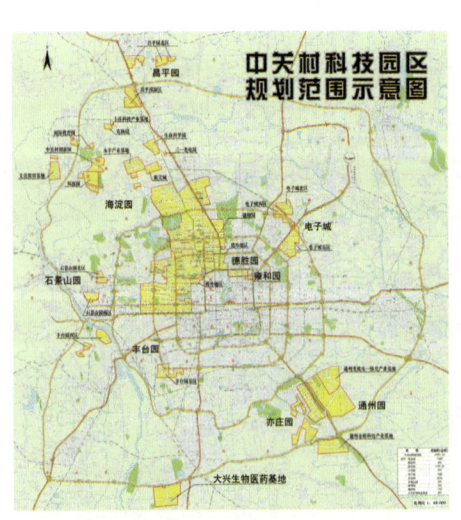

中关村科技园区规划范围示意图

比例全国第一。

市第九次党代会以后的5年里,全市地区生产总值年均增长12.1%。2006年实现地区生产总值7720.3亿元,人均地区生产总值达到6210美元,提前两年实现了市第九次党代会确定的目标。

三、率先基本实现现代化

党的十六大提出全面建设小康社会的奋斗目标,指出有条件的地方可以发展得更快一些,在全面建设小康社会的基础上,率先基本实现现代化。2000年初,江泽民视察北京时,要求北京在全国率先基本实现现代化。当年10月,市委八届六次全会通过《关于制定北京市"十五"计划的建议》,提出到2010年北京在全国率先基本实现现代化。

2002年5月,市第九次党代会对新世纪北京实施新"三步走"战略,提出北京率先基本实现现代化的奋斗目标。紧紧抓住加入世贸组织和筹办奥运会的历史机遇,加快信息化、城市化、市场化、国际化进程,保持第三产业在经济中的主导地位。深化农村改革,加快发展以六种农业为方向的现代农业和乡镇企业,以及郊区二、三产业。

北京积极探索、正确处理城市发展与人口、资源、环境的关系,推动"新北京、新奥运"构想实现。2002年7月,发布《北京奥运行动规划》,在交通设施、洁净能源、环境保护、奥运场馆、奥运会开(闭)幕式等10个方面,优选一批项目,集成国内外科技资源,分期、分批滚动实施。

2006年,国务院批复《北京城市总体规划(2004年—2020年)》,明确北京城市发展目标定位和区县功能定位,突出新城规划、交通与基础设施规划、生态环境保护规划和历史文化名城保护规划四个重点内容。坚持统筹城乡发展、区域发展、经济与社会发展、人与自然和谐发展、国内发展与对外开放的原则,在市域范围内构建"两轴—两带—多中心"的城市空间结构,全面提高城市现代化、国际化水平。

北京城市空间结构规划图（部分）

  抓经济社会建设的同时，北京坚持先进文化前进方向，深入贯彻《公民道德建设实施纲要》，进一步健全与社会主义市场经济相适应的道德体系。大力实施科教兴国战略，实施首都教育新世纪重点建设工程。加强民主法制建设，全面推进依法治市，保障社会公平正义，巩固和发展首都安定团结的局面。

  从2007年开始的美国次贷危机，到2008年演化成一场全球性的金融危机，并且迅速由金融领域扩散到实体经济领域，由美国扩散到世界主要经济体。党中央、国务院沉着应对，推出刺激经济的"一揽子计划"，首都经济难能可贵地保持较稳定发展。2010年，北京实现地区生产总值14113.6亿元，人均地区生产总值达到73856元，超过6000美元的中等发达城市水平。城市居民人均可支配收入29073元，农村居民人均纯收入19934元，人民生活水平大幅提高。总体来看，2010年北京在全国率先基本实现了现代化。

第二节　凝心聚力

举办"有特色、高水平"的北京奥运会，完成新中国成立60周年庆祝活动，是北京的光荣职责。2007年5月17日至22日，市第十次党代会召开，提出举全市之力，充分发挥"四个服务"功能，不负中央重托，办好这些大事、喜事，建设"人文北京、科技北京、绿色北京"，凝心聚力建设社会主义和谐社会首善之区。

一、成功举办第29届夏季奥运会和第13届残奥会

国际奥委会2001年7月13日在莫斯科作出决定，将第29届奥运会的举办权授予中国北京。成千上万的北京市民涌上街头，共同庆祝百年梦圆。12月13日，第29届奥运会组委会（以下简称"奥组委"）正式成立，市委书记刘淇任北京奥组委主席，统筹举办一届"有特色、高水平"的奥运会。

为将行动落在实处，奥组委制定科技奥运、环境奥运等8个专项规划，奥运筹备工作全面展开。2003年12月，奥运会主体育场开工奠基，标志着北京奥运会场馆建设工程正式启动。2005年，推出《北京奥运会志愿者行动计划》，开展"迎奥运、讲文明、树新风"等活动，组建170万人的志愿者队伍、20万人的啦啦队，形成全民参与奥运的局面，志愿者的微笑成为北京的亮丽名片。此外，为方便残疾人士，北京对全市公共场所设施普遍

实施无障碍改造。

借筹办奥运之机，北京全面推进交通建设与管理现代化，仅2006年至2008年，全市基础设施累计完成投资3271.8亿元，全市轨道交通运营总里程达201公里；地铁奥运专线8

北京奥运会、残奥会志愿者招募工作现场

号线、5号线、10号线投入使用，一批高速公路、城市快速路建成通车，形成四通八达的交通网。奥运会开幕前，37座场馆全部竣工，首都机场T3航站楼启用。下大力气治理大气环境，全市实施14个阶段200余项大气污染治理措施，将首钢搬迁到河北曹妃甸。2008年，全市空气质量二级和好于二级天数达274天。奥运筹办期间，北京经济年均增长率达12.4%，地方财政收入增长2.3倍，实现了"以发展保奥运，以奥运促发展"的目标。

距北京奥运会开幕还有228天之际，北京奥组委将2008年北京奥运会的重点工程——主火炬塔工程交给了首钢。首钢迅速成立由总经理任总指挥的"首钢奥运工程指挥中心"，组织落实主火炬塔工程。设计师交给首钢的只有一张意向设计图、基本轮廓和大致尺寸，也没有精确数据，但工程涉及钢结构制造、设备安装、液压推进、燃气装置、自动控制等多项专业工序。最困难的是，热胀冷缩使"鸟巢"钢结构白天膨胀、晚上收缩，甚至每个小时的尺寸都不一样。首钢以超一流的技术和非凡的

北京奥运会开幕式

耐力，克服所有的困难，最后将重45吨的火炬塔主体结构平稳地落在"鸟巢"顶上。2008年8月8日晚，主火炬在万众瞩目中熊熊燃起，宣告举世瞩目的北京奥运会拉开序幕。16天内，运动员刷新38项世界纪录和85项奥运会纪录。历时11天的残奥会同样精彩，得到了国际奥委会主席罗格的盛赞。

北京奥运会以国际一流的奥运场馆、赛事活动、环境保护、城市交通、志愿服务赢得了世界各国的赞誉。北京奥运会后，全市努力建设"人文北京、科技北京、绿色北京"，使北京的发展站在一个前所未有的历史高度上。

二、圆满完成新中国成立60周年庆祝活动

服务保障新中国成立60周年庆祝活动是一项重大政治任务。市委市政府高度重视，精心组织，周密安排，充分运用奥运经验，健全组织指挥体系和运行调度机制，保证各项工作协调推进、胜利完成。

庆祝活动服务保障各指挥部精心设计活动方案，科学安排训练演练。组建预备役、女民兵方队，代表全国民兵预备役部队接受检阅。组织10万名群众参加国庆游行，8万名学生进行广场背景表演。运用高科技手段，突破传统表现形式，筹备一场创意新颖、主题鲜明的联欢晚会。构建多层次、全方位、无缝隙的安保网络，确保庆祝活动安全有序。优化交通运输组织方式，采取提前公布交通限行等措施，减少筹办工作对居民生活的影响，保证庆祝活动与社会交通和谐运转。顺利完成气象、电力、水务、环卫、通信、医疗、食品供应等保障工作，实

2009年2月18日，为迎接新中国成立60周年，天安门管委会对金水桥实施保护修缮

现城市运行平稳有序。高质量地实施了长安街沿线改造,推动环境整治和景观建设。广泛开展"迎国庆、讲文明、树新风"活动,组织"百姓宣讲"等爱国主义主题教育活动,营造文明和谐社会氛围。组织新闻媒体浓墨重彩地宣传报道60年来,尤其是改革开放以来首都经济社会发展取得的巨大成就。组织95万名志愿者分赴游园、治安、交通等岗位,为广大群众提供了热情周到的服务。

2009年10月1日上午10时,新中国历史上第十四次大阅兵在天安门广场顺利开始。海陆空部队携带国产现役主战装备,组成56个方队,以恢宏、磅礴之势从天安门前依次通过。由10万名群众、60辆彩车组成的36个方阵和6节行进式文艺表演队伍,与广场上8万名学生呈现的背景图案相呼应,在长安街上展现共和国流动的历史进程。当晚8时,时长100分钟的联欢晚会和焰火晚会依次上演,气氛热烈,欢乐祥和。

国庆60周年晚会

整个活动期间,北京加强组织管理,统筹指挥调度,实现活动现场运行零差错、活动内外零事故。新中国成立60周年庆祝活动的圆满成功,提升了北京服务中央赋予重大任务的能力,推动北京发展现代化、国际化迈上新台阶。

三、建设"人文北京、科技北京、绿色北京"

在"三个奥运"理念基础上,北京提出"人文北京、科技北京、绿色北京"发展战略。2008年12月,市十届五次全会进一步明确以建设"三个北京"为新的发展方向、发展重点和发展道路。

建设"人文北京",就是坚持以人为本、以文化人,大力弘扬人文精神,促进人的全面发展,持续改善保障民主,不断繁荣发展文化,构建文明和谐环境,显著提高首都的人文向心力、文化竞争力和文明感召力,为建设繁荣、文明、和谐、宜居的首善之区,奠定坚实的基础。2010年4月,北京发布《"人文北京"行动计划(2010—2012年)》,围绕改善民生、弘扬文明、繁荣文化、构建和谐四大支柱,重点实施建成覆盖城乡的民生保障体系、城市文明程度居全国前列、加快文化体制改革等十大工程,把"人文北京"建设提高到新的水平。

"科技北京"是指在北京城市发展中必须紧紧依靠科技,通过自主创新来增强北京竞争力,为增强国家软实力作出贡献。2009年4月,启动实施《"科技北京"行动计划(2009—2012年)》,努力建设我国创新发展的核心引领区和具有全球影响力的科技创新中心。京东方科技集团股份有限公司是这一时期科技自主创新的代表。2008年以来,京东方拓展产品线和延伸产业链,相继投建了中国大陆首条高世代线——京东方合肥第6代TFT-LCD生产线、中国大陆唯一的TFT-LCD工艺技术国家工程实验室、中国大陆首条8.5代线——京东方北京第8.5代TFT-LCD生产线等。2010年,北京市高技术产业实现增加值866.5亿元,占地区生产总值的6.3%。

"绿色北京"就是发展循环经济、环境友好型经济、绿色经济,提倡绿色消费。2010

首都博物馆外景

北京现代汽车厂生产车间内的自动化装配线

年3月,《"绿色北京"行动计划(2010—2012年)》对外公布,重点围绕能源、建筑、交通、大气、固体废物、水、生态等领域实施九大绿色工程,构建生产、消费与环境三大绿色体系。按照"山区绿屏、平原绿网、城市绿景"的生态格局,启动并实施平原地区百万亩造林绿化。至2011年底,建成5个新城滨河森林公园、10个郊野公园和10个城市休闲公园,一、二道绿化隔离地区建设取得新进展。全面展开永定河、北运河、潮白河流域综合治理,建成开放永定河四湖,建设房山区长沟、怀柔区琉璃庙两个市级湿地公园。生态涵养发展区的涵养保障能力显著提升。

在建设"三个北京"的同时,北京积极承担支援西部建设责任。2008年汶川地震后,北京投入70多亿元支援川西什邡市,启动108个大项162个子项的援建工程。2010年中央确定北京市继续对口支援新疆和田地区,并把新疆生产建设兵团第十四师纳入援建范围。北京的新设施、新设备、新技术、新理念不断注入西北绿洲。"十二五"期间,北京市在城乡住房、教育、医疗卫生、社会福利、文化体育等民生领域,对口援疆资金达55.58亿元。

2011年春季北京国际长走大会在房山举行

"三个北京"建设充分体现科学发展观和首都工作特点规律的要求,为北京深化改革、扩大开放、建设国际一流的和谐宜居之都奠定了基础。

四、构建社会主义和谐社会首善之区

北京着眼全党全国工作大局，努力构建社会主义和谐社会首善之区。2006年11月，市委九届十二次全会审议通过《中共北京市委关于构建社会主义和谐社会首善之区的意见》，全面阐述构建首善之区的重点工作和"十一五"期间要达到的基本目标。

建设社会保障体系，切实解决民生问题，是构建首善之区首先要解决的重要课题。早在2003年，市政府就印发了《北京市建立新型农村合作医疗制度的实施意见》，按照政府组织引导、农民自愿参加的原则，分批实施，逐步推广新型农村合作（以下简称"新农合"）医疗制度。大兴、顺义、平谷、怀柔区先后开始建立新农合医疗试点。2004年，全市13个郊区县全部启动新农合医疗试点工作。2005年，市政府在总结试点经验的基础上，出台《关于进一步做好本市新型农村合作医疗工作的意见》，对新农合医疗工作进行规范和补充说明。明确以大病统筹为主，逐步提高农村的缴费水平，加大各级政府的专项资金支持，确保资金安全运行。2006年9月，全市参加新农合医疗人数260.6万人，参保率86%。新农合医疗工作取得显著成效。

为促进社会和谐，重点突破社会建设难点问题。北京东城区率先在全国推行的"万米单元网格管理法"是这一时期社会管理创新的重要举措。网格化社会服务管理即利用网格地图技术和测绘技术，在一定范围内按照属地自治的原则，分区划分边界清晰、无缝拼接的单元网格，将城市管理对象精确定位到网格中，城市管理监督员利用"城管通"及时发现城市管理问题，并实现准确定位。网格化社会服务管理创新实践形成朝阳、东城、顺义等多种模式。2012年5月30日，召开全市网格化社会服务管理体系建设推进大会，总结各试点区经验，在全市全面推行网格化社会服务管理。

为构建首善之区，北京高度重视统筹城乡发展，确定财政向农村倾斜，大力推进城市化进程的思路，积极开展社会主义新农村建设。2002年

百岁老人拿到北京市百岁老人津贴和医疗补助领取证后，喜上眉梢

居民有需求时可随时通过"电子保姆"寻求帮助

至2006年，财政对农村投入达111.8亿元，专门增加新农村建设专项资金10亿元；职能部门建立了城乡统筹协调管理机制、失地农村社会保障机制、山区生态林补偿机制和村级组织正常运转专项补助机制。2004年起，全市免征农业税。2006年，全面消除人均纯收入在2500元以下的低收入村。城乡差距缩小，农村生活水平提高，为北京经济社会和谐稳定发挥了重要作用。

第三节　以执政能力建设和先进性建设为主线推进党的建设

随着世情国情党情的深刻变化，中国共产党坚持以执政能力建设和先进性建设为主线，全面推进党的建设新的伟大工程。面对新形势、新任务，北京深入开展保持共产党员先进性教育和学习实践科学发展观活动，加强党风廉政建设和反腐败工作，不断提高党的执政能力。

一、开展保持共产党员先进性教育活动

新世纪、新阶段、新环境、新任务以及党员队伍现状的重大变化，对保持党的先进性提出了新的更高的要求。2004年11月，中共中央印发《关于在全党开展以实践"三个代表"重要思想为主要内容的保持共产党员先进性教育活动的意见》，部署全党用一年半左右的时间，开展先进性教育活动。

2005年初，市委下发保持共产党员先进性教育活动的实施意见，对活动指导原则、总体安排和方法步骤等作出安排。同日，市委召开电视电话会议，对活动作出部署。

全市先进性教育活动以"提高党员素质、加强基层组织、服务人民群众、促进各项工作"为目的，共分3批，每批半年时间，先后在区县党政机关和部分事业单位、城市基层和部分企业、农村和部分党政机关中展开。

2005年1月28日，北京图书大厦设立保持共产党员先进性教育活动读物专台

第一批单位以加强党的执政能力建设、推动领导方式和执政方式的转变、推动政府行政管理体制改革为重点；第二批单位类型多、基层党组织和党员队伍数量多，坚持教育活动与促进工作相结合，实现"两不误、两促进"；第三批单位以推进党的先进性建设和社会主义新农村建设为主要内容。全市共抽调干部6100多人组成5个市委巡回检查组、1190个乡镇督导组，建立全覆盖的农村教育活动督导体系。

先进性教育活动促进了改革发展稳定，解决了涉及群众切身利益的实际问题。活动期间共落实帮扶资金29.1亿元，为1万多名困难党员举办就业培训班，其中5000多名党员实现再就业。在活动满意度测评中，满意和比较满意率达98%以上。

二、开展深入学习实践科学发展观活动

2007年10月，党的十七大①召开。大会创造性地提出并深刻阐述中国特色社会主义理论体系，将科学发展观②写入党章，并作出全党开展深入学习实践科学发展观活动的部署。北京认真总结奥运会、残奥会的成功经验，确定以建设"人文北京、科技北京、绿色北京"作为落实科学发展的具体途径。

---

① 2007年10月15日至21日，党的十七大召开。胡锦涛作题为《高举中国特色社会主义伟大旗帜，为夺取全面建设小康社会新胜利而奋斗》的报告。十七届一中全会选举胡锦涛为中央委员会总书记，决定胡锦涛为中央军事委员会主席。

② 科学发展观的第一要义是发展，核心是以人为本，基本要求是全面协调可持续，根本方法是统筹兼顾。

2008年9月开始，全市党员先后分3批参加深入学习实践科学发展观活动。每批半年左右时间，到2010年2月基本结束。市委主要领导率先垂范，学习调研扎实深入，广泛听取群众意见；各级党组织高度重视，认真组织，按照"党员干部受教育、科学发展上水平、人民群众得实惠"的总要求，扎实推进实践活动逐步深入。

北京援疆干部深入学习实践科学发展观，重温入党誓词

各级领导干部采取分片包干、蹲点调查等方式，到基层走访、调研，形成调研报告1.9万篇。市直机关积极开展"三进两促"活动，促干部作风转变。市交通委开展"行百里路、乘百趟车、进百个村"活动，党员干部深入基层一线，寻找破解交通拥堵难题之策；市委教工委、市教委建立了一个支部联系一个基层学校的"1+1"制度，走上教育教学和管理的第一线；团市委开展"帮村扶户"活动，与贫困村结对共建，促进农村经济发展。截至2012年4月，各单位开展活动9600多批次，党员参与近51.2万人次。

坚持查找和解决问题贯穿活动始终，把群众满意作为检验活动成效的第一标准。解决影响科学发展的突出问题1.8万个，为群众办实事好事5万余件，整顿软弱涣散党组织556个，为3821名流动党员对接上组织关系，理顺党组织隶属关系133个，调整充实班子成员446人，新成立基层单位党组织327个。通过千人安置计划、毕业生就业工程等政策，切实解决高校毕业生就业难的问题；率先在全国实现城乡养老保障制度的全覆盖；超额完成保障性安居工程建设。

通过开展学习实践活动，全市广大党员干部深化了对马克思主义中国化最新成果的认识，在如何推动奥运后首都科学发展的重大问题上达成高度共识：思想观念要有大解放，推动科学发展要有大举措，城市规划要有高水准，国际化水平要有大提高，推动自主创新要有高起点，引进人才要有大视野；瞄准建设国际城市的高端形态，着力抓好中关村国家自主创新示范区建设；加快城南地区发展，推动大兴区和北京经济技术开发区行政资源的整合。

三、党风廉政建设和反腐败工作不断取得新成效

党中央针对党风廉政建设和反腐败斗争的长期性、复杂性、艰巨性，逐步确立了标本兼治、综合治理、惩防并举、注重预防的方针，建立惩治和预防腐败体系。从2003年起，市委先后下发《关于加强市级领导班子思想政治建设的意见》《关于加强区县局级党政领导班子思想政治建设的意见》，抓好领导班子思想政治建设，在源头上防治腐败。

2004年，市委印发实施监督制度的若干规定（试行），对实行集体领导和个人分工负责相结合、重要情况通报和报告、述职述廉、信访处理、巡视、诫勉等制度作出具体规定。通过加强制度建设和体制机制创新来推进党风廉政建设和反腐败工作。

2005年8月，市委贯彻落实中央《建立健全教育、制度、监督并重的惩治和预防腐败体系实施纲要》，出台实施意见，提出以改革统揽预防腐败的各项工作，强化对权力运行的制约和监督，到2010年初步形成惩治和预防腐败体系的基本框架。

为贯彻中央"廉洁奥运"的指示精神，北京全面实施"阳光工程"，凡是涉及人、财、物等方面的重大事项，都采取公开透明的方式进行，如实行公开招投标、大宗物资公开采购、重大事项和信息公开。市有关部门与中纪委等部委派出人员，组成第29届奥运会监督委员会，进行全方位、全过程、全覆盖监督。奥运会筹办历经8年，善始善终，未发现一起严重违纪违法和重大损失浪费事件。"廉洁奥运"是北京党风廉政建设和反腐败斗争的重要成果，为全国反腐倡廉建设提供了宝贵经验。

在查处重点案件的同时，着重查办领导干部利用公职贪赃枉法、权钱交易、严重侵害国有资产或群众利益等案件。2002年至2012年10年间，共查处大案要案3186件，给予党政纪处分7419人，其中局级干部89人，挽回经济损失近9.25亿元[①]。尤其是协助中纪委查办了原副市长刘志华重大受贿案，重点查办了首发公司原董事长毕玉玺、城乡建设集团原总经理聂玉河、通州区人大常委会原副主任董士清等案件，切实维护了社会公平正义，彰显了党反腐败的坚强决心，取得了良好的社会效果。

加强党风廉政建设，坚决遏制腐败，对保持党的先进性和纯洁性发挥了重要作用。但滋生腐败的土壤依然存在，反腐败形势依然严峻，仍需全市党组织和广大党员付出艰巨的努力。

思考题

1. 北京采取哪些重大举措统筹推动首都经济社会各项事业又好又快发展？
2. 北京为构建社会主义和谐社会首善之区做了哪些努力？
3. 以执政能力建设和先进性建设为主线推进党的建设的历史对今天党建工作有什么启示？

延伸阅读

1. 中共北京市委组织部、中共北京市委党史研究室编：《向榜样学习》，北京出版社2016年版。

[①]《中国共产党北京市纪律检查委员会向中国共产党北京市第十次代表大会的工作报告》，《北京日报》2007年5月17日；《中国共产党北京市纪律检查委员会向中国共产党北京市第十一次代表大会的工作报告》，《北京日报》2012年7月4日。

2. 北京市政协文史和学习委员会等编：《改革开放话北京》，北京出版社2008年版。

3. 龙新民、张静如主编：《中国共产党90年史话》，中共党史出版社2015年版。

第十二章　砥砺奋进

——建设国际一流的和谐宜居之都

（2012—2017）

党的十八大①以来,中国特色社会主义进入新时代。北京市坚持以习近平总书记对北京重要讲话精神为根本遵循,牢固树立新发展理念,落实京津冀协同发展战略,加强"四个中心"功能建设,提高"四个服务"水平,努力打造国际一流的和谐宜居之都。党的十九大召开后,全市人民不忘初心、牢记使命,推动习近平新时代中国特色社会主义思想在京华大地落地生根、开花结果,进一步形成生动实践。

---

① 2012年11月8日至14日,党的十八大召开。胡锦涛代表第十七届中央委员会作《坚定不移沿着中国特色社会主义道路前进 为全面建成小康社会而奋斗》的报告,大会确立科学发展观为党的指导思想。十八届一中全会选举习近平为中央委员会总书记,决定习近平为中央军事委员会主席。

第一节　牢记嘱托

中国特色社会主义进入新时代，首都发展进入了新阶段。在北京改革发展的关键时刻，习近平总书记先后对北京工作发表重要讲话，为首都当前和今后长期发展提供了根本遵循。市委市政府牢记使命重托，提升政治站位，时刻对标对表，自觉服务大局，推进城市转型发展，开启北京现代化建设新航程。

一、市第十一次党代会召开

2012年6月29日至7月3日，市第十一次党代会召开。刘淇代表中国共产党北京市第十届委员会向大会作报告。大会高举中国特色社会主义伟大旗帜，以邓小平理论和"三个代表"重要思想为指导，深入贯彻落实科学发展观和中央对北京工作的指示精神，全面总结市第十次党代会以来的工作，科学分析北京发展所处的历史方位，明确提出今后一个时期推动北京建设发展的目标和任务。

大会指出，要牢牢把握北京的工作职责，牢牢把握推动北京科学发展的神圣使命，牢牢把握加快转变经济发展方式的重要任务，牢牢把握立党为公、执政为民的基本要求，深入实施"人文北京、科技北京、绿色北京"战略，率先形成科技创新、文化创新"双轮驱动"的发展格局和城乡经济社会发展一体化新格局。要坚持中国特色社会主义政治发展道路，紧

市第十一次党代会会场

紧围绕建设具有世界影响力的文化中心城市和中国特色社会主义先进文化之都,积极推进社会服务管理创新,坚持生产发展、生活富裕、生态良好的文明发展道路,实现经济实力显著提升、城市功能持续优化、社会环境更加和谐、北京文化日益繁荣、改革开放不断突破、市民福祉明显改善的目标。

7月3日,市委十一届一次全会举行,选举产生新的市委常委会、市委书记、副书记,通过市纪律检查委员会选出的领导班子。郭金龙当选为北京市委书记。

市第十一次党代会召开后,全市认真抓好党代会精神的传达、学习和贯彻落实,切实把广大党员干部群众的思想统一到大会精神上来,万众一心,真抓实干,奋力推动北京科学发展,全力维护社会和谐稳定。

二、习近平视察北京工作

习近平非常关心北京的建设和发展。2014年2月25日至26日,习近平先后到市规划展览馆、玉河及雨儿胡同、市自来水集团第九水厂、市轨道交通指挥中心等地考察调研并主持召开座谈会。2017年2月23日至24日，京津冀协同发展战略实施3周年之际，习近平再次视察北京，先后考察北京新机场建设工地、五棵松体育中心、北京城市副中心行政办公区等地并主持召开座谈会。两次视察活动中，习近平就北京全面深化改革、推动首都更好发展特别是破解特大城市发展难题发表一系列重要讲话，提出明确要求。

定位准，才能方向明。习近平强调，要明确北京城市战略定位，坚持和强化首都全国政治中心、文化中心、国际交往中心、科技创新中心的核心功能，深入实施"人文北京、科技北京、绿色北京"战略，努力把北京建设成为国际一流的和谐宜居之都。

以宏大的视野提出推动京津冀协同发展，将北京发展放到更大的战略空间考量。习近平指出，解决好北京发展问题，需要跳出北京来看。北京要解决遇到的突出问题，必须纳入京津冀和环渤海经济区的战略空间加以考量，以打通发展的大动脉，更有力地彰显北京优势，更广泛地激活北京要素资源。要调整疏解非首都功能，优化三次产业结构，优化产业特别是工业项目选择，突出高端化、服务化、集聚化、融合化、低碳化，有效控制人口规模，增强区域人口均衡分布，促进区域均衡发展。

以强烈的问题意识、鲜明的问题导向审视北京发展，以壮士断腕的决心推动非首都功能疏解。习近平强调，疏解北京非首都功能是推动京津冀协同发展的"牛鼻子"和主要矛盾。只有加快疏解非首都功能，才能为北京提升核心功

2017年2月23日至24日，习近平在北京考察城市规划建设和北京冬奥会筹办工作。图为《人民日报》的相关报道

能、提升发展水平腾出空间。要提升城市建设特别是基础设施建设质量,健全城市管理体制,提高城市管理水平,加大大气污染治理力度。

以深邃的历史思维规划北京发展空间,部署北京城市副中心建设。习近平指出,建设北京城市副中心和雄安新区两个新城,形成北京新的"两翼"。这是我们城市发展的一种新选择。站在当前这个时间节点建设北京城市副中心,要有21世纪的眼光。规划、建设、管理都要坚持高起点、高标准、高水平,落实世界眼光、国际标准、中国特色、高点定位的要求。

以高度的历史责任感强调要加强历史文化遗产保护,传承历史文脉。习近平强调,北京是世界著名古都,丰富的历史文化遗产是一张金名片,传承保护好这份宝贵的历史文化遗产是首都的职责。北京历史文化是中华文明源远流长的伟大见证,要更加精心保护好,凸显北京历史文化的整体价值,强化"首都风范、古都风韵、时代风貌"的城市特色。

习近平视察北京重要讲话,系统阐述了关系首都发展的方向性、根本性问题,深刻回答了"建设一个什么样的首都,怎样建设首都"这一重大时代课题,为北京发展指明了前进方向。北京把习近平总书记视察重要讲话精神作为案头卷、工具书、座右铭,带着深厚感情,持续深入学习,领会思想精髓,不断增强行动自觉,切实贯彻落实到全市工作的全过程和各个方面,努力形成生动实践、结出丰硕成果[①]。

三、市第十二次党代会召开

2017年6月19日至23日,市第十二次党代会召开。蔡奇向大会作题为《更加紧密团结在以习近平同志为核心的党中央周围 为建设国际一流的和谐宜居之都而努力奋斗》的报告。大会高举中国特色社会主义伟大旗帜,以邓小平理论、"三个代表"重要思想、科学发展观、习近平总书记

---

① 《谱写首都发展新篇章——以习近平同志为核心的党中央关心推动首都发展纪实》,《人民日报》2017年10月15日第2版。

系列重要讲话精神和治国理政新理念新思想新战略为指导，认真贯彻习近平总书记两次视察北京重要讲话精神，紧扣"建设一个什么样的首都，怎样建设首都"这一重大时代课题，对优化提升首都功能、建设国际一流的和谐宜居之都作出全面部署。

大会指出，要深刻认识北京肩负的重大政治责任，准确把握首都发展所处的历史方位和面临的重大机遇，更加突出首都发展、更加突出减量集约、更加突出创新驱动、更加突出改善民生。大会提出了今后5年的奋斗目标，即首都功能实现新提升、城市发展形成新骨架、经济发展会聚新动能、生态环境取得新改善、人民生活实现新提高、文明和谐展示新风貌、党的建设开创新局面，努力把北京建设成为国际一流的和谐宜居之都。

大会按照"五位一体"总体布局和"四个全面"战略布局，联系北京作为超大城市的实际，部署了今后5年的重点任务，即坚定不移疏解非首都功能，深入推动京津冀协同发展；以建设具有全球影响力的科技创新中心为引领，着力打造北京发展新高地；坚持人民城市为人民，形成有效的超大城市治理体系；大力加强宣传思想文化工作，建设全国文化中心；发展社会主义民主政治，建设法治中国首善之区；坚定不移推进全面从严治党，增强各级党组织的创造力凝聚力战斗力。

6月23日，市委十二届一次全会举行，选举产生新的市委常委会、市委书记、副书记，通过市纪委十二届一次全会选举结果的报告。蔡奇当选为北京市委书记。

市第十二次党代会召开后，全市认真抓好"两贯彻一落实"，深入学习贯彻习近平总书记系列重要讲话精神和治国理政新理念新思想新战略，深入学习贯彻习近平总书记对北京重要讲话精神，抓好市第十二次党代会精神的学习宣传和落实，推动各项工作不断迈上新台阶。

四、编制《北京城市总体规划（2016年—2035年）》

为全面贯彻落实习近平总书记对北京工作重要讲话精神，适应城市发展新变化，谋划首都未来可持续发展的新蓝图，2014年，北京启动新中国成立以来城市总体规划第七次修编。

此次北京城市总体规划编制工作，是在习近平亲自指导下完成的。2017年3月，规划草案编制完成，面向社会征求意见，吴良镛、徐匡迪等院士、权威专家及近200名各领域专家学者对总体规划提出意见建议，征集公众意见1.15万条，总计达百万字左右。2017年5月17日，市委十一届十四次全会审议通过《北京城市总体规划（2016年—2030年）（送审稿）》，并一致同意将其上报党中央、国务院审定。6月27日，习近平主持中央政治局常委会会议，专题听取北京城市总体规划编制工作的汇报，并发表重要讲话。9月13日，中共中央、国务院正式批复同意《北京城市总体规划（2016年—2035年）》（以下简称《总体规划》）。《总体规划》成为北京未来城市发展的权威蓝图。

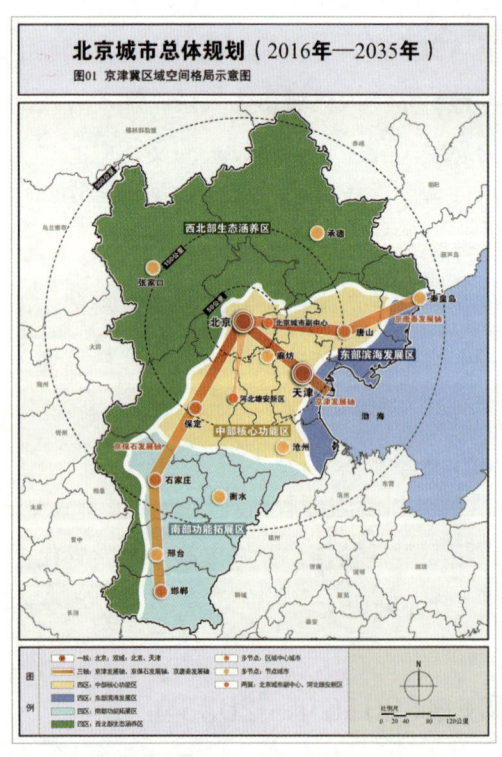

北京城市总体规划（2016年—2035年）——京津冀区域空间格局示意图

《总体规划》深刻把握"都"与"城"、"舍"与"得"、疏解与提升、"一核"与"两翼"的关系，履行"四个服务"职责，使北京服务保障能力与城市战略定位相适应，人口资源环境与城市战略定位相协调，城市布局与城市战略定位相一致，建设伟大社会主义祖国的首都、迈向中华民族伟大复兴的大国首都、国际一流的和谐宜居之都。规划提出北京至2020年、2035年、2050年三个阶段的发展目标，确定人口总量上限、生态控制线和城市开发边界三条红线，构建"一核一主一副、两轴多点一区"[①]的城市空间结构。加强城乡统筹，在市域范围内实行城乡统一规划管理，构建和谐共生的城乡关系。注重推进京津冀协同发展，共同建设以首都为核心的世界级城市群。

《总体规划》坚持以人民为中心，坚持可持续发展，坚持一切从实际出发，注重长远发展，注重减量集约，注重生态保护，注重多规合一，符合北京市实际情况和发展要求，为北京市城市发展及规划、建设和管理工作指明了方向，对于促进首都全面协调可持续发展具有重要意义。

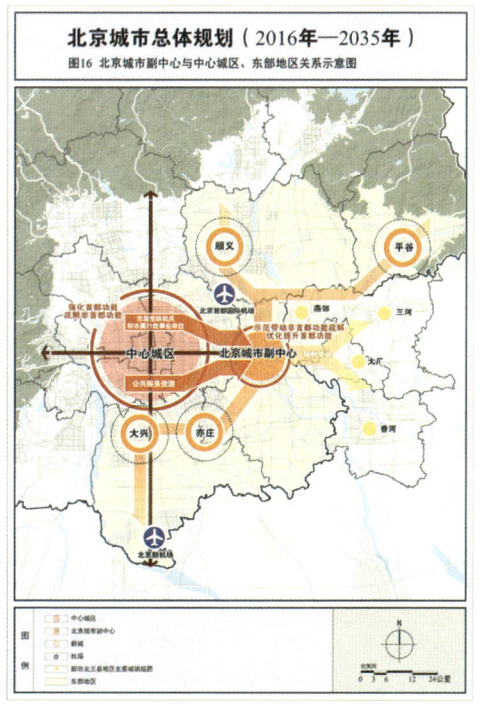

北京城市总体规划（2016年—2035年）——北京城市副中心与中心城区、东部地区关系示意图

[①] "一核"是指"首都功能核心区"，"一主"是指"中心城区"，"一副"是指"北京城市副中心"。"两轴"是指"中轴线及其延长线、长安街及其延长线"，"多点"是指"位于平原地区的新城"，包括顺义、大兴、亦庄、昌平和房山新城，"一区"是指"生态涵养区"，包括门头沟区、平谷区、怀柔区、密云区、延庆区，以及昌平区和房山区的山区。

第二节 深入推进京津冀协同发展

推进京津冀协同发展，是党中央、国务院在新的历史条件下作出的重大决策部署。北京有序疏解非首都功能，高标准建设城市副中心，扎实推进供给侧结构性改革，积极打造京津冀协同发展创新共同体，在区域良性互动中实现共赢发展。

一、京津冀协同发展战略

京津冀战略地位特殊，地域毗连，经济融合互补，发展潜力巨大。但一个时期以来，京津两极过于"肥胖"，辐射带动作用较弱，周边中小城市过于"瘦弱"，甚至还出现了大面积的环京津贫困带。为破解京津冀发展难题，释放经济发展新动能，以习近平同志为核心的党中央提出京津冀协同发展重大国家战略。

中央政治局2015年4月30日审议通过《京津冀协同发展规划纲要》，确定"功能互补、区域联动、轴向集聚、节点支撑"的布局思路，明确以"一核、双城、三轴、四区、多节点"[①]为骨架，打造以首都为核心的

---

① "一核"指北京，"双城"指北京、天津，"三轴"指京津、京保石、京唐秦三个产业发展带和城镇聚集轴，"四区"分别是中部核心功能区、东部滨海发展区、南部功能拓展区和西北部生态涵养区，"多节点"包括石家庄、唐山、保定、邯郸等区域性中心城市和张家口、承德、廊坊、秦皇岛、沧州、邢台、衡水等节点城市。

世界级城市群、区域整体协同发展改革引领区、全国创新驱动经济增长新引擎、生态修复环境改善示范区。北京市制定实施贯彻《京津冀协同发展规划纲要》意见和"十三五"京津冀协同发展专项规划,明确年度工作要点和重点项目,形成"远期有贯彻意见、中期有五年规划、近期有工作要点、当年有重点项目"一揽子推进举措,聚焦交通、生态、产业3个重点领域率先突破。

长期以来,京津冀之间有很多"断头路",阻碍了三地交通,影响了三地发展。北京和河北燕郊之间每天约有30万上班族如潮汐一般往返,他们热切期盼开通燕郊和北

2016年9月20日,北京新机场主航站楼施工现场,施工工人在浇筑地下结构工程最后一块顶板

京东六环之间的便捷通道——徐尹路。在京津冀协同发展战略引领下,京冀两地交通部门启动徐尹路二期工程,建成潮白河大桥,打通"断头路"。此外,北京还加速打通京台高速北京段、京秦高速北京段、首都地区环线高速大兴通州替代线3条高速"断头路",以及其他普通道路。

建设河北雄安新区,是党中央着眼于京津冀协同发展,面向未来作出的一项重大决策部署,是千年大计、国家大事,将与城市副中心共同形成北京新的"两翼"。北京落实党中央决策部署,

2015年12月18日,津霸客专试运营车辆停靠在河北胜芳车站

把支持雄安新区建设当成自己的事，主动加强规划对接、政策对接、项目对接，全方位加强合作，雄安新区需要什么就支持什么。2017年8月17日，北京市党政代表团到雄安新区考察调研，两地签署《北京市人民政府、河北省人民政府关于共同推进河北雄安新区规划建设战略合作协议》，北京将在协同创新、基础设施、生态治理、产业升级、公共服务、城市规划、人才交流7个方面与河北省开展战略合作，集中优势资源全力支持雄安新区建设开局起步。

二、有序疏解非首都功能

疏解非首都功能是解决北京"大城市病"的突破口，也是京津冀协同发展战略的核心。北京坚持疏控并举、疏转并重、综合施策、分类推进，走出一条"瘦身健体、减量发展、提质增效"的新路子。

人随产业走。为严格控制不符合首都城市战略定位的新增产业，2014年7月，北京发布实施《北京市新增产业的禁止和限制目录（2014年版）》，从源头对高耗能、高耗水、高污染的产业进行限制，引导社会资源更多地投向符合首都城市战略定位的产业。2015年8月24日，发布实施《北京市新增产业的禁止和限制目录（2015年版）》，加大禁限力度，全市性禁限的新增产业占全部国民经济行业分类的比例由32%提高到55%。在禁限目录的指引下，北京一边严格控制产业增量，一边大力疏解相关产业，加快做好产业的"减法"，舍掉"白菜帮子"，留下"菜心"。目录实施3年多来，北京不予办理的工商登记业务达1.86万件。

动物园服装批发市场（以下简称"动批"）的疏解拉开了大型批发市场疏解转型的序幕。"动批"曾是北方最大的服装批发集散地，有30多年发展历史，拥有东鼎、众合、金开利德、世纪天乐等12个大型服装批发市场。巨大的市场体量和客流带来人口无序过快增长、环境脏乱、违法建设等问题，严重影响城市形象和可持续发展。市、区两级共同组建北展地区疏解工作指挥部，充分考虑商户的合法合理诉求，采取耐心细致的措施

北京市出台的相关产业发展禁限文件

推动搬迁工作顺利进行。到2017年11月，动物园地区12个市场全部闭市。疏解的商户在天津、河北等承接地找到新的发展空间。而腾退后，宝蓝金融创新中心等一批以科技、金融、设计、时尚为主要业态的企业纷纷进驻，老"动批"获得"新生"。截至2018年初，北京累计调整疏解一般制造性污染企业1992家、各类区域性专业市场594个，带动全市常住人口实现增量、增速"双降"，城市管理更加规范，生态环境更加优美。

北京建筑大学、北京工商大学、北京电影学院等高校，天坛医院、友谊医院等医疗机构积极布局新城。北京医药业、服装制造业、汽车制造业等产业也在河北转型升级、创新发展。北京·沧州渤海新区生物医药产业园成立，北汽集团、北京现代等企业在河北建立新厂。

宝蓝金融创新中心进驻天皓城，转型成为国家"高精尖"企业及互联网金融公司的科创平台

2017年以来，伴随着"疏解整治促提升"专项行动持续展开，疏解非首都功能与拆除违法建设、占道经营、无证无照经营和"开墙打洞"整治，城乡接合部整治，地下空间和群租房整治，棚户区改造、直管公房及"商改住"清理整治等城市管理措施结合起来，统筹腾退空间利用，加大"留白增绿"力度，补充公共服务设施，改善城市环境和配套服务。1月至8月，拆除违法建设3834万平方米，拆除量达到2016年的2.9倍；整治

2015年4月11日，北京首批生物医药企业入驻渤海新区生物医药产业园

"开墙打洞"2.5万余处，完成全年计划的155.7%；整治"散乱污"企业4858家，完成全年计划的83.3%[①]……

疏解非首都功能优化提升了首都功能，极大地改善了人居环境，实现了从聚集资源求增长到疏解功能谋发展的重大转变。

三、推进供给侧结构性改革

面对国际金融危机的巨大冲击，全球经济持续低迷，结构性矛盾日益凸显。以习近平同志为核心的党中央综合研判世界经济形势，积极适应和引领经济发展新常态，及时作出了加快推进供给侧结构性改革[②]的重大战略决策。

北京市认真贯彻落实党中央决策部署，坚持问题导向，把握改革重点，立足高端定位，规划推进供给侧结构性改革的蓝图，把"三去一降一补"五大重点任务落地。2016年，出台《关于加快推进劣势及不符合首都功能定位的国有企业退出工作的指导意见》，将6类不符合首都功能定位的企业纳入退出名录，其中包括高耗能、高耗水、高污染的企业，钢铁、煤炭、水泥、建材等产能过剩行业的企业及产业链低端企业，长期亏损、扭

[①]《谱写首都发展新篇章——以习近平同志为核心的党中央关心推动首都发展纪实》，《人民日报》2017年10月15日第2版。

[②] 即以提高社会生产力水平为目的，落实好以人民为中心的发展思想，在适度扩大总需求的同时，去产能、去库存、去杠杆、降成本、补短板（简称"三去一降一补"），从生产领域加强优质供给，减少无效供给，扩大有效供给，提高供给结构适应性和灵活性，提高全要素生产率，使供给体系更好适应需求结构变化。

亏无望、主要靠政府补贴和银行续贷维持经营的"僵尸"企业等。

京煤集团就是这场没有硝烟的战斗的先导者。成立于1948年的京煤集团，拥有长沟峪、王平村、木城涧、大安山、大台煤矿等京西五大煤矿，所产的煤具有低磷、低硫、低氮等特点，历史巅峰期产煤量达800万吨、员工达5.8万多人，煤炭供应覆盖京津冀三地。2016年，京煤集团逐步关停长沟峪煤矿、王平村煤矿，退出180万吨煤炭产能。北京成为全国通过国家煤炭去产能工作验收的第一个省市。京煤集团其余三大煤矿至2020年将依次退出，北京将告别自元代起近800年的采煤史。

除了煤炭之外，北京还努力去钢铁、水泥产能。首钢集团计划自2016年起，用3年时间完成787万吨钢产能、500万吨粗钢产能化解任务。金隅集团关停北京4家水泥公司，完成压缩产能300万吨的任务。

按照"高端化、服务化、集聚化、融合化、低碳化"的要求，北京以科技创新为引领，着力构建"高精尖"经济结构，先后出台《〈中国制造2025〉北京行动纲要》和《北京市鼓励发展的高精尖产品目录（2016年版）》，引导产业转型升级，开展服务业扩大开放综合试点，深化国企改革，激发民间投资活力，退出高耗水种养殖业，供给侧结构性改革迈出坚实步伐。

北京推进供给侧结构性改革，有利于加快形成引领经济发展新常态的体制机制和发展方式，更好破解超大城市发展难题，为首都实现更高水平、更可持续发展注入强大活力。

四、建设北京城市副中心

长期以来，北京的首都功能和城市功能高度集中在中心城区，由此带来一系列"城市病"。规划建设北京城市副中心是党中央、国务院作出的重大决策，是疏解非首都功能的一项标志性工作。

城市副中心位于通州区，规划面积约155平方公里，外围控制区即通州全区约906平方公里，其中副中心行政办公区6平方公里，为北京市级

北京城市总体规划（2016年—2035年）——北京城市副中心空间结构规划图

"四套班子"和市属委办局办公所在地。北京准确把握城市副中心功能定位，按照世界眼光、国际标准、中国特色、高点定位的要求，高起点、高标准、高水平推进副中心建设，构建"一带、一轴、多组团"[①]的城市空间结构，突出水城共融、蓝绿交织、文化传承的城市特色。

为加快推进副中心建设，北京成立城市副中心建设领导小组，研究制定副中心重大工程行动计划，建立统筹协调、分工明确、部门联动的工作机制。面向全球50家高水平顶尖设计团队发出邀请，集中全球智慧，完成副中心总体城市设计和重点地区详细城市设计。推进通州区总体规划及专项规划编制，推动副中心与廊坊市北三县地区统一规划编制，形成协调联动规划发展。

2015年行政办公区开始全面建设，2016年6月实现一期工程主体结构全面封顶，创造了"副中心速度"。完善副中心轨道网规划并推进路网建设，打造一张副中心至周边县市乃至京东地区的轨道交通网，实现城市副中心与津冀之间便捷的交通联系。积极推进海绵城市建设，把大运河、凉

---

① "一带"是以大运河为骨架，构建城市水绿空间格局，形成一条蓝绿交织的生态文明带；"一轴"是沿六环路形成创新发展轴，向外纵向联系北京东部地区和首都国际机场、北京新机场，对内串联多个功能中心；"多组团"是依托水网、绿网和路网形成12个民生共享组团，建设职住平衡、宜居宜业的城市社区。

水河、潮白河等水系和在建绿地都作为城市"海绵体",打造总面积111平方公里的南北贯通湿地群,构建"绿带环绕、绿廊相连、绿块镶嵌"的生态景观格局,提升城市生态系统功能。2018年,加快建设运河商务区,提升副中心基础设施综合承载力,启动市级党政机关和市属行政事业单位率先搬迁工作。

教育、医疗卫生资源加快向副中心布局。规划建设中国人民大学通州校区,推动北京市第二实验小学等名校通州分校建成并开学。由南向北布局中西医结合医院、东直门医院东区、潞河医院、新华医院4家医院,引进安贞医院、友谊医院、首都儿科研究所等三甲医院,提升副中心教育、医疗水平。

建设中的北关大道跨北运河桥

建设北京城市副中心,有利于集中疏解非首都功能,调整北京空间格局,拓展发展新空间,有效缓解北京"大城市病",与雄安新区共同形成北京发展新的"两翼"。

五、打造区域协同创新共同体

推动京津冀协同创新共同体建设，建立健全区域协同创新体系，打造中国经济发展新的支撑带，是京津冀协同发展战略的重要内容。

2015年9月，京津冀成为全国唯一的跨省级行政区域的全面创新改革试验区，积极探索可复制、可推广的经验。北京以此为契机，制定《关于建设京津冀协同创新共同体的工作方案（2015—2017年）》，围绕"三轴"①和"4+N"②疏解非首都功能承接平台重点布局，抓好完善协同创新机制、建设协同创新平台、实施协同创新工程3项重点任务，带动京津冀区域协同创新发展。

中关村国家自主创新示范区在推进京津冀协同创新共同体建设中起着先导作用。2016年8月，《中关村国家自主创新示范区京津冀协同创新共同体建设行动计划（2016—2018年）》发布实施。示范区先后与河北廊坊、秦皇岛、保定市共建中关村创新中心，与天津市共建天津滨海—中关村科技园，积极搭建中关村高新技术转移平台。中关村企业在津冀两地加快布局，推进技术输出。2016年，中关村企业在津冀两地设立分公司、子公

天津滨海—中关村科技园核心区场景

---

① 京津发展轴、京保石发展轴、京唐秦发展轴。
② "4"是指曹妃甸区、新机场临空经济区、张承生态功能区、滨海新区4个战略合作功能区主体，"N"是指其他合作区域。

司超过5800家，北京向津冀输出技术合同成交额154.7亿元，同比增长38.7%。

首钢搬迁到曹妃甸，为北京和河北深化合作奠定了重要基础。2014年7月31日，北京市政府与河北省政府签署《共同打造曹妃甸协同发展示范区框架协议》，决定共同把曹妃甸打造成首都战略功能区和协同发展示范区。2017年，签约京津项目99个，总投资1308亿元；在建项目43个，总投资1124亿元；完工项目29个，总投资124亿元[①]。相变绿色能源循环控能产业园、中科飞鸿军民融合孵化园、北京城建重工新能源汽车、保利通信北斗二代CAPS系统研发和生产基地等一批重点项目相继开工建设。

北京还推进雄安新区中关村科技园、新机场临空经济区规划建设，构建区域性医联体，试点三地协同养老，促进京津冀交通一体化、通关一体化，不断加强京津冀协同创新共同体建设，实现区域内高端创新资源合理配置、共建共享，为推进京津冀协同发展奠定坚实基础。

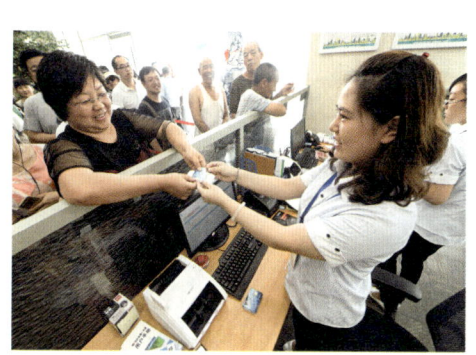

工作人员（右）将办理成功的京津冀交通一卡通交给廊坊市民

---

① 冯颖祎、章海华、卢志坤：《"新"曹妃甸何处去？》，《中国经营报》2018年5月5日。

第三节 加强"四个中心"功能建设

习近平总书记对北京重要讲话精神和中共中央、国务院关于对《北京城市总体规划（2016年—2035年）》的批复，明确了北京全国政治中心、文化中心、国际交往中心、科技创新中心的战略定位。北京牢固树立首都城市战略定位，加强"四个中心"功能建设，提高"四个服务"水平，不断开创北京建设发展新局面。

一、服务政治中心

作为国家首都，北京是全国政治中心。北京市立足履行好"四个服务"职责，全力做好政治中心的服务和安全保障工作，努力使城市建设发展更加符合党和人民的新要求，更加适应我国日益走近世界舞台中央的新形势，更好地展示迈向中华民族伟大复兴大国首都的新形象。

北京不断强化政治中心观念，提升政治站位，带头树立政治意识、大局意识、核心意识、看齐意识，始终在思想上政治上行动上与党中央保持高度一致，严守政治纪律和政治规矩，一切听从党中央指挥，自觉维护中央权威，确保中央政令在北京畅通，为党中央站好岗、放好哨。

2015年，中央决定9月3日在天安门广场举行纪念中国人民抗日战争暨世界反法西斯战争胜利70周年大会及盛大阅兵仪式。纪念活动将邀请近百位国家元首、政府首脑和重要外宾出席及4万余观礼代表和群众参加，

纪念中国人民抗日战争暨世界反法西斯战争胜利70周年大会及盛大阅兵仪式活动期间的天安门广场长城主题花坛

还要安排数量众多的受阅部队和装备,筹办工作千头万绪,难度很大。北京以高度的政治意识,认真履行首都工作职责,扎实做好各项服务保障工作。为保障阅兵训练基地建设,各有关方面密切配合,开辟绿色通道,协调腾退土地26.8亩,新建和改扩建道路32.1公里,新建完善阅兵训练基地和受阅部队驻地配套服务设施,确保受阅部队按期进驻训练基地。为安排好观礼服务,组织动员服务人员4866人、志愿者1299人,实行实名制登记、网格化服务和台长负责制,有序引导观众,热情周到服务。安全保卫工作更是心弦紧绷。启动战时情报会商机制,对突出问题快速应对处置;开展"平安行动",强化涉恐线索核查打击和网上巡查管控;深入开展安全生产专项督查,发现和消除各类安全隐患;组织90万名治安志愿者参与安保工作,"西

西城区治安志愿者在维持秩序

城大妈""朝阳群众"活跃在大街小巷,"守望岗"旗帜随处可见。

法治建设是服务政治中心的重要内容。2016年6月,市委市政府办公厅发布《关于全面推进政务公开工作的实施意见》,12月正式推出全国首个政务公开三级清单;构建三级代表联系机制,搭起密切联系人民群众的桥梁;在全国率先出台《关于进一步发挥政协作为爱国统一战线组织重要作用的意见》,扩大统战工作覆盖面;在全国率先建立知识产权法院,打造"检立方"①大数据决策平台,推进公安机构改革,首都维稳工作不断深入。深入推进"平安北京"建设,创新公共安全治理模式,形成具有首都特色的社会矛盾多元化解体系,构建社会主义和谐社会首善之区。

服务全国政治中心,优化和提升了首都核心功能,展现了大国首都的形象和城市魅力。

二、文化中心建设

北京历史悠久,文化底蕴深厚,是享誉世界的历史文化名城。北京历史文化遗产是中华文明源远流长的伟大见证,是建设世界文化名城的根基。自成为新中国首都以来,北京就成为全国文化中心,对全国文化建设起着示范引领作用。

为全面推进全国文化中心建设,北京2016年6月制定《"十三五"时期加强全国文化中心建设规划》,2017年8月成立推进全国文化中心建设领导小组及专项工作组,列出重点任务清单和重点项目清单。在文化中心建设工作中,明确首都文化内涵,主要包括源远流长的古都文化、丰富厚重的红色文化、特色鲜明的京味文化和蓬勃兴起的创新文化4个方面。构建"一核一城三带两区"的文化中心建设总体框架,以培育和弘扬社会主义

---

① 利用检察工作积累的各类数据,构建起业务监督、常规分析、专题分析、检察统计、综合信息、检察研究、人员管理等综合数据库,从绩效、案件、时间、人员4个维度为检察业务提供分析决策支持。

核心价值观为引领,以历史文化名城保护为根基,以大运河文化带、长城文化带、西山永定河文化带为抓手,推动公共文化服务体系示范区和文化创意产业引领区建设,把北京建设成为弘扬中华文明与引领时代潮流的文化名城,建设中国特色社会主义先进文化之都。落实"老城不能再拆了"的要求,推进历史文化名城保护,加大对中轴线、朝阜路沿线文物修缮和环境整治力度,保护非物质文化遗产,推动中轴线申遗工作、"平安故宫"工程建设。深入推进思想文化宣传,发布《关于培育和践行社会主义核心价值观的实施意见》,开展"北京榜样"评选、"百姓宣讲"和文明城区、村镇、单位、家庭、校园"五大创建"活动。大力发展文化产业,建设全国首个国家级文化产业创新试验区,中国北京出版创意产业园、中国(怀柔)影视基地、北京国际电影节等品牌园区和活动影响全国。推动首都公共文化服务示范区建设,举办北京戏曲文化周、书香中国·北京阅读季等活动。

北京中轴线鸟瞰

北京发挥京津冀地域相近、文脉相亲的地缘优势，统筹推进长城文化带、大运河文化带、西山永定河文化带建设。建设大运河文化带，编制保护建设规划，推进通州大运河国家公园、白浮泉遗址公园等建设，并与城市副中心规划建设衔接起来。建设长城文化带，重点推进平谷红石门、昌平南口、怀柔箭扣、密云古北口等地长城保护，使历史上拱卫京城的军事设施成为北京北部历史文化体验带和生态环境保护带。建设西山永定河文化带，以"三山五园"①为核心，打造集皇家文化、宗教文化、陵墓文化、民俗文化以及中西文化交流于一体的历史文化景观区。三个文化带就像飘落在京华大地上的三条绸带，把一度湮没在历史长河里的古都景观，逐步找回来。

北京国际电影节是国家文化中心建设的重点活动之一。自2011年4月创立至2017年4月，北京国际电影节连续举办7届，已发展成为国际性、专业性、创新性、高端化、市场化的国际电影盛会，是中国第二个获得国际电影制片人协会（FIAPF）认可的国际A类电影节，促进了文化创新，让文化元素融入现代城市。

文化交流方面，北京京剧院"双甲之约"纪念梅兰芳诞辰120周年——重走梅兰芳之路全球巡演活动、"北京中轴线"走进开罗、北京曲剧《骆驼祥子》在港上演、澳门"魅力北京"文化展示展演、京台文

第七届北京国际电影节海报

---

① 据《中国古代建筑史》第五卷记载，"三山"指香山、万寿山、玉泉山；"五园"指静宜园、清漪园（颐和园）、静明园、畅春园、圆明园。

2016年11月24日,北京高校中国特色社会主义理论研究协同创新中心(清华大学)举办京冀五校"弘扬伟大长征精神,走好今天的长征路"主题演讲比赛

化交流暨京味文化之旅等活动的成功举办,推动了中华文化"走出去"。

建设全国文化中心,更好地发挥凝聚荟萃、辐射带动、创新引领、展示交流和服务保障的功能,提升了北京城市影响力,彰显了中华文化的巨大魅力。

三、国际交往中心建设

北京作为首都,承担着重要的国际交往功能。北京不断健全重大国事活动服务保障长效机制,始终把中央交办的各项服务保障工作作为重大政治任务、作为履行首都工作职责的重要检验标准,前瞻性地谋划好国际交往中心建设。

2017年5月,"一带一路"国际合作高峰论坛在北京召开。这是中国首倡举办的"一带一路"建设框架内层级最高、规模最大的国际会议,包

位于国家会议中心的"一带一路"国际合作高峰论坛媒体中心

括29位外国元首和政府首脑在内的来自130多个国家和70多个国际组织的约1500名代表出席此次高峰论坛。北京举全市之力，全面做好高峰论坛服务保障工作。作为高峰论坛的主力接待场馆，国家会议中心承担了论坛开幕式、高级别全体会议、6场平行主题论坛及双边会见等重大活动，全员参与保障服务，仅单日用餐最高峰就达2万人次。市交通部门组织完成车辆筹措、班线设置、人员调集、培训演练和指挥体系组建，依工作方案逐步开展工作。成功举办以"千年之约"为主题的文艺晚会，保质保量完成了富有北京历史文化和地域特色风貌的6件"丝路国礼"的设计制作任务，展现了以"燕京八绝"为代表的宫廷技艺的独特魅力。在此基础上，北京还将推进雁栖湖国际会都扩容、国家会议中心二期工程建设，进一步增强服务国家国际交往的能力。

2022年，北京将携手张家口举办冬奥会和冬残奥会。北京秉承绿色、共享、开放、廉洁办奥理念，科学谋划，高质量推进各项筹办工作。北京冬奥会规划使用12个竞赛场馆，分布在3个赛区，其中5个在北京城区，2个在延庆区，5个在张家口市；改建、利用2008年北京奥运会场馆4座，新建国家速滑馆、国家雪车雪橇中心、国家高山滑雪中心。充分考虑赛事需求和赛后利用，努力打造场馆建设精品工程，避免重复建设。

北京还承担了2014年亚太经合组织领导人非正式会议（APEC会议）、2015年世界田径锦标赛等重大活动的服务保障工作。特别是在APEC会议服务保障工作中，北京与天津、河北、山东、山西、内蒙古密切配合，协同开展大气污染防治，使北京天空呈现美丽的"APEC蓝"，得到群众一致称赞。

北京APEC会议主场馆所在地怀柔雁栖湖国际会都全景

高水平、高规格、高标准完成一系列重大保障任务,展示了北京风范,提升了城市精细化管理能力,打造了"北京服务"品牌,有力地推动了国际交往中心建设。

四、科技创新中心建设

全国科技创新中心是首都的核心功能之一,是北京服务国家发展战略的重大历史责任,也是实现自身更高水平、更可持续发展的必由之路。北京按照全国科技创新中心建设总体方案[①],积极推进科技创新中心建设。

2014年9月,北京发布《关于进一步创新体制机制加快全国科技创新中心建设的意见》,在科技成果使用处置及收益管理、技术创新市场导向机制等8个方面,提出一系列突破性改革举措。同时,出台高等学校、科研机构、技术创新、财税金融、知识产权、工商管理、国有资产管理等改革的配套政策,促进科技改革和经济社会领域改革衔接。发布实施"京科九条""京校十条",促进高校院所科技成果转化和协同创新。发布实施《北京市促进中小企业发展条例》等地方性法规,形成"1+N"创新政策

---

① 2016年9月1日,国务院常务会议审议并原则通过《北京加强全国科技创新中心建设总体方案》,明确了北京加强全国科技创新中心建设的总体思路、发展目标、重点任务和保障措施。

体系。2017年初，北京会同有关部委进一步制定《北京加强全国科技创新中心建设重点任务实施方案（2017—2020年）》，形成科技创新中心建设的"施工图"。

聚焦中关村科学城、怀柔科学城、未来科学城、创新型产业集群和"中国制造2025"创新引领示范区建设，构筑北京发展新高地。中关村科学城是中关村国家自主创新示范区的核心区，也是北京建设全国科技创新中心的核心区。中关村科学城坚持科技与经济相结合，抓原始创新能力涵养，抓产业组织培育，抓创新创业载体建设，抓体制机制改革，抓国际高端创新，集聚全球高端创新要素，提升基础研究和战略前沿技术研发能力，形成一批具有全球影响力的原创成果、国际标准、技术创新中心和创新型领军企业集群。至2016年底，中关村科学城总收入超过1.8万亿元，拥有科技型企业1.1万家；研发和转化了一批国际领先的科技成果，包括第四代无线通信技术、高纯稀土金属提纯等在国内外具有重大影响的核心科技成果达200余项，多项技术达到全球领先水平；各类创新主体参与制定国际标准88项、国家标准356项，其中制定国际标准数量占全市的80%。怀柔科学城、未来科学城建设也全面加快。

中关村科学城（局部）

未来科学城（局部）

经过20多年的发展，北京经济技术开发区已经是首都"高精尖"产业集聚区和科技创新主阵地。至2016年底，入驻企业16000家，其中国家级高新技术企业680家，形成了以半导体和新型显示为核心的电子产业集群，以发动机为核心的电子信息产业集群，以原创新药、医疗器械为核心的生物医药创新产业集群，以京东为龙头的互联网产业集群。在技术创新领域拥有多项国际、国内第一，填补了国内空白，如全国第一条8.5代液晶显示生产线、全国第一条12英寸芯片生产线、全国唯一的IPv6根服务器工程中心等。

怀柔科学城核心区规划图

北京加快全国科技创新中心建设，致力打造全球科技创新引领者、高端经济增长极、创新人才首选地、文化创新先行区，对于把握引领经济发展新常态、加快培育发展新动能、形成新的经济发展方式具有重要意义。

第四节　贯彻落实全面从严治党

党的十八大以来，以习近平同志为核心的党中央提出并形成了全面建成小康社会、全面深化改革、全面依法治国、全面从严治党的战略布局。治国必先治党，治党务必从严。按照中央要求，市委扎实开展集中教育活动和党内学习教育，深入推进反腐倡廉建设，抓好中央巡视及巡视"回头看"整改落实，以首善标准管党治党，推动全面从严治党向纵深发展。

一、学习宣传贯彻习近平总书记系列重要讲话精神和治国理政新理念新思想新战略

市委把深入学习宣传贯彻习近平总书记系列重要讲话精神和治国理政新理念新思想新战略，特别是对北京重要讲话精神，作为干部思想理论学习的重中之重扎实推进，用以武装头脑、统一思想行动、凝聚奋进力量，努力形成生动实践、结出丰硕成果。

按照市委统一部署，采取党委（党组）理论学习、专题培训、集中研讨、在线学习等方式，在全市组织干部读原著、学原文、悟原理，用心用情感悟贯穿其中的坚定信仰追求、历史担当使命、真挚为民情怀、务实思想作风、科学思想方法，全面掌握蕴含其中的马克思主义立场、观点、方法。

全市每年聚焦一个主题组织开展集中轮训，组织全市局级领导干部和市属企业正职普遍参加轮训。截至2017年9月，共举办35期专题培训

班，培训8400余人次。将习近平总书记系列重要讲话精神和治国理政新理念新思想新战略列为党校主体班次的重点学习内容，开设相关课程，设置学习专题，组织学员系统学、深入学、跟进学，做到系列讲话精神进党校、进教材、进课堂、进头脑。依托北京干部教育网，开发相关网络课程，开设学习专栏，先后举办网上专题班26期，覆盖全体公务员。坚持日常持续学，各单位党委（党组）中心组发挥示范作用，建立定期通报制度。

北京干部教育网关于学习贯彻习近平总书记系列重要讲话精神系列课程

序号	课程名称	主讲人及时任职务	选课人数
1	十八大党章修改新内容、新要求	叶笃初，中共中央党校资深党建专家	5.6万人
2	学习习近平总书记关于改革开放重要论述的几点体会	王一鸣，国务院发展研究中心副主任	5.3万人
3	三中全会全面深化改革的重大突破和精彩新论	许耀桐，国家行政学院教授	3.5万人
4	不忘初心 继续前进 始终践行党的根本宗旨	薛鑫良，中共中央党校机关党委原副书记	2.9万人
5	党的十八届六中全会精神解读	韩凯，北京市社科联党组书记、常务副主席	2.6万人
6	《中国共产党党内监督条例》解读	刘春，中共中央党校研究生院副院长、教授	2.4万人
7	十八届三中全会的重大理论和战略突破	许正中，国家行政学院经济学教研部教授	2.4万人
8	强化党内监督 依规从严治党——《中国共产党党内监督条例》解读	任进，国家行政学院法学教研部教授	2万人
9	新思想新理念新举措——党的十八届五中全会精神解读	丁文锋，国家行政学院信息技术部主任、教授	2万人

续表

序号	课程名称	主讲人及时任职务	选课人数
10	目标两翼保障——学习贯彻习近平总书记关于"四个全面"战略布局的重要论述	丁文锋,国家行政学院信息技术部主任、教授	1.9万人
11	固本强基 行稳致远——习近平总书记关于文化建设相关论述的解读	张海平,北京市委党校哲学教研部副主任	1.8万人
12	习总书记系列讲话中的哲学思考	王兆铮,中共中央党校理论研究室原副主任、教授	1.7万人
13	关键在党 关键在人——学习习近平关于党的建设的重要论述	刘峰,国家行政学院政治学教研部主任	1.5万人
14	十八大报告的新表述、新论断、新部署、新要求	黄苇町,《求是》杂志研究员	1.4万人
15	确保全面建成小康社会的收官规划——学习党的十八届五中全会建议	胡鞍钢,清华大学国情研究院院长、教授	1.2万人
16	适应中国经济发展新常态 加快全面建成小康社会——学习党的十八届五中全会精神	张占斌,国家行政学院经济学教研部主任、教授	1万人

  为深入学习贯彻习近平视察北京重要讲话精神和有关北京发展的指示批示精神,在市委书记蔡奇领导下,市委办公厅、市委组织部、市委党史研究室根据党的十八大以来的公开资料,整理形成《习近平总书记关于北京工作指示摘编》,印发全市处级以上干部和所有基层党支部学习,并作为"两学一做"[①]学习教育的重要内容,精心周密安排,认真组织学习,进一步把思想和行动统一到习近平总书记对北京工作的要求上来。

  深入学习宣传贯彻习近平总书记系列重要讲话精神和治国理政新理念

---

① 2016年初,中共中央办公厅印发《关于在全体党员中开展"学党章党规、学系列讲话、做合格党员"学习教育方案》,"两学一做"学习教育在全国展开。

新思想新战略,夯实了全市党员干部讲政治的思想基础,增强了党员干部特别是领导干部的工作能力,进一步提高了北京各项工作水平。

二、深入开展党的群众路线教育实践活动、"三严三实"专题教育和"两学一做"学习教育

为保持党的先进性和纯洁性,补足精神之钙,夯实思想根基,党中央先后在全党深入开展党的群众路线教育实践活动、"三严三实"[①]专题教育和"两学一做"学习教育。

北京市按照中央要求,从2013年7月起,全市分两批组织9.1万个党组织196.2万名党员开展了党的群众路线教育实践活动。按照学习教育、听取意见,查摆问题、开展批评,整改落实、建章立制3个环节,坚持反对形式主义、官僚主义、享乐主义和奢靡之风,找准突出问题,深刻剖析原因,做到立行立改、善始善终。2015年4月,市委制定《在处级以上领导干部中开展"三严三实"专题教育的实施方案》,全面启动"三严三实"专题教育。全市以上率下,推动党员领导干部讲专题党课,开展专题学习研讨,召开专题民主生活会,查摆问题,整改落实,让干部从思想上、工作上、作风上严起来、实起来。推动党内教育从"关键少数"向广大党员拓展、从集中性教育向经常

党员在党员驿站开展学习教育

---

① 2014年3月9日,习近平在十二届全国人大二次会议安徽代表团参加审议时,关于推进作风建设的讲话中,提出"既严以修身、严以用权、严以律己,又谋事要实、创业要实、做人要实"重要论述。

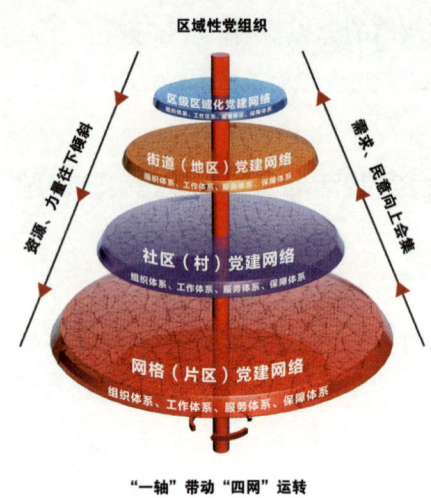

朝阳区"一轴四网"区域化党建示意图

性教育延伸,自2016年4月起,全市9.3万个基层党组织202万名党员集中开展"两学一做"学习教育。以"学"为基础,突出"做"这个关键,抓好党支部从严教育管理党员的主体责任落实,广大党员在深度参与中提升党员意识。2017年4月,印发《关于推进"两学一做"学习教育常态化制度化的实施方案》,提出坚持分类指导,依托党委(党组)理论学习中心组学习、党支部"三会一课"等制度,坚持首善标准,突出问题导向,围绕"亮明身份、公开承诺、示范带头、接受监督"深入开展实践活动等具体要求。

在党的群众路线教育实践活动中,石景山区古城街道党工委实施"第一书记"工作制度,为社区群众解决了一批热点难点问题,受到群众广泛认可和好评。据统计,2013年至2016年,"第一书记"协调区属各单位和街道业务科室为社区解决问题200余项,如为社区开通蔬菜"直通车",在社区安装回收柜、设置咨询台,引导居民开展资源回收和垃圾分类,等等,取得了较好的效果[①]。

在"三严三实"专题教育中,北京大学深入查摆领导干部身上的问题特别是"不严不实"的问题,进行党性分析,直面问题、不躲不绕,严肃认真地开展批评与自我批评。广泛开展调研活动,认真听取广大师生提出的意见建议,从价值观、制度机制、执行力等各方面剖析问题根源,提出解决问题的思路和措施。学校领导班子和党员干部还前往沙滩红楼参观学

---

① 石景山区委组织部:《石景山区古城街道党工委"第一书记"深入社区打通党群服务最后一公里》,北京组工网2016年10月8日。

习，重温中国最早的共产党人和师生的革命情怀[1]。

在"两学一做"学习教育中，西城区践行"红墙意识"，坚持把讲政治摆在首位，不折不扣地落实中央和市委决策部署；坚持抓好"关键少数"，发挥领导干部的示范作用；坚持打好基础，扎实推进基层党建创新；坚持以制度建设为龙头，扎紧"关权力"的笼子，不断增强广大党员"绝对忠诚、责任担当、首善标准"行动自觉。朝阳区委结合实际，创立"一轴四网"[2]区域化党建工作体系，以"轴"带"网"，以落实党建工作责任制为核心，构建了四级贯通的统筹协调机构和平台共商机制。

深入开展党的群众路线教育实践活动、"三严三实"专题教育和"两学一做"学习教育，全市党员干部理想信念更加坚定，纪律规矩意识明显增强，党风、政风、社会风气明显改善。

三、开展巡视工作，严明政治纪律和政治规矩

巡视是党章赋予的重要职责，是加强党的建设的重要举措，是从严治党、维护党纪的重要手段，是加强党内监督的重要形式[3]。市委深入贯彻中央巡视工作方针，以"四个意识"为政治标杆，以党章党规党纪为尺子，强化政治担当，

2016年9月21日，市委第七巡视组专项巡视市民政局党委情况反馈会

---

① 《严于心　实于行——北京大学扎实推进"三严三实"专题教育》，教育部网站2015年6月30日。
② "一轴"指区委—街道（地区）工委—社区（村）党组织—网格（片区）四级区域性党组织构成的核心轴，"四网"指四个层面搭建的党建网络。
③ 《中央巡视组开展"机动式"巡视　查处灯下黑》，《人民日报》2017年2月24日第1版。

对标中央巡视，深化政治巡视，把巡视焦点对准党组织和党员领导干部政治责任，着力发现党的领导弱化、党的建设缺失、全面从严治党不力突出问题，不折不扣地完成巡视全覆盖任务。

市委常委会11次专题研究巡视工作，先后审议通过《关于进一步加强巡视工作的意见》《中共北京市委贯彻〈中国共产党巡视工作条例〉的实施办法》等，坚持问题导向，以下看上，把发现问题、形成震慑作为衡量巡视工作成效的最重要标准，跟踪问题线索、督查督办，充分发挥标本兼治作用。第十一届市委任期内，完成13轮对192个党组织的巡视，实现巡视全覆盖目标，共发现违反"六项纪律"方面问题3846个，移交领导干部问题线索3035件，通过巡视发现一批领导干部严重违纪违法问题，揭露了地税系统基层腐败窝案①。

市委进一步完善巡视机制，研究制定《关于规范相关单位向市委巡视组通报情况工作的意见》，建立巡视期间有关情况沟通机制，对被巡视单位党组织的领导干部重要问题线索和需要重点关注的专项问题，及时移交有关单位，进行专项对接。加大巡视干部队伍建设，修订《中共北京市委巡视机构干部管理工作暂行办法》，进一步拓宽巡视干部交流渠道，完善巡视干部考核评价机制。健全和完善巡视机构党组织设置，强化巡视机构党组织对巡视工作的政治领导作用。2014年7月，经市委常委会研究决定设立组长库，扩大了巡视组组长的选配范围。2016年7月，将巡视办列入市委工作机构序列，设在市纪委，进一步加强了巡视机构设置。

2012年至2016年，市委巡视发现并推动解决一批党组织领导班子和领导干部的突出问题，已完成问题整改2290个。根据巡视移交的问题线索，立案查处干部184人，其中厅级干部31人、处级干部66人、科级及以下干部87人。强化巡视成果运用，在巡视整改工作的反馈、签收、报告、公开

---

① 《中国共产党北京市纪律检查委员会向中国共产党北京市第十二次代表大会的工作报告》（2017年6月19日），《北京日报》2017年7月3日。

等重要环节建立系列工作机制,不完成整改不销账,适时开展巡视"回头看",确保条条都整改、件件有着落。

高悬巡视利剑,充分发挥巡视的政治"显微镜"和"探照灯"作用,使一批"中梗阻"问题得到有效破解,一批务实管用的制度机制得以建立实施,管党治党水平明显提升。

四、反腐倡廉,党风政风实现持续好转

党的十八大以来,党中央持续加强作风建设,深入开展反腐败斗争,全面推进从严治党。市委落实从严治党政治责任,严格遵守中央八项规定精神,坚持反腐败无禁区、全覆盖、零容忍,始终保持惩治腐败高压态势,着力构建不敢腐的惩戒机制、不能腐的防范机制、不易腐的保障机制,推进反腐倡廉建设。

市委根据中央八项规定精神,制定15条实施意见[①],聚焦"四风"问题,抓住"关键少数",形成威慑效应。紧紧抓住"为官不为"、"为官乱为"、公款吃喝、奢侈浪费、超标配备公车、多占办公用房、滥建楼堂馆所等突出问题,集中开展专项治理。健全完善作风建设常态化机制,制定市委常委会基层调研和工作联系点制度、市级领导公务活动礼品管理办法、高级

进一步深化"为官不为""为官乱为"问题专项治理、严肃查处群众身边的不正之风和腐败问题专项工作部署会

---

① 2012年12月20日,市委办公厅、市政府办公厅出台15条实施意见,严格贯彻落实中央八项规定精神,包括改进调查研究、精简会议活动和文件简报、规范出访活动、改进新闻报道、加强督促检查5个部分。

干部生活待遇实施细则、党政机关公务接待管理办法、党政机关厉行节约反对浪费条例实施细则等制度，精准发力，剑指顽疾，从政环境和政治生态进一步得到净化。

2013年底，下发《关于在党的群众路线教育实践活动中严肃整治"会所中的歪风"的通知》，启动"会所中的歪风"专项整治。全市各级党政机关、事业单位、国有企业所属144家培训中心撤销66个，摘牌22个，转企改制2个，调整职能和名称53个，仅保留1个①。在整治工作中，各级领导干部率先垂范，在教育实践活动个人整改措施中作出"不出入私人会所、不接受和持有私人会所会员卡"的承诺，并签订承诺书。全市229家第一批活动单位和16个区县等第二批活动单位坚持上下联动，所有处级以上党员领导干部作出承诺，逐一签订承诺书。

2015年5月，印发《关于推进政府管理服务规范化透明化的意见》，启动"为官不为""为官乱为"专项整治工作。经过调研，列出问题清单，指出4个方面14种"不担当不作为"的情形，要求领导干部深入进行检查。对"不善为"的开展精准化培训，对"不想为"、担当不足而"不敢为"的，及时作出调整。至2017年6月，全市纪检监察机关共查处违反中央八项规定精神问题2217人，查处"为官不为""为官乱为"问题1025人，查处"小官贪腐"1578人，以实际行动回应群众关切，密切了党群干群关系②。

2016年1月，中央宣布对市委原副书记吕锡文③严重违纪、涉嫌犯罪

---

① 《北京市重拳整治"会所中的歪风"》，中央党的群众路线教育实践活动领导小组办公室编：《党的群众路线教育实践活动简报》第214期。
② 《中国共产党北京市纪律检查委员会向中国共产党北京市第十二次代表大会的工作报告》（2017年6月19日），《北京日报》2017年7月3日。
③ 2016年1月，吕锡文因严重违纪被开除党籍和公职。2016年1月18日，最高人民检察院经审查决定，依法对吕锡文以涉嫌受贿罪立案侦查并采取强制措施；10月，吕锡文因涉嫌受贿案，被提起公诉。12月1日，吉林省吉林市中级人民法院公开开庭审理吕锡文受贿一案。2017年2月20日，一审宣判，吕锡文以受贿罪被判处有期徒刑13年。

问题的处理决定后，北京市坚决拥护、积极配合中央查处，对相关涉案人员进行全面审查，彻底肃清吕锡文案件的恶劣影响。

北京坚定不移落实全面从严治党要求，深入推进党风廉政建设和反腐败斗争，使"四风"顽症得到有效遏制，党风政风明显改善，形成反腐败压倒性态势，营造了政治上的绿水青山。

五、学习宣传贯彻习近平新时代中国特色社会主义思想和党的十九大精神

党的十九大[①]是在全面建成小康社会决胜阶段、中国特色社会主义进入新时代的关键时期召开的一次十分重要的大会。大会的主题是不忘初心、牢记使命，高举中国特色社会主义伟大旗帜，决胜全面建成小康社会，夺取新时代中国特色社会主义伟大胜利，为实现中华民族伟大复兴的中国梦不懈奋斗。2017年10月25日，党的十九届一中全会选举产生新一届中央政治局和中央书记处。习近平再次当选为中央委员会总书记。

大会回顾和总结了过去5年的工作和历史性变革，提出中国特色社会主义进入了新时代的历史方位，确立习近平新时代中国特色社会主义思想的历史地位。习近平新时代中国特色社会主义思想是对马克思列宁主义、毛泽东思想、邓小平理论、"三个代表"重要思想、科学发展观的继承和发展，是马克思主义中国化最新成果，是党和人民实践经验和集体智慧的结晶，是中国特色社会主义理论体系的重要组成部分，是全党全国人民为实现中华民族伟大复兴而奋斗的行动指南。习近平新时代中国特色社会主义思想同马克思列宁主义、毛泽东思想、邓小平理论、"三个代表"重要思想、科学发展观一道，是党必须长期坚持的指导思想。

大会明确坚持和发展中国特色社会主义，对新时代中国特色社会主义

---

① 2017年10月18日至24日，党的十九大召开。习近平代表第十八届中央委员会作题为《决胜全面建成小康社会 夺取新时代中国特色社会主义伟大胜利》的报告。

进行深入阐述。报告提出,中国特色社会主义进入新时代,我国社会主要矛盾已经转化为人民日益增长的美好生活需要和不平衡不充分的发展之间的矛盾。总任务是实现社会主义现代化和中华民族伟大复兴,在全面建成小康社会的基础上,分两步走在21世纪中叶建成富强民主文明和谐美丽的社会主义现代化强国。中国特色社会主义事业总体布局是"五位一体"、战略布局是"四个全面",强调坚定道路自信、理论自信、制度自信、文化自信,贯彻党的基本理论、基本路线、基本方略。坚持以人民为中心的发展思想,坚持创新、协调、绿色、开放、共享的发展理念,协调推进全面建成小康社会、全面深化改革、全面依法治国、全面从严治党,全面建成社会主义现代化强国,实现中华民族伟大复兴。

党的十九大闭幕后,北京市委及时传达党的十九大和十九届一中全会精神,对全市学习宣传贯彻工作进一步作出安排,在全市迅速兴起学习宣传贯彻党的十九大精神的热潮。11月初,市委印发《中共北京市委关于认真学习宣传贯彻党的十九大精神的实施意见》。11月6日至7日,市委十二届三次全会召开,强调把学习宣传贯彻党的十九大精神引向深入,切实做到学懂弄通做实,形成以上率下、步步深入的生动局面。市委还组成宣讲团,深入基层开展宣讲,举办党的十九大精神专题培训轮训,切实把全市党员干部群众的思想和行动统一到党的十九大精神上来。

新时代,新起点。北京坚决维护习近平总书记在党中央和全党的核心地位,坚决维护以习近平同志为核心的党中央权威和集中统一领导,坚定执行党中央作出的各项决策部署,一切听从以习近平同志为核心的党中央指挥,为党中央站好岗、放好哨。落实新时期好干部标准,努力锻造一支与实现"两个一百年"奋斗目标相适应、与首都地位相匹配的高素质专业化干部队伍,全面增强执政本领。把学习贯彻党的十九大精神与深入贯彻习近平总书记对北京重要讲话和对北京工作的一系列重要指示精神有机结合起来,与贯彻落实党中央、国务院对《总体规划》的批复有机结合起来,与抓好当前各项工作有机结合起来,坚决做到"三个一""四个决不允许",更加奋发有为地推动首都新发展,让习近平新时代中国特色社会主义思想在京华大地落地生根，进一步形成生动实践。

事业任重道远，责任重于泰山。北京将更加紧密团结在以习近平同志为核心的党中央周围，高举中国特色社会主义伟大旗帜，解放思想、开阔思路，求真务实、攻坚克难，为决胜全面建成小康社会、夺取新时代中国特色社会主义伟大胜利、实现中华民族伟大复兴的中国梦、建设国际一流的和谐宜居之都而继续奋斗！

思考题

1. 习近平总书记三次对北京工作重要讲话精神是什么？
2. 北京贯彻落实全面从严治党有哪些重大举措？
3. 作为领导干部，应该如何坚持"三个一以贯之"、做到"五个过硬"？
4. 结合本职工作，思考如何推动习近平新时代中国特色社会主义思想在京华大地落地生根，进一步形成生动实践。

延伸阅读

1. 中共北京市委办公厅编：《习近平总书记关于北京工作指示摘编》（内部资料）。
2. 中共中央党史研究室：《中国共产党的九十年》（改革开放和社会主义现代化建设新时期），中共党史出版社、党建读物出版社2016年版。
3. 中共北京市委党史研究室编：《牢记嘱托　砥砺奋进——党的十八大以来北京发展纪实》，北京出版社2017年版。

附　录

中共北京市历次代表大会一览表

代表大会	时间	报告	市委（第一）书记
中共北京市第一次代表大会	1955年6月25日至7月3日	《中共北京市委向北京市第一次党代表大会的工作报告》	1948年12月至1955年6月，彭真任市委书记； 1955年6月至1962年5月，彭真任市委第一书记
中共北京市第二次代表大会	1956年8月2日至14日	《中共北京市委向北京市第二次党代表大会的工作报告》	
中共北京市第三次代表大会	1962年5月29日至6月6日	《中共北京市委向北京市党的第三届代表大会的工作报告》	1962年5月至1966年5月，彭真任市委第一书记； 1966年5月，李雪峰代理市委第一书记； 1966年6月至1967年初，李雪峰兼任市委第一书记； 1967年4月至1971年3月，谢富治任市革委会核心领导小组组长
中共北京市第四次代表大会	1971年3月10日至15日	《高举毛泽东思想伟大旗帜，团结起来，奋勇前进》	1971年3月至1972年3月，谢富治任市委第一书记（1980年10月，中央决定开除其党籍）； 1972年5月至1978年10月，吴德任市委第一书记； 1978年10月至1981年1月，林乎加任市委第一书记
中共北京市第五次代表大会	1982年11月6日至13日	《坚决贯彻党的十二大精神，全面开创首都社会主义现代化建设的新局面》	1981年1月至1984年5月，段君毅任市委第一书记

续表

代表大会	时间	报告	市委（第一）书记
中共北京市第六次代表大会	1987年12月13日至17日	《沿着有中国特色的社会主义道路，努力争取首都现代化建设和全面改革的新胜利》	1984年5月至1992年12月，李锡铭任市委书记
中共北京市第七次代表大会	1992年12月13日至17日	《坚定不移地贯彻执行党的基本路线，夺取首都社会主义现代化建设的新胜利》	1992年12月至1995年4月，陈希同任市委书记（1997年8月中纪委决定并报中央批准开除其党籍，1998年7月北京市高级人民法院判处其有期徒刑16年）；1995年4月至1997年8月，尉健行任市委书记
中共北京市第八次代表大会	1997年12月12日至17日	《高举邓小平理论伟大旗帜，把首都改革开放和现代化建设事业全面推向新世纪》	1997年8月至2002年10月，贾庆林任市委书记
中共北京市第九次代表大会	2002年5月17日至22日	《全面贯彻"三个代表"重要思想，为首都率先基本实现现代化而努力奋斗》	2002年10月至2012年7月，刘淇任市委书记
中共北京市第十次代表大会	2007年5月17日至22日	《全面贯彻落实科学发展观，为构建社会主义和谐社会首善之区而努力奋斗》	
中共北京市第十一次代表大会	2012年6月29日至7月3日	《全力推动首都科学发展，为建设中国特色世界城市而努力奋斗》	2012年7月至2017年5月，郭金龙任市委书记
中共北京市第十二次代表大会	2017年6月19日至23日	《更加紧密团结在以习近平同志为核心的党中央周围，为建设国际一流的和谐宜居之都而努力奋斗》	2017年5月至今，蔡奇任市委书记

后 记

为帮助全市广大干部深入学习贯彻习近平新时代中国特色社会主义思想和习近平总书记对北京重要讲话精神，提高政治能力和纪律意识，增强北京历史文化底蕴，准确把握首都城市战略定位，明确职责和使命，全面提升素质和能力，更加奋发有为地推动首都实现新发展，市委组织部组织编写了北京市第一批干部学习培训教材。

本套教材共6本，每本由相关市级部门牵头编写，包括《中国共产党北京历史》《北京市情》《北京历史文化》《国际交往中心建设与干部素质》《全国科技创新中心建设认识与实践》《北京市干部警示教育案例选编》。本套教材由市委组织部策划和统筹协调，北京出版集团提供编写支持，北京市干部教育联席会议审定。

《中国共产党北京历史》由市委党史研究室、市地方志办牵头编写，力图全面展示近百年来北京党组织的不懈奋斗史、理论探索史和自身建设史。从时间跨度看，本书记述了自1919年五四运动至2017年党的十九大胜利闭幕共98年的历史；从创作理念看，本书坚持学术与政治、研究与宣传、宏观与微观、历史与逻辑、严谨与通俗的有机统一；从内容呈现方式看，本书共12章37节131目，紧紧围绕北京党史上的重大决策、重大事件、重要活动、重要人物铺陈展开。通过学习本书，广大干部不仅可以全面了解北京党组织带领全市人民艰苦奋斗、奋发图强的光辉历程，更能从中获得不忘初心、继续前进的丰富营养和不竭动力。

本书凝结着众多同志的心血，是集体合作的成果。市委党史研究室、市地方志办拟定本书编写方案、书写规范、写作大纲，并承担撰写工作。李良、陈志楣、范登生、刘岳、邵维正、柳建辉、杨凤城、黄一兵、秦德占组成的编委会负责书稿审读把关，李良负责总审稿工作。宋传信、曹楠、陈丽红、苏峰、王锦辉先后参与本书大纲起草或具体组织工作。执笔人分工：第一章由黄迎风撰写，第二章由乔克撰写，第三章由常颖撰写，第四章由陈丽红撰写，第五章由宋传信撰写，第六章由苏峰撰写，第七章由田侠撰写，第八章由曹楠撰写，第九章由高俊良撰写，第十章由张惠舰撰写，第十一章由郝帅斌撰写，第十二章由董斌撰写，刘岳负责全书统改。

中央党史和文献研究院原院务委员陈晋，原中央党史研究室第二研究部主任郑谦，北京师范大学王树荫全程参与本书大纲、初稿和终稿的审读并给予指导。此外，原中央党史研究室第二研究部副主任沈传宝及王新生、王树林、陈坚、桑东华，原中央文献研究室副研究员林小波，原市委社会工委赵小卫，前线杂志社李爱玲，北京支部生活杂志社邓春富、杨宝红等专家学者先后对大纲及书稿给予指导、审改，16个区党史办、市公安局及首钢总公司发展研究院认真研提意见。市人力社保局和市委党校协助征求对本书大纲的修改意见。市委党校协助组织第95期局级进修班、第60期正处任职班学员，东城区委组织部协助组织干部试读并提出修改意见。

市委常委、组织部部长魏小东同志领导本套教材编写工作并给予指导，市委组织部副部长张彤军同志负责本套教材编写的日常领导。市委组织部干部教育处、干教中心负责组织协调工作。北京出版集团周浩等同志提供业务指导和服务保障。在此一并表示衷心感谢。

由于时间仓促和水平有限，书中难免存在疏漏和不足之处，敬请广大干部批评指正。

本书编写组

2019年2月